Finanzplanung, Investitionscontrolling und Finanzcontrolling

Margarita Uskova · Thomas Schuster

Finanzplanung, Investitionscontrolling und Finanzcontrolling

Lehr- und Übungsbuch für das Master-Studium

Margarita Uskova
Barcelona, Spanien

Thomas Schuster
DHBW Mannheim
Mannheim, Deutschland

ISBN 978-3-658-18600-5   ISBN 978-3-658-18601-2 (eBook)
https://doi.org/10.1007/978-3-658-18601-2

Die Deutsche Nationalbibliothek verzeichnet diese Publikation in der Deutschen Nationalbibliografie; detaillierte bibliografische Daten sind im Internet über http://dnb.d-nb.de abrufbar.

Springer Gabler
© Springer Fachmedien Wiesbaden GmbH, ein Teil von Springer Nature 2020
Das Werk einschließlich aller seiner Teile ist urheberrechtlich geschützt. Jede Verwertung, die nicht ausdrücklich vom Urheberrechtsgesetz zugelassen ist, bedarf der vorherigen Zustimmung des Verlags. Das gilt insbesondere für Vervielfältigungen, Bearbeitungen, Übersetzungen, Mikroverfilmungen und die Einspeicherung und Verarbeitung in elektronischen Systemen.
Die Wiedergabe von allgemein beschreibenden Bezeichnungen, Marken, Unternehmensnamen etc. in diesem Werk bedeutet nicht, dass diese frei durch jedermann benutzt werden dürfen. Die Berechtigung zur Benutzung unterliegt, auch ohne gesonderten Hinweis hierzu, den Regeln des Markenrechts. Die Rechte des jeweiligen Zeicheninhabers sind zu beachten.
Der Verlag, die Autoren und die Herausgeber gehen davon aus, dass die Angaben und Informationen in diesem Werk zum Zeitpunkt der Veröffentlichung vollständig und korrekt sind. Weder der Verlag, noch die Autoren oder die Herausgeber übernehmen, ausdrücklich oder implizit, Gewähr für den Inhalt des Werkes, etwaige Fehler oder Äußerungen. Der Verlag bleibt im Hinblick auf geografische Zuordnungen und Gebietsbezeichnungen in veröffentlichten Karten und Institutionsadressen neutral.

Springer Gabler ist ein Imprint der eingetragenen Gesellschaft Springer Fachmedien Wiesbaden GmbH und ist ein Teil von Springer Nature.
Die Anschrift der Gesellschaft ist: Abraham-Lincoln-Str. 46, 65189 Wiesbaden, Germany

The best preparation for tomorrow is doing your best today.
> H. Jackson Brown, Jr. (1940-)

Vorwort

Das vorliegende Lehrbuch beinhaltet die Themen, die typischerweise in einer Fortgeschrittenen-Vorlesung in einem wirtschaftswissenschaftlichen Master-Studiengang an Universitäten, Fachhochschulen oder Dualen Hochschulen behandelt werden. Das Buch eignet sich natürlich auch für Praktiker in Unternehmen und Behörden, die täglich mit Finanzierungsfragen und alternativen Finanzierungsformen zu tun haben.

Das Buch weist zahlreiche Vorzüge auf. Es deckt alle wichtigen Themen im Bereich Finanzplanung, Investitionscontrolling und Finanzcontrolling ab. Es ist eingängig geschrieben und leicht verständlich. Das Buch enthält eine Fülle von Praxisbeispielen. Zentrale Aussagen des Textes werden in Merke!-Absätzen hervorgehoben. Für jedes Kapitel gibt es viele Lernkontrollfragen, mit denen der Leser sofort überprüfen kann, ob er das Gelesene verstanden hat. Am Ende jedes Kapitels findet der Leser Grundlagenliteratur und weiterführende Literaturangaben, um den Stoff bei Interesse im Selbststudium zu vertiefen. Schließlich ist am Ende des Buchs ein ausführliches Stichwortverzeichnis zu finden, das die Suche nach spezifischen Themen erleichtert.

Im Internet sind zu dem Buch weitere Materialien unter folgender Internetadresse veröffentlicht:

https://www.springer.com/de/book/9783658186005

Smartphonebesitzer können auch den QR-Code einscannen, der am Ende des Vorworts abgedruckt ist, um die Homepage des Lehrbuchs aufzurufen.

Leser können auf der Internetseite des Buchs ausführliche Lösungen zu den Lernkontrollaufgaben herunterladen. Zusätzlich sind dort die Lösungen zu den Übungsaufgaben zu finden, die der weiteren Vertiefung des Gelernten und gegebenenfalls der Klausurvorbereitung dienen. Dozenten finden dort für jedes Kapitel ausführliche Powerpoint-Folien sowie Musterklausuren mit Lösungen. Voraussetzung zum Herunterladen der Vorlesungsunterlagen ist, dass der Dozent sich auf der Internetseite von Springer bei DozentenPLUS anmeldet.

Am Entstehungsprozess dieses Buches haben viele Personen bewusst oder unbewusst mitgewirkt. Es ist für uns selbstverständlich, diesen unseren Dank auszusprechen. Grundlage des Buches sind Vorlesungen, die einer der Autoren an der

Hochschule Kaiserslautern („Finanz- und Rechnungswesen", „Management und Controlling"), an der Internationalen Hochschule Bad Honnef · Bonn („Intermediate Financial Management") und an der Kozminski-Universität Warschau („Risk Management") teilweise mehrmals gehalten hat. Deswegen geht der erste Dank an die Studierenden dieser Vorlesungen, die durch aufmerksames Zuhören und kritisches Nachfragen zur pädagogischen und didaktischen Qualität dieses Buches beigetragen haben. Ein weiterer Dank geht an zahlreiche anonyme Autoren im Internet, die uns vielfältige Anregungen zu Beispielen und Übungsaufgaben gegeben haben. Schließlich bedanken wir uns bei Guido Notthoff vom Verlag Springer Gabler, der professionell und kompetent die Entstehung dieses Buches begleitet hat. Und Elena Schmid sowie Sarah Simons haben dankenswerterweise die technische Drucklegung freundlich begleitet.

Zum Schluss wollen wir es nicht versäumen, unseren Lesern viel Spaß bei der Entdeckungsreise durch das Finanzierungsland zu wünschen. Wir versprechen Ihnen, dass es viele spannende Dinge zu entdecken gibt. Schauen Sie sich alles an und verweilen Sie dort etwas länger, wo es Ihnen am besten gefällt.

Mannheim und Barcelona	Thomas Schuster
Juli 2019	Margarita Uskova

Inhaltsverzeichnis

1 Kapital- und Finanzplanung	1
1.1 Kapitalbedarfsplanung	2
1.1.1 Grundlagen	2
1.1.2 Kapitalbedarfsrechnung	3
1.2 Finanzplanung	7
1.2.1 Einführung	7
1.2.2 Finanzplanerstellung	10
1.3 Finanzbudgetierung	16
1.3.1 Einführung	16
1.3.2 Budgetierungsprozess	18
1.4 Kapitalflussrechnung	21
1.5 Lernkontrolle	32
Literatur	34
2 Grundlagen des Investitionscontrollings	35
2.1 Funktionen des Controllings	36
2.1.1 Planungsfunktion	37
2.1.2 Kontrollfunktion	38
2.1.3 Informationsfunktion	39
2.1.4 Koordinationsfunktion	41
2.1.5 Steuerungsfunktion	41
2.2 Instrumente des Investitionscontrollings	43
2.2.1 Überblick	43
2.2.2 Investitionsrechenverfahren	44
2.2.3 Modelle der Entscheidungstheorie	45
2.2.4 Kennzahlen und Kennzahlensysteme	46
2.2.5 Kosten- und Leistungsrechnung	48
2.3 Lernkontrolle	49
Literatur	51

3	**Investitionscontrolling unter Sicherheit**		53
	3.1	Grundlagen der Investitionsrechnung	54
	3.2	Einführung in das dynamische Investitionscontrolling	54
	3.3	Instrumente des dynamischen Investitionscontrollings	57
		3.3.1 Kapitalwertmethode	58
		3.3.2 Interne-Zinsfuß-Methode	63
		3.3.3 Annuitätenmethode	66
		3.3.4 Dynamische Amortisationsrechnung	69
	3.4	Lernkontrolle	73
	Literatur		75
4	**Weitere Methoden des Investitionscontrollings**		77
	4.1	Methoden des Investitionscontrollings unter Unsicherheit	78
		4.1.1 Grundlagen	78
		4.1.2 Entscheidungen unter Risiko	81
		4.1.3 Entscheidungen unter Unsicherheit	84
		4.1.4 Weitere Investitionsrechenmethoden	88
	4.2	Projektlaufzeitentscheidungen	103
		4.2.1 Optimale Nutzungsdauer bei einmaliger Investition	104
		4.2.2 Optimale Nutzungsdauer bei einmalig wiederholter Investition	106
		4.2.3 Optimale Nutzungsdauer bei mehrmaligen identischen Investitionen	108
		4.2.4 Optimale Nutzungsdauer bei unendlich oft wiederholten Investitionen	109
	4.3	Unternehmensbewertung	111
		4.3.1 Bewertungsanlässe	112
		4.3.2 Bewertungsverfahren	112
	4.4	Lernkontrolle	122
	Literatur		124
5	**Finanzcontrolling**		127
	5.1	Finanzanalyse und -steuerung	129
		5.1.1 Investitionsanalyse	131
		5.1.2 Finanzierungsanalyse	135
		5.1.3 Kennzahlensysteme	139
	5.2	Wertorientiertes Controlling	143
		5.2.1 Absolute Kennzahlen	144
		5.2.2 Relative Kennzahlen	146
	5.3	Balanced Scorecard	149
		5.3.1 Perspektiven der Balanced Scorecard	149
		5.3.2 Ursache-Wirkungskette der Balanced Scorecard	152

		5.3.3 Ableitung der Strategie in Ziele und Maßnahmen............	152
		5.3.4 Vor- und Nachteile der Balance Scorecard	155
	5.4	Risikocontrolling	156
		5.4.1 Risikoarten	156
		5.4.2 Prozess des Risikomanagements	157
	5.5	Lernkontrolle	164
	Literatur..		166
6	**Formelsammlung**		167
	6.1	Kapital- und Finanzplanung..................................	167
	6.2	Investitionscontrolling unter Sicherheit.........................	167
	6.3	Weitere Methoden des Investitionscontrollings	169
	6.4	Finanzcontrolling	171

Stichwortverzeichnis 175

Kapital- und Finanzplanung 1

Lernziele

Nach der Bearbeitung dieses Kapitels werden Sie wissen, ...

... wie mithilfe der Kapitalbedarfsplanung bei Unternehmensgründungen und -erweiterungen der Kapitalbedarf ermittelt werden kann.

... wie die Finanzplanung für die kontinuierliche Kapitalbedarfsermittlung eingesetzt werden kann.

... wie die Finanzbudgetierung als Orientierungshilfe und Abstimmungsinstrument des Managements genutzt werden kann.

... wie über die Kapitalflussrechnung Transparenz über den Zahlungsmittelstrom eines Unternehmens geschaffen werden kann.

Aus der Praxis

Das Unternehmen Müllerwerk GmbH will sich neu gründen. Die Unternehmensgründer Herr Frank und Herr Klein sind IT-Spezialisten und wollen sich auf die Produktion von Computer-Software spezialisieren. Da beide Gründer noch sehr unerfahren sind, haben sie einige Fragen im Zusammenhang mit der Unternehmensgründung:

- Wie viel Kapital wird zur Durchführung der Leistungsprozesse in ihrem Unternehmen benötigt? Wie hoch ist der Kapitalbedarf, der durch das Anlagevermögen verursacht wird?
- Wie hoch ist der gesamte Kapitalbedarf, den die von der Müllerwerk GmbH geplanten Investitionen auslösen und wie kann dieser gedeckt werden?
- Wie hoch ist der kurz- und mittelfristige Kapitalbedarf?

- Wie kann die ständige Zahlungsfähigkeit des Unternehmens gesichert und mögliche Illiquidität oder Überliquidität frühzeitig vermieden werden?
- Wie geht man vor, um den Verantwortungsbereichen des Unternehmens (zum Beispiel Abteilungen, Projekte) Budgets zuzuweisen?
- Wie bestimmen sie die Liquiditätssituation der Müllerwerk GmbH in einer Berichtsperiode und wie kann ein eventueller Liquiditätsbedarf offengelegt werden?

Alle diese Fragen können mithilfe von Instrumenten des Finanzcontrollings beantwortet werden. In diesem Kap. 1 werden Sie lernen, wie das Finanzcontrolling durch Instrumente wie Kapitalbedarfsplanung, Finanzbudgetierung oder die Kapitalflussrechnung das Finanzmanagement unterstützen und die Finanzprozesse eines Unternehmens steuern und koordinieren kann.

1.1 Kapitalbedarfsplanung

1.1.1 Grundlagen

Jedes Unternehmen benötigt zur Leistungsherstellung und Leistungsverwertung Kapital, welches sowohl in Anlage- als auch Umlaufvermögen investiert wird. Wenn diesen Auszahlungen keine unmittelbaren Einzahlungen gegenüberstehen und die Einzahlungen (zum Beispiel über Umsatzerlöse) erst zu einem späteren Zeitpunkt folgen, entsteht ein **Kapitalbedarf.** Der Kapitalbedarf ist umso höher, je weiter diese entgegengesetzten Zahlungsströme zeitlich auseinanderliegen.

▶ **Merke! Kapitalbedarf** entsteht, wenn im Rahmen einer Unternehmensgründung oder -erweiterung den Auszahlungen keine unmittelbaren Einzahlungen gegenüberstehen.

Die Ermittlung des Kapitalbedarfs erfolgt unter anderem bei Unternehmensgründungen und Unternehmenserweiterungen. Bei der Gründung eines Unternehmens entsteht der Gesamtkapitalbedarf überwiegend aus den Gründungskosten und Erstinvestitionen für die Inbetriebnahme des Geschäfts. Im Rahmen einer Unternehmenserweiterung beeinflussen die Höhe der benötigten Investition in die Erweiterung der Unternehmenskapazität und die Beschaffung von Produktionsfaktoren den Kapitalbedarf. Auch im täglichen Leistungserstellungs- und Leistungsverwertungsprozess eines Unternehmens bestimmen Zahlungsströme, deren Höhe und zeitliche Struktur, den Kapitalbedarf. Da sich der Kapitalbedarf im Lauf der Unternehmensentwicklung ständig ändert, kann er nicht für die gesamte Lebensdauer eines Unternehmens bestimmt werden.

Grundsätzlich ist der Kapitalbedarf von unterschiedlichen Einflussfaktoren abhängig. Dazu zählen Prozessanordnung, Prozessgeschwindigkeit, Beschäftigungsniveau, Produktionsprogramm, Betriebsgröße und das Preisniveau.

Die Prozessanordnung umfasst die zeitliche Reihenfolge der güter- und finanzwirtschaftlichen Vorgänge im gesamten Leistungsprozess, von der Beschaffung bis zum Absatz des Produkts. Beginnend mit der Beschaffung der benötigten Materialien bis zur Fertigung und Lagerung der Erzeugnisse fallen Auszahlungen an. Erst mit einem umsatzerzeugenden Absatz fließen dem Unternehmen Einzahlungen zu. Die Prozessgeschwindigkeit bezieht sich auf den zeitlichen Bedarf, der für jeden einzelnen Prozessschritt benötigt wird. Die Prozessgeschwindigkeit bestimmt, wie weit die Auszahlungen aus Investition und Vorleistungskauf und Einzahlungen aus dem Umsatz zeitlich auseinanderliegen und somit, wie hoch der Kapitalbedarf zwischen diesen Zahlungsströmen ist. Unter dem Beschäftigungsniveau wird die Auslastung der Unternehmenskapazitäten verstanden. Erhöhter Kapitalbedarf geht mit einem erhöhten Beschäftigungsniveau einher. Das Produktionsprogramm umfasst die Art der Produkte oder Dienstleistungen des Unternehmens, die Produktionstiefe und Sortimentsbreite. Die Betriebsgröße beeinflusst ebenso den Kapitalbedarf. Je größer ein Unternehmen ist, desto höher ist auch in der Regel sein Kapitalbedarf. Auch das Preisniveau ist ein entscheidender Faktor für die Höhe des benötigten Kapitals. Sinkt das Preisniveau der für den Leistungsprozess zu beschaffenden Materialien, sind auch die Auszahlungen und somit der Kapitalbedarf niedriger und umgekehrt.

1.1.2 Kapitalbedarfsrechnung

Zur Ermittlung des Kapitalbedarfs dient die **Kapitalbedarfsrechnung,** welche in drei Schritten erfolgt:

1. Ermittlung des Anlagekapitalbedarfs
2. Ermittlung des Umlaufkapitalbedarfs
3. Berechnung des Gesamtkapitalbedarfs

Das Anlage- und das Umlaufvermögen werden getrennt voneinander berechnet, da sie unterschiedliche Eigenschaften aufweisen, insbesondere in Hinsicht auf deren zeitlichen Bezug.

Anlagekapitalbedarf
Anlagekapitalbedarf ist der Kapitalbedarf, der durch das Anlagevermögen verursacht wird. Dieses Kapital dient der Sicherstellung der Betriebsbereitschaft eines Unternehmens. Hierzu zählen Auszahlungen, die zu einer langfristigen Kapitalbindung führen. Das sind meist einmalige Auszahlungen. Die Kapitalbedarfsrechnung für das Anlagevermögen

basiert auf der Berechnung der für diese Güter erforderlichen Anschaffungskosten. Dazu werden die Auszahlungen für die Güter addiert:

Anschaffungskosten = Anschaffungspreis + Transportkosten + Montagekosten + Versicherungen + Provisionen

Beispiel

Das Unternehmen Flickert GmbH bereitet seine Gründung vor und stellt einen Geschäftsplan auf. Das Unternehmen rechnet mit den folgenden Ausgaben für die Anlagen im Rahmen der Gründung des Unternehmens:

Grundstück	1.500.000 €
Gebäude	800.000 €
Maschinen	500.000 €
Betriebs- und Geschäftsausstattung	150.000 €
Anlagekapitalbedarf	**2.950.000 €**

Der Anlagekapitalbedarf für die Flickert GmbH beträgt 2.950.000 €.

Umlaufkapitalbedarf

Der **Umlaufkapitalbedarf** wird durch das Umlaufvermögen eines Unternehmens verursacht. Dieses Kapital dient der Durchführung der Leistungsprozesse in einem Unternehmen. Die Ermittlung des Umlaufkapitalbedarfs ist etwas komplexer als die Berechnung des Anlagekapitalbedarfs. Bei der Berechnung des Umlaufkapitalbedarfs spielen sowohl die zeitliche Dauer der Kapitalbindung als auch die durchschnittlichen täglichen Ausgaben eine wichtige Rolle. Der Umlaufkapitalbedarf wird in drei Schritten berechnet:

1. Bestimmung der Kapitalbindungsdauer
    - Kapitalbindungsdauer im Rohstofflager
    - Kapitalbindungsdauer in der Produktion
    - Kapitalbindungsdauer im Fertigerzeugnis-Lager
    - Zahlungsziel des Kunden (Kundenziel, Debitorenziel)
2. Bestimmung der durchschnittlichen täglichen Ausgaben
    - täglicher (Fertigungs-) Lohneinsatz
    - täglicher Werkstoffeinsatz (Hierbei wird berücksichtigt, dass das Unternehmen seine Werkstoffe auf Ziel einkauft und daher erst Wochen nach der Lieferung bezahlen muss.)
    - täglicher Gemeinkosteneinsatz (wenn dieser zu Auszahlungen führt)
3. Berechnung des Umlaufkapitalbedarfs mit der kumulativen oder elektiven Methode
    - kumulative Methode: Umlaufkapitalbedarf = (Summe Kapitalbindungsdauer abzüglich Lieferantenziel) · (Summe durchschnittlich tägliche Ausgaben)

1.1 Kapitalbedarfsplanung

- elektive Methode: Umlaufkapitalbedarf = Summe (Kapitalbindungsdauer · durchschnittlich tägliche Ausgaben je Ausgabenart)

Die kumulative Methode berechnet den Umlaufkapitalbedarf als das Produkt aus der gesamten Kapitalbindungsdauer und der Summe der durchschnittlichen täglichen Auszahlungen. Dabei wird berücksichtigt, dass die Materialkosten aufgrund des eingeräumten Zahlungsziels durch den Lieferanten (Lieferantenziel) erst nach Produktionsbeginn anfallen.

Bei der Berechnung des Umlaufkapitalbedarfs nach der elektiven Methode wird die Dauer der Kapitalbindung für einzelne Bereiche (zum Beispiel Rohstofflager, Produktion) mit den dazugehörigen durchschnittlichen Ausgaben multipliziert. Anschließend werden alle Teilergebnisse addiert und ergeben dann den Umlaufkapitalbedarf. Die Berechnung nach der elektiven Methode ist genauer, da hierbei die Bindungsdauern unterschiedlicher Kostenarten (Lohneinsatz, Werkstoffeinsatz, Gemeinkosteneinsatz) berücksichtigt werden. Abb. 1.1 stellt die Bindungsfristen des Kapitalbedarfs grafisch dar.

Der Gesamtkosteneinsatz erstreckt sich über die Rohstofflagerdauer, Produktionsdauer, die Lagerzeit für Fertigprodukte und das Kundenziel. Die Produktion beginnt erst am Ende der Rohstofflagerdauer. Der Gemeinkosteneinsatz fällt über den ganzen Produktionszyklus an. Die Dauer ist also die Summe aus Rohstofflagerdauer, Produktionsdauer, Lagerzeitdauer für Fertigprodukte und Kundenziel. Dieser Gemeinkostensatz kann aber auch als Werkstoffeinsatz minus Lieferantenziel berechnet werden. Der Werkstoffeinsatz umfasst die Rohstofflagerdauer minus Lieferantenziel zuzüglich Produktionsdauer, Lagerzeit für Fertigprodukte und das Kundenziel. Der Lohneinsatz berücksichtigt dagegen nur die Produktionsdauer und die Lagerzeit für Fertigprodukte sowie das Kundenziel.

Zusammenfassend gilt:

Lohneinsatz = Produktionsdauer + Lagerzeit für Fertigprodukte + Kundenziel

Werkstoffeinsatz = Rohstofflagerdauer + Produktionsdauer + Lagerzeit für Fertigprodukte + Kundenziel − Lieferantenziel

Gemeinkosteneinsatz = Rohstofflagerdauer + Produktionsdauer + Lagerzeit für Fertigprodukte + Kundenziel

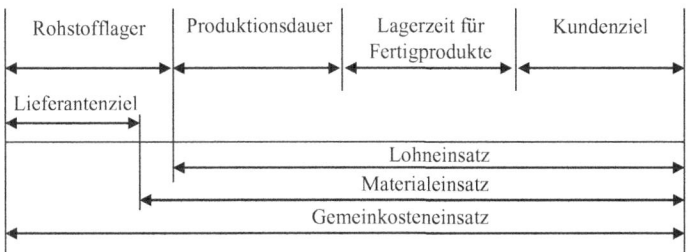

Abb. 1.1 Bindungsfristen bei der Kapitalbedarfsermittlung (Quelle: eigene Darstellung)

> **Beispiel**
>
> Die Flickert GmbH möchte im Rahmen ihrer Gründung den Umlaufkapitalbedarf ermitteln. Folgende Daten liegen vor:
>
> - Rohstofflagerdauer 40 Tage, Lieferantenziel 30 Tage, Produktionsdauer 20 Tage, Fertigwarenlager 20 Tage, Kundenziel 30 Tage
> - Durchschnittlicher täglicher Werkstoffeinsatz 4.000 €, täglicher Lohneinsatz 20.000 € und täglich zahlungswirksame Gemeinkosten 10.000 €

Nach der kumulativen Methode werden erst die Kapitalbindungsdauern und die Kosten getrennt aufsummiert und dann miteinander multipliziert. Die Berechnung wird also folgendermaßen durchgeführt:
Umlaufkapitalbedarf = (40 + 20 + 20 + 30 − 30) · (4.000 + 20.000 + 10.000)
= 80 · 34.000 = 2.720.000 €

Nach der elektiven Methode werden erst die Teilergebnisse für die drei Kostenarten Lohneinsatz, Werkstoffeinsatz und Gemeinkosteneinsatz berechnet:
Lohneinsatz = (20 + 20 + 30) · 20.000 = 70 · 20.000 = 1.400.000 €
Werkstoffeinsatz = (40 + 20 + 20 + 30 − 30) · 4.000 = 80 · 4.000 = 320.000 €
Gemeinkosteneinsatz = (40 + 20 + 20 + 30) · 10.000 = 110 · 10.000 = 1.100.000 €
Nun werden die Ergebnisse addiert:
Kapitalbedarf Umlaufvermögen = 1.400.000 + 320.000 + 1.100.000 = 2.820.000 €

Es wird deutlich, dass der Kapitalbedarf, welcher nach der kumulativen Methode berechnet wurde, von dem Kapitalbedarf nach der elektiven Methode abweicht. Die Differenz beträgt genau 100.000 €.

Wie schon oben erwähnt, ist die elektive Methode genauer. Das Unternehmen sollte also mit dem Betrag von 2.820.000 € weiterrechnen.

Gesamtkapitalbedarf

Der **Gesamtkapitalbedarf** ist die Summe aus dem Anlagekapitalbedarf und dem Umlaufkapitalbedarf.

> **Beispiel**
>
> Da der Anlagekapitalbedarf für die Flickert GmbH 2.750.000 € betrug und der Kapitalbedarf des Umlaufvermögens nach der elektiven Methode sich auf 2.820.000 € beläuft, liegt der Gesamtkapitalbedarf bei Gründung des Unternehmens Flickert GmbH bei 5.570.000 €.

Fragen zur Lernkontrolle
1. Welche Faktoren werden bei der Berechnung der Dauer des Lohneinsatzes berücksichtigt?
   - ☐ Rohstofflagerdauer
   - ☐ Produktionsdauer

☐ Zahlungsziel des Kunden
☐ Lieferantenziel

2. Grundsätzlich ist der Kapitalbedarf von unterschiedlichen Einflussfaktoren abhängig. Zählen Sie diese auf.

_____

_____

3. Folgende Daten sind gegeben: Lieferantenziel 15 Tage, Rohstofflagerdauer 10 Tage, Produktionsdauer 12 Tage, Fertigwarenlagerdauer 5 Tage, Kundenziel 20 Tage, durchschnittlicher täglicher Lohneinsatz 10.000 €, durchschnittlicher täglicher Werkstoffeinsatz 4.500 €, durchschnittlicher täglicher Gemeinkosteneinsatz 8.700 €. Berechnen Sie den Kapitalbedarf für das Umlaufvermögen nach der elektiven Methode.
☐ 911.660 €
☐ 922.900 €
☐ 1.011.000 €
☐ 1.023.480 €

1.2 Finanzplanung

1.2.1 Einführung

Die Kapitalbedarfsrechnung wird überwiegend bei Unternehmensgründungen und -erweiterungen angewendet. Für die kontinuierliche Kapitalbedarfsermittlung in einem bestehenden Unternehmen eignet sich dagegen vor allem der Finanzplan.

Die **Finanzplanung** dient der Planung, Steuerung und Kontrolle aller Ein- und Auszahlungen. Der Finanzplan ist demnach eine tabellarische Gegenüberstellung aller Ein- und Auszahlungen sowie der Geldbestände in einer Periode. Als Instrument der Finanzplanung ermittelt der Finanzplan den kurz-, mittel- und langfristigen Kapitalbedarf eines Unternehmens. Des Weiteren besteht die Aufgabe der Finanzplanung darin, die ständige Zahlungsfähigkeit des Unternehmens zu sichern und mögliche Illiquidität oder Überliquidität frühzeitig zu vermeiden. Denn beides ist schlecht. Illiquidität führt zur Insolvenz. Bei Überliquidität wird auf Zinsen verzichtet, da die Zinsen für liquide Anlagen wie zum Beispiel das Bankkonto sehr niedrig sind.

▶ Die **Finanzplanung** dient der Planung, Steuerung und Kontrolle aller Ein- und Auszahlungen.

Ein Finanzplan hilft, die Liquiditätsströme eines Unternehmens transparent zu machen. Somit werden mit einem Finanzplan auch die Interessen der Gläubiger befriedigt. Entsteht im Rahmen der Finanzplanung ein Kapitalbedarf, welcher nicht ausreichend gedeckt werden kann, so kann der Finanzplan dabei helfen, zukünftige betriebliche Zahlungsströme so zu modifizieren, dass die Liquidität gewährleistet werden kann. Die Finanzplanung kann ein Unternehmen auch dabei unterstützen, die optimale Finanzierungsart auszuwählen, beispielsweise zu entscheiden, ob es zur Finanzierung einer Investition einen Kredit aufnimmt oder das Eigenkapital erhöht.

Der Inhalt eines Finanzplans besteht grundsätzlich aus vier Elementen:

- Anfangsbestand an Zahlungsmitteln
- Einzahlungen
- Auszahlungen
- Endbestand an Zahlungsmitteln

Zum Zweck der Kontrolle werden jeweils Soll- und Ist-Werte aufgezeichnet. Die Berechnung erfolgt in der Regel auf Monatsbasis. Tab. 1.1 zeigt die Grundstruktur eines solchen Finanzplans, welcher unternehmens- oder branchenabhängig variieren kann.

Als Einzahlungen können in einem Finanzplan folgende Vorgänge betrachtet werden:

- Umsatzerlöse (zum Beispiel Verkauf von Fertigerzeugnissen)
- Verkauf von Sachanlagen (zum Beispiel Grundstücke, Gebäude, Maschinen)
- Verkauf von immateriellen Anlagen (zum Beispiel Abgabe von Patenten oder Lizenzen)
- Verkauf beziehungsweise Fälligkeit von Finanzanlagen (zum Beispiel Beteiligungen)
- Aufnahme von Eigen- oder Fremdkapital (zum Beispiel Emission von Aktien oder Aufnahme von Krediten)
- Einzahlungen von Zinsen, Provisionen und Gewinnen (zum Beispiel Zinsen aus Finanzanlagen)
- Sonstige Einzahlungen (zum Beispiel aus Vermietungen)

Auszahlungen können folgende Vorgänge sein:

- Materialkosten (zum Beispiel Kauf von Rohstoffen)
- Personalkosten (zum Beispiel Löhne und Gehälter)
- Kauf von Sachanlagen (zum Beispiel Maschinen)
- Kauf von immateriellen Anlagen (zum Beispiel Markenrechte)
- Kauf von Finanzanlagen (zum Beispiel Erwerb von Wertpapieren)
- Zahlung von Steuern und Abgaben (zum Beispiel Körperschaftssteuer)
- Tilgung von Eigen- und Fremdkapital
- Auszahlungen für Zinsen, Provisionen und Gewinne (zum Beispiel Gewinnausschüttungen)
- Sonstige Auszahlungen (zum Beispiel Versicherungen, Reparaturen)

1.2 Finanzplanung

Tab. 1.1 Finanzplan (Quelle: eigene Darstellung)

	Januar		Februar		März	
	Soll	Ist	Soll	Ist	Soll	Ist
(1) Zahlungsmittelanfangsbestand	**350.000**					
Einzahlungen						
Umsatzerlöse	275.000					
Anzahlungen	21.000					
Kreditaufnahme	160.670					
Beteiligungserhöhung	1.000					
Anlagezinsen	250					
Staatliche Zuschüsse	0					
Sonstige Einzahlungen	250					
(2) Summe Einzahlungen	**458.170**					
Auszahlungen						
Investitionen	475.000					
Materialkosten	125.000					
Personalkosten	110.000					
Raumkosten	35.000					
Kredittilgungen	12.000					
Kreditzinsen	2.500					
Steuern	25.000					
Sonstige Auszahlungen	4.000					
(3) Summe Auszahlungen	**788.500**					
Zahlungsmittelendbestand (1) + (2) − (3)	**19.670**					

Damit ein aussagefähiger und funktionierender Finanzplan erstellt werden kann, sollten bestimmte Grundsätze beachtet werden. Diese werden im Folgenden aufgezählt:

1. Grundsatz der Vollständigkeit: Bei der Finanzplanung sind alle Zahlungsströme zu berücksichtigen, das heißt sämtliche Ein- und Auszahlungen, damit der tatsächliche Kapitalbedarf ermittelt werden kann.
2. Grundsatz der Regelmäßigkeit: Die Finanzplanung ist in bestimmten zeitlichen Intervallen vorzunehmen.
3. Grundsatz der Zeitpunktgenauigkeit: Alle Ein- und Auszahlungen sind der richtigen Planperiode zuzuordnen.
4. Grundsatz des Bruttoausweis: Es dürfen keine Saldierungen der Ein- und Auszahlungen vorgenommen werden.
5. Grundsatz der Elastizität: Bei veränderten Entwicklungen müssen alle relevanten Änderungen in die Finanzpläne aufgenommen werden.

6. Grundsatz der Wirtschaftlichkeit: Der Aufwand für die Planung darf nicht den Planungsertrag überschreiten.

1.2.2 Finanzplanerstellung

Der **Finanzplan** kann als ein finanzwirtschaftlicher Bereichsplan betrachtet werden, welcher nicht isoliert erstellt wird, sondern vom leistungswirtschaftlichen Bereich abhängig ist. Das Planungssystem eines Unternehmens schließt neben dem finanzwirtschaftlichen und dem leistungswirtschaftlichen Bereich auch den erfolgswirtschaftlichen Bereich mit ein, wie Abb. 1.2 zeigt.

Damit dieses Planungssystem funktioniert, müssen alle Teilbereiche eines Unternehmens planerisch erfasst werden, da zwischen den Teilbereichsplänen eine Abhängigkeit besteht. Treten beispielsweise Pländerungen im Beschaffungsplan des leistungswirtschaftlichen Bereichs auf, so wirkt sich das auch auf die Auszahlungen und somit den Finanzplan aus. Dieser Umstand macht die Erstellung der Finanzpläne komplex.

Die Erstellung kann grundsätzlich simultan oder sukzessiv erfolgen. Bei der simultanen Planerstellung werden alle Pläne für die Einzahlungen und Auszahlungen aller Teilbereiche gleichzeitig erstellt. Das Verfahren ist sehr komplex. Im Gegensatz dazu werden bei der sukzessiven Planerstellung die Pläne nacheinander erstellt. Die Planung wird mit dem Teilplan begonnen, der am wichtigsten ist. Aus dem zuerst erstellten Teilplan werden dann alle weiteren Teilpläne abgeleitet. In der Regel wird mit dem Absatzplan begonnen, wie in Abb. 1.2 zu erkennen ist. Dem Absatzplan kann entnommen werden, welche Erzeugnisse des Unternehmens wann und in welcher Menge abgesetzt werden können sowie mit welchen Einzahlungen aus dem Absatz gerechnet werden kann. Aus dem Absatzplan ergeben sich direkt die Einzahlungen aus dem Umsatz. Außerdem kann ein Produktionsplan erstellt werden, der dem Absatzplan zeitlich vorläuft. Aus dem

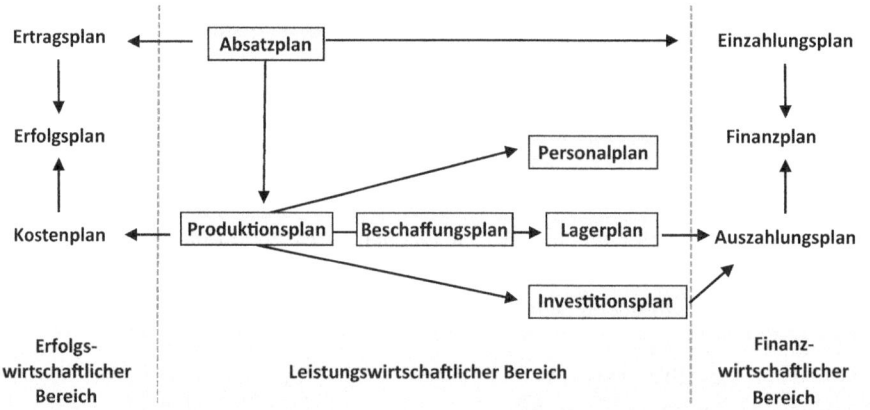

Abb. 1.2 Planungssystem eines Unternehmens (Quelle: eigene Darstellung)

Produktionsplan kann über Teilelisten ein Beschaffungsplan erstellt werden. Außerdem kann daraus ein Investitions- und ein Personalplan aufgestellt werden. Ist bekannt, wann welche Teile beschafft werden müssen, kann ein Lagerplan aufgestellt werden. Aus dem Beschaffungs-, dem Investitions- und dem Personalplan ergeben sich ebenfalls Auszahlungen. Nun schließt sich der Kreis. Ein- und Auszahlungen fließen in den Finanzplan ein. Das Plansystem ist komplett.

Fristigkeiten der Finanzplanung
Die Finanzplanung kann nach ihrer Fristigkeit in drei Arten eingeteilt werden:

- strategische Finanzplanung (langfristige Finanzplanung über fünf Jahre)
- taktische Finanzplanung (mittelfristige Finanzplanung von einem bis zu fünf Jahren)
- operative Finanzplanung (kurzfristige Finanzplanung bis zu einem Jahr)

Diese unterschiedlichen Finanzpläne dürfen nicht jeder für sich isoliert betrachtet werden. Um ein funktionierendes und integratives Finanzplanungssystem aufzubauen, müssen alle drei Pläne untereinander abgestimmt und koordiniert werden. Während die operative auf der taktischen Finanzplanung aufbaut, fußt die taktische auf der strategischen Finanzplanung. Der Finanzplaner stellt also erst einen strategischen Plan auf, bevor er sich zum taktischen und anschließend operativen Finanzplan vorarbeitet. Des Weiteren muss berücksichtigt werden, dass die Ziele der Liquidität und Rentabilität aufgrund der verschiedenen Planungshorizonte unterschiedlich gewichtet werden. So spielt bei der strategischen Finanzplanung die Rentabilität eine wichtige Rolle, während bei der kurzfristigen Finanzplanung die Liquidität des Unternehmens Vorrang hat.

Strategische Finanzplanung
Die **strategische Finanzplanung** ist die langfristige Finanzplanung mit einem Planungshorizont von mindestens fünf Jahren. Strategische Finanzpläne werden auch als Kapitalbindungspläne bezeichnet. Sie richten sich vor allem auf die langfristigen Ziele des Unternehmens aus. Mit der strategischen Finanzplanung soll die strukturelle Liquidität sichergestellt werden. Hier fließen unter anderem die Ausschüttungspolitik, die Kapitalstruktur des Unternehmens sowie das langfristige Investitions- und Finanzierungsvolumen mit ein.

Die langfristige Finanzplanung gibt Hinweise darauf, ob sich ein Unternehmen strukturell und langfristig in einem Gleichgewicht bezüglich seiner Bilanz befindet. Sie hat den Vorteil, dass Probleme frühzeitig erkannt werden und dass das Unternehmen einen größeren Handlungsspielraum hat, auf diese Probleme zu reagieren. Der Nachteil liegt jedoch in der Tatsache begründet, dass langfristige Pläne grundsätzlich auf Prognosen beruhen und somit mit einer höheren Unsicherheit behaftet sind.

Der langfristige Finanzplan wird in der Regel nach Jahren unterteilt. Die Basis für die Planung bilden nicht die Ein- und Auszahlungen, sondern die Bestandsveränderungen des Vermögens und des Kapitals eines Unternehmens. Die in der strategischen Finanzplanung häufig eingesetzten Koordinierungsinstrumente sind Plan-Bilanz und Plan-GuV.

Die Plan-Bilanz ist eine potenzielle zukünftige Bilanz des Unternehmens. Sie stellt das prognostizierte Vermögen dem benötigten Kapital gegenüber. Hier finden sich Teilpläne bezüglich der Forschung und Entwicklung, Absatz oder Produktion. Damit eine für das Unternehmen geeignete Finanz- und Kapitalstruktur bestimmt werden kann, werden die aus der Plan-Bilanz ersichtlichen finanzierungs- und strukturbezogenen Kennzahlen mit der realen Unternehmensentwicklung verglichen. Bei einer Abweichung von Soll und Ist besteht Handlungsbedarf.

Als Basis für die Aufstellung der Plan-Bilanz kann die Gliederung nach § 266 HGB herangezogen werden. Die Plan-Bilanz wird im Regelfall jährlich erstellt. Tab. 1.2 und 1.3 zeigen die Aktiv- und die Passivseite einer Plan-Bilanz mit einem Planungshorizont von fünf Jahren.

Mithilfe der Plan-Gewinn- und Verlustrechnung wird der Plangewinn durch die Gegenüberstellung der erwarteten Erträge und Aufwendungen ermittelt. Als Basis für die Gliederung einer Plan-GuV kann das Umsatzkosten- beziehungsweise Gesamtkostenverfahren nach § 275 HGB dienen. Die Plan-GuV wird ebenfalls in der Regel jährlich für einen Planungshorizont von fünf Jahren erstellt, wobei eine regelmäßige Anpassung der Erfolgsplanung notwendig ist. Tab. 1.4 zeigt eine beispielhafte Plan-GuV mit einem Planungshorizont von fünf Jahren.

Taktische Finanzplanung

Die **taktische Finanzplanung** wird auch mittelfristige Finanzplanung bezeichnet. Sie wird aus der strategischen Finanzplanung abgeleitet und dient deren Umsetzung. Der Planungshorizont erstreckt sich hier von einem Jahr bis zu fünf Jahren. Die mittelfristige Finanzplanung ermöglicht eine detaillierte Planung der einzelnen Maßnahmen, welche zur Umsetzung der strategischen Planung notwendig sind. Die taktische Finanzplanung erfolgt meist auf monatlicher Basis. Sie dient als ein Bindeglied zwischen dem strategischen und dem operativen Finanzplan.

Tab. 1.2 Fünf-Jahres-Plan-Bilanz (Aktiv-Seite) (Quelle: Prätsch et al. 2012, S. 241)

Aktiva (in Mio. €)	Jahr 1	Jahr 2	Jahr 3	Jahr 4	Jahr 5
Sachanlagen	5.225,0	5.050,0	4.950,0	4.875,0	4.800,0
Finanzanlagen	1.240,0	1.230,0	1.245,0	1.235,0	1.250,0
∑ Anlagevermögen	**6.465,0**	**6.280,0**	**6.195,0**	**6.110,0**	**6.050,0**
Vorräte, fertige und unfertige Erzeugnisse	10.050,0	9.700,0	9.650,0	9.550,0	9.675,0
Forderungen a. L. u. L.	3.250,0	3.125,0	3.125,0	3.025,0	2.975,0
Kurzfristige Geldanlagen	2,5	2,5	2,5	0	0
Liquide Mittel	483,6	832,7	862,7	1.114,1	1.200,6
∑ Umlaufvermögen	**13.786,1**	**13.660,2**	**13.640,2**	**13.689,1**	**13.850,6**

1.2 Finanzplanung

Tab. 1.3 Fünf-Jahres-Plan-Bilanz (Passiv-Seite) (Quelle: Prätsch et al. 2012, S. 259)

Passiva (in Mio. €)	Jahr 1	Jahr 2	Jahr 3	Jahr 4	Jahr 5
Gezeichnetes Kapital	1.500,0	1.500,0	1.500,0	1.500,0	1.500,0
Kapitalrücklagen	800,0	800,0	800,0	800,0	800,0
Gewinnrücklagen	1.319,3	1.456,1	1.550,2	1.655,2	1.744,1
Bilanzgewinn/-verlust	136,8	94,1	105,0	88,9	41,5
∑ Eigenkapital	**3.756,1**	**3.850,2**	**3.955,2**	**4.044,1**	**4.085,6**
Pensionsrückstellungen	1.150,0	1.150,0	1.150,0	1.150,0	1.150,0
Steuerrückstellungen	300,0	300,0	300,0	300,0	300,0
Sonstige Rückstellungen	1.755,0	1.740,0	1.745,0	1.760,0	1.805,0
∑ Rückstellungen	**3.205,0**	**3.190,0**	**3.195,0**	**3.210,0**	**3.255,0**
Anleihen	0,0	0,0	0,0	0,0	0,0
Verbindlichkeiten gegenüber Kreditinstituten	4.575,0	4.425,0	4.350,0	4.250,0	4.150,0
davon: Laufzeit < 1 Jahr	2.125,0	2.025,0	1.950,0	1.900,0	1.850,0
Laufzeit > 5 Jahre	2.300,0	2.250,0	2.250,0	2.200,0	2.150,0
Erhaltene Anzahlungen	4.500,0	4.400,0	4.250,0	4.250,0	4.300,0
davon: Laufzeit < 1 Jahr	4.215,8	4.122,1	3.981,6	3.981,6	4.028,4
Verbindlichkeiten a. L. u. L.	2.850,0	2.850,0	2.900,0	2.750,0	2.675,0
Wechselverbindlichkeiten	0,0	0,0	0,0	0,0	0,0
Sonstige Verbindlichkeiten	1.400,0	1.250,0	1.175,0	1.300,0	1.450,0
davon: Laufzeit > 5 Jahre	140,0	125,0	117,5	130,0	145,0
∑ Verbindlichkeiten	**13.325,0**	**12.925,0**	**12.675,0**	**12.550,0**	**12.575,0**
Rechnungsabgrenzungsposten	*55,0*	*40,0*	*65,0*	*65,0*	*170,0*
∑ Passiva	**20.341,1**	**20.005,2**	**19.890,2**	**19.869,1**	**19.990,6**

Operative Finanzplanung

Die **operative Finanzplanung** ist die kurzfristige Finanzplanung. Der Planungshorizont liegt hierbei in der Regel bei einem Monat bis zu zwölf Monaten. Kurzfristige Finanzpläne sind Ausführungspläne, die von mittel- und langfristigen Finanzplänen abgeleitet werden und deren Planung je nach Unternehmen auf Tages-, Wochen- oder Monatsbasis erfolgt. Besonders in wirtschaftlich schwierigen Situationen werden kurzfristige Finanzpläne häufig auf Tagesbasis erstellt, um die konkrete Finanzdisposition zu erfassen. In der Regel erfolgt die kurzfristige Finanzplanung jedoch auf einer monatlichen Basis.

Tab. 1.4 Plan-GuV mit einem Planungshorizont von fünf Jahren (Quelle: Prätsch et al. 2012, S. 243)

Plan-GuV (in Mio. €)	Jahr 1	Jahr 2	Jahr 3	Jahr 4	Jahr 5
Umsatzerlöse	19.900,0	19.500,0	19.100,0	18.900,0	18.850,0
+ Bestandsveränderungen an fertigen und unfertigen Erzeugnissen	−150,0	100,0	−50,0	100,0	100,0
∑ **Betriebsleistung**	**19.750,0**	**19.600,0**	**19.050,0**	**19.000,0**	**18.950,0**
Sonstige betr. Erträge	430,0	525,0	550,0	560,0	600,0
− Materialaufwand	10.033,0	9.917,6	9.601,2	9.538,0	9.475,0
− Personalaufwand	7.431,5	7.456,7	7.371,2	7.427,1	7.606,0
− Abschreibungen	525,0	500,0	450,0	425,0	425,0
− Sonstige betr. Aufwendungen	1.650,0	1.800,0	1.750,0	1.750,0	1.750,0
∑ **Betriebsergebnis**	**540,5**	**450,7**	**427,6**	**419,9**	**294,0**
Erträge aus Beteiligungen	162,5	165,0	170,0	172,5	175,0
+ Zinsen und ähnliche Erträge aus Finanzanlagen	115,0	115,0	115,0	115,0	115,0
− Abschreibungen aus Finanzanlagen	25,0	25,0	0,0	25,0	0,0
− Zinsen und ähnliche Aufwendungen	265,0	260,0	265,0	270,0	275,0
∑ **Finanzergebnis**	**−12,5**	**−5,0**	**20,0**	**−7,5**	**15,0**
= **Ergebnis der gewöhnlichen Geschäftstätigkeit**	**528,0**	**445,7**	**447,6**	**412,4**	**309,0**
+ außerordentliche Erträge	30,0	25,0	25,0	25,0	25,0
− außerordentliche Aufwendungen	30,0	25,0	25,0	25,0	25,0
− Steuern	391,2	351,6	342,6	323,5	267,5
= **Jahresüberschuss/-verlust**	**136,8**	**94,1**	**105,0**	**88,9**	**41,5**

Die kurzfristige Finanzplanung wird auch als Liquiditätsplanung bezeichnet, welche im Rahmen des Cash-Managements stattfindet. Die Aufgaben der kurzfristigen Finanzplanung umfassen die Sicherstellung der Liquidität des Unternehmens und somit die Vermeidung von Liquiditätsengpässen und die Sicherstellung einer optimalen finanzwirtschaftlichen Rentabilität. Im Rahmen der Liquiditätssteuerung nimmt die kurzfristige Finanzplanung eine Frühwarnfunktion ein.

Das Ergebnis eines kurzfristigen Finanzplans kann ein Kapitalbedarf oder aber ein Finanzmittelüberschuss sein. Je nachdem wie das Ergebnis ausfällt werden anschließend Möglichkeiten zur Kapitalbeschaffung oder Kapitalverwendung untersucht.

Die kurzfristige Finanzplanung basiert auf viel konkreteren Daten als die taktische und strategische Finanzplanung und ermöglicht somit auch genauere Prognosen. Allerdings ist der Handlungsspielraum aufgrund des kurzfristigen Charakters eingeschränkt.

1.2 Finanzplanung

Die strategische, taktische und operative Finanzplanung sind, wie bereits erwähnt, voneinander abhängig. Mit einem Planungsrhythmus kann bestimmt werden, in welchen Intervallen die Pläne erstellt, überprüft und weitergeführt werden. Methodisch kann hier in anschließende, rollierende beziehungsweise gleitende und revolvierende Planung unterschieden werden.

Die anschließende Planung sieht eine einmalige Erstellung des Finanzplans vor, ohne nachträgliche Änderungen. Nach Ablauf eines Finanzplans folgt unmittelbar der nächste, jedoch ohne Überschneidungen. Es werden also zum Beispiel Plan-Bilanzen für die nächsten fünf Jahre aufgestellt. Nach Ablauf der fünf Jahre werden die nächsten fünf Plan-Bilanzen aufgestellt.

Die rollierende Planung unterteilt den Planungshorizont in zwei Abschnitte. Der zeitlich kurzfristige, also operative Teil des Plans wird im Detail geplant, während der langfristige, strategische Teil nur grob geplant wird. So wird beispielsweise der erste Monat in einem Zwölf-Monats-Finanzplan, beispielsweise Januar, im Einzelnen geplant, während die restlichen elf Monate nur ungefähr geplant werden. Nach Ablauf des ersten Monats wird der nächste Monat, also Februar, detailliert geplant. Die restlichen Monate werden nach den neuesten Entwicklungen in ihrer Planung überprüft und gegebenenfalls angepasst. Der Planungshorizont wird dabei um einen Monat verlängert, sodass zu jedem Zeitpunkt zwölf Monate betrachtet werden.

Das System der rollierenden Planung mit einem Planungshorizont von drei Jahren ist in Tab. 1.5 verdeutlicht.

Die revolvierende Planung ist eine Unterart der rollierenden Planung. Sie ist nur detaillierter. In der revolvierenden Planung wird nicht nur am Ende des Planungshorizonts eine weitere Periode angehängt, sondern alle anderen Perioden überprüft, ob die darin enthaltenen Daten noch aktuell sind, und entsprechend angepasst. Außerdem wird oft für die aktuelle Planperiode eine weitere Unterteilung in detaillierte Abschnitte vorgenommen. Bei monatlicher Planung werden beispielsweise noch zusätzliche Wochenpläne aufgestellt. So werden die Pläne des Monats auch wochenweise überprüft und angepasst.

Tab. 1.5 Rollierende Planung (Quelle: eigene Darstellung)

Prüfperiode Planperiode	2020	2021	2022	2023	2024
2019	Detailliert	Grob	Grob	–	–
2020		Detailliert	Grob	Grob	–
2021			Detailliert	Grob	Grob

Fragen zur Lernkontrolle
1. Bitte beurteilen Sie, welche Aussagen richtig sind.
   □ Strategische Finanzpläne werden auch als Kapitalbindungspläne bezeichnet.
   □ Die anschließende Planung unterteilt den Planungshorizont in zwei Abschnitte. Der zeitlich kurzfristige wird im Detail geplant, während der langfristige, strategische Teil nur grob geplant wird.
   □ Die taktische Finanzplanung wird aus der strategischen Finanzplanung abgeleitet und dient deren Umsetzung.
   □ Die simultane Finanzplanung wird mit dem Teilplan begonnen, der am wichtigsten ist.
2. Damit ein aussagefähiger und funktionierender Finanzplan erstellt werden kann, sollten bestimmten Grundsätze beachtet werde. Erläutern Sie den Grundsatz der Vollständigkeit.

_____
_____
_____

3. Welche der folgenden Vorgänge werden in einem Finanzplan als Einzahlungen betrachtet?
   □ Umsatzerlöse
   □ Tilgung von Eigen- und Fremdkapital
   □ Verkauf von Patenten
   □ Personalkosten

1.3 Finanzbudgetierung

1.3.1 Einführung

Neben der kurz-, mittel- und langfristigen Finanzplanung ist die **Finanzbudgetierung** ein weiteres wesentliches Instrument des Finanzcontrollings. In der betriebswirtschaftlichen Literatur und in der betrieblichen Praxis existiert keine einheitliche Definition des Begriffs „Budget" oder „Budgetierung". Verbreitet ist jedoch die Definition, dass ein Budget einen formalzielorientierten Plan darstellt, welcher in wertmäßigen Größen formuliert wird. Allgemein kann ein Budget als eine schriftlich festgelegte monetäre Sollgröße bezeichnet werden, die einem Verantwortungsbereich zur Umsetzung übergeordneter Pläne für eine Planperiode vorgegeben wird. Es wird also beispielsweise der Produktionsabteilung ein Kostenbudget zugeteilt, um die geplante Menge an Gütern zu produzieren. Die Budgetierung ist ein geordneter, informationsverarbeitender Prozess, um ein Budget zu erstellen. Die Budgetierung hat also die Aufgabe, die zahlungsmäßigen Konsequenzen von geplanten Maßnahmen in Form von Prognosen vorzugeben, womit eine Verbindung zur Finanzplanung hergestellt wird. Auf Grundlage der Budgets kann ein Finanzmittelüberschuss beziehungsweise ein Kapitalbedarf ermittelt werden. Die Budgetierung als Instrument des Finanzcontrollings hat noch weitere Funktionen. Zum einen werden durch die Vorgabe der wertmäßigen Größen (zum Beispiel

1.3 Finanzbudgetierung

Umsatz, Kosten, Gewinn, Deckungsbeitrag) nicht nur den zentralen, sondern auch den dezentralen Entscheidungseinheiten Orientierungshilfen vorgegeben. Die Budgetierung als Abstimmungsinstrument des Managements dient zum anderen auch der Koordination und gegenseitigen Information zwischen den einzelnen Bereichen eines Unternehmens, da Teilpläne innerhalb eines Budgetierungsprozesses aufeinander abgestimmt werden müssen. Des Weiteren kann der Budgetierung eine Leistungs- oder Motivationsfunktion zugeschrieben werden. Durch die fest vorgegeben Soll-Größen werden nicht nur Vorgaben für die erwartete Leistung gemacht, auch die intrinsische Motivation einzelner Manager wird gefördert. Das gilt insbesondere dann, wenn das Managergehalt davon abhängig ist, ob das vorgegebene Budget eingehalten wurde. Darüber hinaus können Manager durch die Vorgabe von Budgets in Eigenverantwortung Maßnahmen ergreifen, welche ihre Leistungsbereitschaft und Eigeninitiative stärken. Je nach Detaillierungsgrad eines Budgets können auch Leistungen einzelner Mitarbeiter überprüft werden.

▶ Die **Budgetierung** ist ein geordneter, informationsverarbeitender Prozess, um ein Budget zu erstellen.

Wie auch bei Finanzplänen können Budgets in Form von kurzfristigen und operativen Budgets mit einem hohen Detaillierungsgrad oder aber in Form von langfristigen, strategischen Budgets mit groben Vorgaben erstellt werden. Des Weiteren können Budgetarten nach den in Abb. 1.3 dargestellten Kriterien differenziert werden.

Nach der Abhängigkeit von der Bezugsgröße können fixe und flexible Budgets unterschieden werden. Fixe beziehungsweise starre Budgets geben einen festen Betrag vor, unabhängig von der Leistungsmenge. Sie berücksichtigen die Vollkosten je Kostenart.

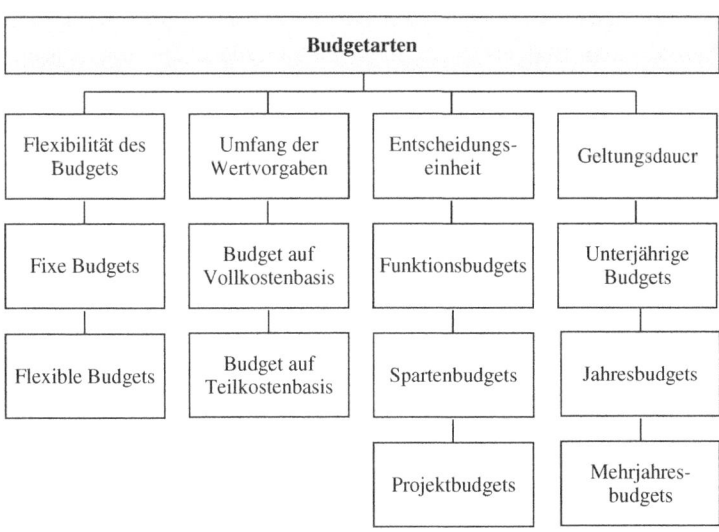

Abb. 1.3 Budgetarten (Quelle: eigene Darstellung)

Fixe Budgets werden überwiegend in Abteilungen eingesetzt, in welchen sich die Leistung nur schwer messen lässt oder in einem bestimmten Umfang erbracht werden muss. Dazu zählen Forschung und Entwicklung oder Verwaltung. Fixe Budgets haben hierbei die Funktion der Kostenbegrenzung. Flexible Budgets schwanken in Abhängigkeit von einer Bezugsgröße, beispielsweise der Produktionsmenge oder dem Beschäftigungsstand. In flexiblen Budgets werden die Kosten in fixe und variable Kosten unterteilt. Flexible Budgets finden vor allem in solchen Abteilungen Anwendung, in welchen die Kosten erheblich von der Leistungsmenge abhängen, zum Beispiel in der Produktionsabteilung.

Nach dem Umfang der Wertvorgaben differenziert man zwischen Budgets auf Vollkostenbasis und Budgets auf Teilkostenbasis. Budgets auf Vollkostenbasis berücksichtigen alle anfallenden Kosten. Diese werden über die Kostenarten- und Kostenstellenrechnung auf die Kostenträger umgelegt. Bei den Vollkosten werden nicht nur Einzelkosten wie Material- und Lohnkosten berücksichtigt, sondern auch Gemeinkosten wie Heizung oder Vorstandsgehalt. Für die Umlage der Gemeinkosten auf die produzierten Güter werden Schlüsselgrößen wie zum Beispiel die Produktionsmenge herangezogen. Im Gegensatz dazu werden bei Budgets auf Teilkostenbasis nur die variablen Kosten mit einbezogen.

Je nach Entscheidungseinheit existieren drei unterschiedliche Budgetarten: Funktionsbudget, Spartenbudgets und Projektbudgets. Funktionsbudgets sehen eine funktionale Gliederung vor, beispielsweise für Beschaffung, Fertigung, Vertrieb und Verwaltung. Spartenbudgets zielen auf die Budgetierung einzelner Sparten des Unternehmens und versuchen die autonomen Sparten durch die Budgeterstellung zur Abstimmung der Aktivitäten an den Zielen des gesamten Unternehmens auszurichten. Ein Automobilhersteller könnte beispielsweise Budgets für die Sparten Pkw, Lkw und Motorräder aufstellen. Projektbudgets beziehen sich auf bestimmte Projekte, wobei bei besonders langfristigen Projekten die Problematik besteht, die Gesamtkosten festzulegen.

Schließlich können Budgets nach ihrer Geltungsdauer in unterjährige Budgets, Jahresbudgets und Mehrjahresbudgets unterteilt werden. Unterjährige Budgets haben einen Planungshorizont von weniger als zwölf Monaten und werden meist für zeitlich limitierte Projekte oder Werbemaßnahmen eingesetzt. Das Jahresbudget wird jeweils für ein Jahr erstellt und ist die in der Praxis die am häufigsten eingesetzte Budgetart. Das erste Quartal des Jahresbudgets wird im Regelfall in Monate unterteilt, während der Rest des Jahres in Quartalen betrachtet wird. Die Plandaten werden meist nach Ablauf des ersten Quartals revidiert. Die Mehrjahresbudgets haben einen Planungshorizont von mehr als einem Jahr und eignen sich vor allem für langfristige Projekte und Investitionen.

1.3.2 Budgetierungsprozess

Der **Budgetierungsprozess** sollte grundsätzlich einen Teil des Gesamtprozesses der Planung darstellen. Im Wesentlichen existieren drei Abstimmungsverfahren: retrograde Budgetierung, progressive Budgetierung und das Gegenstromverfahren.

1.3 Finanzbudgetierung

▶ **Merke!** Für den **Budgetierungsprozess** existieren drei Abstimmungsverfahren: retrograde Budgetierung, progressive Budgetierung und das Gegenstromverfahren.

Retrograde Budgetierung (Top-Down-Budgetierung)
Die retrograde Budgetierung wird auch als **Top-Down-Budgetierung** bezeichnet. Hier gibt das Top-Management oder vom Top-Management beauftragte Organe die Rahmendaten als Grundlage für die Budgeterstellung. Die übergeordneten Führungsebenen leiten die jeweiligen Vorgaben an die untergeordneten Stellen weiter. Dieser Ansatz eignet sich besonders dann, wenn die Finanzmittel als Gesamtbudget zur Verfügung stehen und auf die Bereiche verteilt werden sollen. Der Vorteil dieses Verfahrens liegt darin begründet, dass die globalen Unternehmensziele auch in den einzelnen Budgets berücksichtigt werden, da das Gesamtbudget auf Grundlage der Unternehmensziele festgelegt wird. Allerdings könnte dieser Ansatz auch zu fehlender Motivation und Identifikation der Mitarbeiter mit den Zielen führen, da diese nicht an der Budgeterstellung beteiligt sind.

Progressive Budgetierung (Bottom-Up-Budgetierung)
Die progressive Budgetierung wird auch **Bottom-Up-Budgetierung** genannt. Die Budgetierung beginnt hierbei auf den untergeordneten Führungsebenen und wird stufenweise auf der nächsthöheren Ebene zusammengefasst. Diese Vorgehensweise wird besonders dann eingesetzt, wenn Budgetwerte für einzelne Unternehmensbereiche vorliegen. Da einzelne Unternehmensbereiche ihren Ressourcenbedarf am besten einschätzen können, ist diese Art der Budgetierung relativ realitätsnah. Allerdings besteht hier die Gefahr, dass die Budgets untereinander nicht ausreichend abgestimmt und nicht auf die allgemeinen Ziele des Unternehmens ausgerichtet sind. Die Summe aller Einzelbudgets ist dann oft zu groß im Vergleich zu den Vorstellungen des Top-Managements.

Gegenstromverfahren
Das **Gegenstromverfahren** ist eine Mischung aus der retrograden und der progressiven Budgetierung. Die Rahmendaten und Budgetziele werden vom Top-Management vorgegeben, ebenso Budgetrichtlinien. Die Budgets werden jedoch von den einzelnen Unternehmensbereichen selbstständig geplant und orientieren sich dabei an den Budgetrichtlinien. Die auf den unteren Ebenen erstellten Budgets werden an die übergeordneten Führungsebenen weitergeleitet. Stimmen ursprüngliche Budgetziele und von den unteren Ebenen vorgeschlagene Budgets nicht miteinander überein, verhandelt die Unternehmensführung mit den unteren Führungsebenen solange, bis die Budgets den Zielbudgets entsprechen. Dieses Verfahren erlaubt einen optimalen Abgleich der Unternehmensziele mit den Interessen einzelner Unternehmensbereiche und fördert gleichzeitig die Motivation der unteren Führungsebenen, die Budgets einzuhalten.

Phasen im Budgetierungsprozess
Die einzelnen Phasen im Budgetierungsprozess können wie in Abb. 1.4 dargestellt aussehen.

Zu Beginn des Budgetierungsprozesses werden zentrale Plandaten wie beispielsweise der Absatzplan definiert. Die Plandaten werden den planenden Unternehmensbereichen vorgegeben und bilden die Grundlage für den Budgetentwurf. Der Budgetentwurf wird anschließend in Budgetverhandlungen mit Entscheidungsträgern analysiert und bewertet. Die Budgets werden im nächsten Schritt unter allen über- und untergeordneten Ebenen abgeglichen und koordiniert. Die Koordination ist die Aufgabe des zentralen Controllings. Anschließend wird das Budget verabschiedet. Die Prüfung der Richtigkeit der Budgets wird ebenfalls vom zentralen Controlling durchgeführt. Hierbei prüfen die Controller nicht nur die Einhaltung der Richtlinien zur Darstellung und Gliederung, sondern auch die korrekte Berechnung und den Bezug zu anderen Budgets. Nach der Prüfung werden die Budgets zu einem Gesamtbudget konsolidiert. Nach einer erfolgreichen Abstimmung zwischen allen Ebenen muss die Unternehmensleitung die Budgets genehmigen. Nach diesem Prozess erhalten alle Budgetverantwortlichen ihre endgültigen Zielvorgaben. Dabei wird das fertige und konsolidierte Gesamtbudget an einzelne Zentralabteilungen (zum Beispiel Finanzwirtschaft und Rechnungswesen) verteilt, sodass die Zentralabteilungen die Übersicht über alle Budgets haben, während andere Abteilungen nur ihr Teilbudget zugeteilt bekommen und für dieses verantwortlich sind.

Nach Fertigstellung der Budgets finden meist regelmäßige Kontrollen, sowohl während der Budgetperiode als auch danach, statt. Bei großen Unternehmen erfolgen die

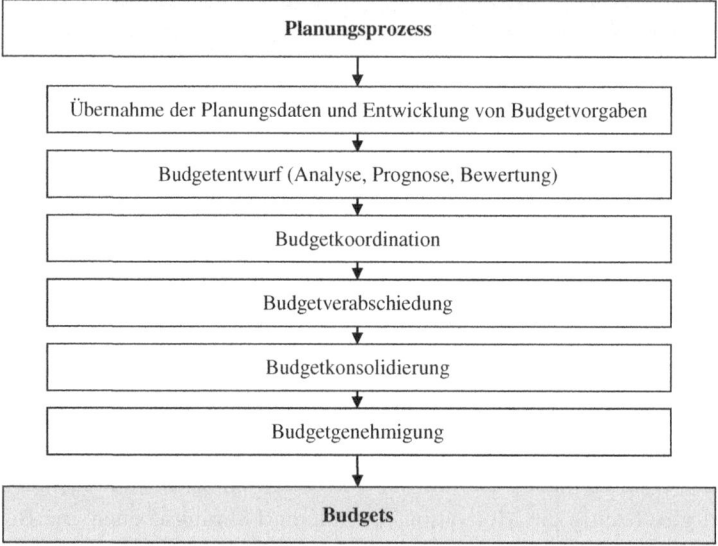

Abb. 1.4 Budgetierungsprozess (Quelle: eigene Darstellung)

1.4 Kapitalflussrechnung

Kontrollen meist monatlich, bei ganz wichtigen Bereichen sogar täglich. Die laufende Kontroll- und Analysefunktion wird vom Controlling übernommen. Werden Zielabweichungen festgestellt, so können Abweichungsanalysen durchgeführt werden, um die Ursachen aufzudecken und eventuelle Gegenmaßnahmen einzuleiten.

Ein Budgetierungsprozess ist meist sehr komplex und aufwendig, da hier detaillierte Arbeit und mehrstufige Abstimmungen erfolgen. Oftmals werden die einzelnen Schritte in einem Budgetkalender festgehalten.

Fragen zur Lernkontrolle
1. Erklären Sie den Unterschied zwischen einem Budget auf Vollkostenbasis und einem Budget auf Teilkostenbasis.
   _____
   _____
   _____

2. Geben Sie an, ob die folgende Aussage richtig oder falsch ist.
   „Beim Gegenstromverfahren werden die Rahmendaten und Budgetziele vom Top-Management vorgegeben, die Budgets werden jedoch von den einzelnen Unternehmensbereichen zuerst selbstständig geplant und dann mit der Unternehmensleitung abgestimmt."
   ☐ Richtig
   ☐ Falsch

3. Bitte beurteilen Sie, welche Aussagen richtig sind.
   ☐ Die retrograde Budgetierung beginnt auf den untergeordneten Führungsebenen und wird stufenweise nach oben aggregiert.
   ☐ Flexible Budgets werden häufig für die Forschungs- und Entwicklungsabteilung angewendet.
   ☐ Mithilfe von Budgets kann ein Finanzmittelüberschuss beziehungsweise ein Kapitalbedarf ermittelt werden.
   ☐ Der Vorteil des retrograden Verfahrens liegt darin, dass die globalen Unternehmensziele auch in den Zielsetzungen der einzelnen Budgets berücksichtigt werden.

1.4 Kapitalflussrechnung

Die **Kapitalflussrechnung** ist eine Finanzierungsrechnung, welche alle Zahlungsströme eines Unternehmens offenlegt. Wie auch bei der Bilanz und GuV handelt es sich bei der Kapitalflussrechnung um jahresabschlussorientierte Finanzinformationen mit einem Dokumentations- und Planungscharakter. In der internationalen Rechnungslegung (International Financial Reporting Standards IFRS, US Generally Accepted Accounting Principles US-GAAP) ist die Kapitalflussrechnung ein vorgeschriebener Teil des Jahresabschlusses. Nach dem deutschen Handelsgesetzbuch HGB muss eine Kapitalflussrechnung im Rahmen von Konzernabschlüssen erfolgen.

▶ Die **Kapitalflussrechnung** ist eine Finanzierungsrechnung, welche alle Zahlungsströme eines Unternehmens offenlegt.

Der Finanzplan bildet die Vorstufe der Kapitalflussrechnung. Während der Finanzplan jedoch die einzelnen Ein- und Auszahlungen gegenüberstellt, baut die Kapitalflussrechnung auf den Jahresabschlussgrößen (Veränderungen Aktiva/Passiva und Erträge/Aufwendungen) auf. Dabei stellt die Kapitalflussrechnung die Mittelherkunft und Mittelverwendung der liquiden Mittel einer Periode auf Basis der Bilanz und GuV gegenüber.

Während die Bilanz die Vermögenslage und die GuV die Ertragslage eines Unternehmens darstellen, fokussiert sich die Kapitalflussrechnung auf die Finanzlage des Unternehmens. Dabei kann man zwischen der vergangenheitsorientierten und zukunftsorientierten Betrachtungsweise unterscheiden, wie Abb. 1.5 zeigt.

Als Dokumentationsinstrument spiegelt die Kapitalflussrechnung die vergangene und tatsächliche Finanzlage wider. Die Inhalte der Kapitalflussrechnung sind für Kapitalgesellschaften in § 264 Abs. 2 HGB geregelt. Die Kapitalflussrechnung ist im Jahresabschluss zu finden und spiegelt die Finanzlage im letzten Geschäftsjahr wieder. Die Kapitalflussrechnung kann aber auch zukunftsorientiert eingesetzt werden. Dazu wird sie aus der Plan-Bilanz und der Plan-GuV abgeleitet und für die Planung und Steuerung der Finanzströme verwendet.

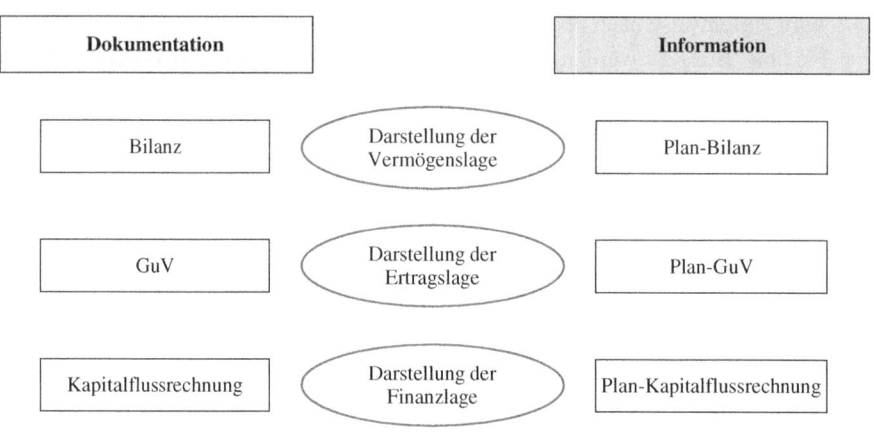

Abb. 1.5 Integrative Betrachtungsweise der Bilanz, GuV und Kapitalflussrechnung (Quelle: eigene Darstellung)

1.4 Kapitalflussrechnung

Der Zweck der Kapitalflussrechnung besteht zunächst darin, die Liquiditätssituation des Unternehmens in einer Berichtsperiode darzustellen und somit einen eventuellen Liquiditätsbedarf offenzulegen. Des Weiteren können aus der Kapitalflussrechnung die Finanzströme in ihrem Volumen und ihrer Struktur abgelesen werden. Aus der historischen Kapitalflussrechnung kann man ablesen, ob das Unternehmen einen positiven Cashflow erwirtschaftet hat. Die Plan-Kapitalflussrechnung gibt Auskunft darüber, ob ein Unternehmen künftig finanzielle Überschüsse erwirtschaften, seinen Zahlungsverpflichtungen nachkommen und Ausschüttungen an seine Anteilseigner leisten kann. Die Transparenz der Zahlungsströme dient also nicht nur dem Unternehmen selbst, sondern auch Dritten, wie beispielsweise Gläubigern oder Anteileignern.

Der vom Deutschen Standardisierungsrat am 04.02.2014 verabschiedete Deutsche Rechnungslegungsstandard Nr. 21 (DRS 21) liefert zwei alternative Grundstrukturen für den Aufbau einer Kapitalflussrechnung. Dabei werden das Gliederungsschema I mit der direkten Methode und das Gliederungsschema II mit der indirekten Methode unterschieden.

Die direkte Methode geht von zahlungswirksamen Umsätzen aus, von welchen Zahlungsmittelabgänge abgezogen werden (zum Beispiel Material- oder Personalausgaben). Bevor die Auszahlungen abgezogen werden, werden zu den Umsätzen Einzahlungen hinzuaddiert, welche weder der Investition noch der Finanzierung zugeordnet werden können. Die Differenz zwischen diesen Einzahlungen von Kunden und den Auszahlungen bildet den Cashflow aus laufender Geschäftstätigkeit. Um den Cashflow aus Investitionstätigkeit zu bilden, werden die Einzahlungen aus dem Abgang von Anlagevermögen addiert und die Auszahlungen für Investitionen in das Anlagevermögen subtrahiert. Danach wird der Cashflow aus Finanzierungstätigkeit gebildet. Dafür werden die Einzahlungen in das Grundkapital und aus der Kreditaufnahme hinzugezählt und die Auszahlungen an Gesellschafter oder zur Kredittilgung abgezogen. Zu den drei Cashflows aus laufender Geschäftstätigkeit, aus Investitionstätigkeit und aus Finanzierungstätigkeit wird der Finanzmittelbestand am Anfang der Periode addiert. Das Ergebnis ist dann der Finanzmittelbestand beziehungsweise Finanzmittelfonds am Ende der Periode. Die Einzelheiten der direkten Methode werden in Tab. 1.6 dargestellt.

Die indirekte Methode beginnt mit dem Periodenergebnis und zieht davon die zahlungsunwirksamen Erträge ab und addiert die zahlungsunwirksamen Aufwendungen hinzu. Zahlungsunwirksam bedeutet, dass die Erträge und Aufwendungen das Geldvermögen des Unternehmens nicht ändern. Zu den zahlungsunwirksamen Aufwendungen zählen beispielsweise Abschreibungen, zahlungsunwirksamen Erträge sind zu Beispiel Erträge aus der Auflösung von Rückstellungen. Ist das Periodenergebnis entsprechend korrigiert, resultiert daraus der Cashflow aus laufender Geschäftstätigkeit. Hiernach wird der Cashflow aus der Investitionstätigkeit gebildet. Dies geschieht durch Addition von Einzahlungen aus dem Abgang von Anlagevermögen, von welchen dann die

Tab. 1.6 Kapitalflussrechnung DRS 2, Gliederungsschema der direkten Methode (Quelle: Deutsches Rechnungslegungs Standards Committee e. V. 2014)

1.		Einzahlungen von Kunden für den Verkauf von Erzeugnissen, Waren und Dienstleistungen
2.	−	Auszahlungen an Lieferanten und Beschäftigte
3.	+	Sonstige Einzahlungen, die nicht der Investitions- oder Finanzierungstätigkeit zuzuordnen sind
4.	−	Sonstige Auszahlungen, die nicht der Investitions- oder Finanzierungstätigkeit zuzuordnen sind
5.	+	Einzahlungen aus außerordentlichen Posten
6.	−	Auszahlungen aus außerordentlichen Posten
7.	+/−	Ertragsteuerzahlungen
8.	**=**	**Cashflow aus laufender Geschäftstätigkeit (Summe aus 1 bis 7)**
9.	+	Einzahlungen aus Abgängen von Gegenständen des immateriellen Anlagevermögens
10.	−	Auszahlungen für Investitionen in das immaterielle Anlagevermögen
11.	+	Einzahlungen aus Abgängen von Gegenständen des Sachanlagevermögens
12.	−	Auszahlungen für Investitionen in das Sachanlagevermögen
13.	+	Einzahlungen aus Abgängen von Gegenständen des Finanzanlagevermögens
14.	−	Auszahlungen für Investitionen in das Finanzanlagevermögen
15.	+	Einzahlungen aus Abgängen aus dem Konsolidierungskreis
16.	-	Auszahlungen für Zugänge zum Konsolidierungskreis
17.	+	Einzahlungen aufgrund von Finanzmittelanlagen im Rahmen der kurzfristigen Finanzdisposition
18.	−	Auszahlungen aufgrund von Finanzmittelanlagen im Rahmen der kurzfristigen Finanzdisposition
19.	+	Einzahlungen aus außerordentlichen Posten
20.	−	Auszahlungen aus außerordentlichen Posten
21.	+	Erhaltene Zinsen
22.	+	Erhaltene Dividenden
23.	**=**	**Cashflow aus der Investitionstätigkeit (Summe aus 9 bis 22)**
24.	+	Einzahlungen aus Eigenkapitalzuführungen von Gesellschaftern des Mutterunternehmens
25.	+	Einzahlungen aus Eigenkapitalzuführungen von anderen Gesellschaftern
26.	−	Auszahlungen aus Eigenkapitalherabsetzungen an Gesellschafter des Mutterunternehmens
27.	−	Auszahlungen aus Eigenkapitalherabsetzungen an die anderen Gesellschafter
28.	+	Einzahlungen aus der Begebung von Anleihen und der Aufnahme von (Finanz-)Krediten

(Fortsetzung)

Tab. 1.6 (Fortsetzung)

29.	−	Auszahlungen aus der Tilgung von Anleihen und (Finanz-) Krediten
30.	+	Einzahlungen aus erhaltenen Zuschüssen/Zuwendungen
31.	+	Einzahlungen aus außerordentlichen Posten
32.	−	Auszahlungen aus außerordentlichen Posten
33.	−	Gezahlte Zinsen
34.	−	Gezahlte Dividenden an Gesellschafter des Mutterunternehmens
35.	−	Gezahlte Dividenden an andere Gesellschafter
36.	**=**	**Cashflow aus der Finanzierungstätigkeit (Summe aus 24 bis 35)**
37.	+/−	Zahlungswirksame Veränderungen des Finanzmittelfonds (Summe aus 8, 23, 36)
38.	+/−	Wechselkurs-, konsolidierungskreis- und bewertungsbedingte Änderungen des Finanzmittelfonds
39.	+	Finanzmittelfonds am Anfang der Periode
40.	**=**	**Finanzmittelfonds am Ende der Periode (Summe aus 37 bis 40)**

Auszahlungen für den Kauf von Anlagevermögen abgezogen werden. Der Cashflow aus der Finanzierungstätigkeit und der Bestand der Zahlungsmittel am Ende der Periode werden in gleicher Weise wie bei der direkten Methode ermittelt. Die genauen Positionen, die dabei berücksichtigt werden, sind aus der Tab. 1.7 ersichtlich.

Die Kapitalflussrechnung im engeren Sinne macht Aussagen über die Höhe der Zu- und Abflüsse sowie über die Herkunft und Verwendung der Finanzmittel. Hierbei werden die Cashflows aus laufender Geschäftstätigkeit, der Investitionstätigkeit und der Finanzierungstätigkeit gesondert dargestellt. Gemäß DRS 2 fallen alle erlöswirksamen Tätigkeiten des Unternehmens und Tätigkeiten, die nicht die Finanzierungs- oder Investitionstätigkeit des Unternehmens betreffen, unter den Cashflow aus laufender Geschäftstätigkeit. Diese Zahlungsströme werden auch als operativer Cashflow bezeichnet. Der Cashflow aus der Investitionstätigkeit bezieht sich auf Auszahlungen durch Investitionen und Einzahlungen durch Desinvestitionen des Anlagevermögens. Da zählen ebenfalls der Erwerb oder die Veräußerung von längerfristigen Vermögenswerten und die Anlage von Finanzmittelbeständen. Dieser Cashflow dient der Abschätzung künftiger Erträge des Unternehmens, welche aus laufender Geschäftstätigkeit generiert werden. Der Cashflow aus der Finanzierungstätigkeit umfasst alle Zahlungsströme, welche aus Transaktionen mit Unternehmenseignern, Minderheitsgesellschaftern sowie durch Aufnahme oder Tilgung von Finanzschulden stammen. Aus diesem Cashflow können die zukünftigen Kapitalgeberansprüche sowie die Außenfinanzierungskraft des Unternehmens abgeschätzt werden.

Die Kapitalflussrechnung nach DRS 2 sieht vor, dass zusätzlich zur Kapitalflussrechnung der Finanzmittelfonds berücksichtigt wird. Der Finanzmittelfonds ist ein abgegrenzter Vermögensteil, für den die Zu- und Abflüsse in einer

Tab. 1.7 Kapitalflussrechnung DRS 2, Gliederungsschema der indirekten Methode (Quelle: Deutsches Rechnungslegungs Standards Committee e. V. 2014)

1.		Periodenergebnis (Konzernjahresüberschuss/-fehlbetrag einschließlich Ergebnisanteile anderer Gesellschafter)
2.	+/−	Abschreibungen/Zuschreibungen auf Gegenstände des Anlagevermögens
3.	+/−	Zunahme/Abnahme der Rückstellungen
4.	+/−	Sonstige zahlungsunwirksame Aufwendungen/Erträge
5.	−/+	Zunahme/Abnahme der Vorräte, der Forderungen aus Lieferungen und Leistungen sowie anderer Aktiva, die nicht der Investitions- oder Finanzierungstätigkeit zuzuordnen sind
6.	+/−	Zunahme/Abnahme der Vorräte, der Forderungen aus Lieferungen und Leistungen sowie anderer Passiva, die nicht der Investitions- oder Finanzierungstätigkeit zuzuordnen sind
7.	−/+	Gewinn/Verlust aus dem Abgang von Gegenständen des Anlagevermögens
8.	+/−	Zinsaufwendungen/Zinserträge
9.	−	Sonstige Beteiligungserträge
10.	+/−	Aufwendungen/Erträge aus außerordentlichen Posten
11.	+/−	Ertragsteueraufwand/-ertrag
12.	+	Einzahlungen aus außerordentlichen Posten
13.	−	Auszahlungen aus außerordentlichen Posten
14.	−/+	Ertragsteuerzahlungen
15.	**=**	**Cashflow aus laufender Geschäftstätigkeit (Summe aus 1 bis 14)**
16.	+	Einzahlungen aus Abgängen von Gegenständen des immateriellen Anlagevermögens
17.	−	Auszahlungen für Investitionen in das immaterielle Anlagevermögen
18.	+	Einzahlungen aus Abgängen von Gegenständen des Sachanlagevermögens
19.	−	Auszahlungen für Investitionen in das Sachanlagevermögen
20.	+	Einzahlungen aus Abgängen von Gegenständen des Finanzanlagevermögens
21.	−	Auszahlungen für Investitionen in das Finanzanlagevermögen
22.	+	Einzahlungen aus Abgängen aus dem Konsolidierungskreis
23.	−	Auszahlungen für Zugänge zum Konsolidierungskreis
24.	+	Einzahlungen aufgrund von Finanzmittelanlagen im Rahmen der kurzfristigen Finanzdisposition
25.	−	Auszahlungen aufgrund von Finanzmittelanlagen im Rahmen der kurzfristigen Finanzdisposition
26.	+	Einzahlungen aus außerordentlichen Posten
27.	−	Auszahlungen aus außerordentlichen Posten
28.	+	Erhaltene Zinsen
29.	+	Erhaltene Dividenden

(Fortsetzung)

1.4 Kapitalflussrechnung

Tab. 1.7 (Fortsetzung)

30.	=	**Cashflow aus der Investitionstätigkeit (Summe aus 16 bis 29)**
31.	+	Einzahlungen aus Eigenkapitalzuführungen von Gesellschaftern des Mutterunternehmens
32.	+	Einzahlungen aus Eigenkapitalzuführungen von anderen Gesellschaftern
33.	−	Auszahlungen aus Eigenkapitalherabsetzungen an Gesellschafter des Mutterunternehmens
34.	−	Auszahlungen aus Eigenkapitalherabsetzungen an die anderen Gesellschafter
35.	+	Einzahlungen aus der Begebung von Anleihen und der Aufnahme von (Finanz-) Krediten
36.	−	Auszahlungen aus der Tilgung von Anleihen und (Finanz-) Krediten
37.	+	Einzahlungen aus erhaltenen Zuschüssen/Zuwendungen
38.	+	Einzahlungen aus außerordentlichen Posten
39.	−	Auszahlungen aus außerordentlichen Posten
40.	−	Gezahlte Zinsen
41.	−	Gezahlte Dividenden an Gesellschafter des Mutterunternehmens
42.	−	Gezahlte Dividenden an andere Gesellschafter
43.	**=**	**Cashflow aus der Finanzierungstätigkeit (Summe aus 31 bis 42)**
44.		Zahlungswirksame Veränderungen des Finanzmittelfonds (Summe aus 15, 30, 43)
45.	+/−	Wechselkurs- und bewertungsbedingte Änderungen des Finanzmittelfonds
46.	+/−	Konsolidierungskreisbedingte Änderungen des Finanzmittelfonds
46.	+	Finanzmittelfonds am Anfang der Periode
48.	**=**	**Finanzmittelfonds am Ende der Periode (Summe aus 44 bis 47)**

Kapitalflussrechnung dargestellt werden. Hierbei kann auch von einer Bestandsveränderungsrechnung gesprochen werden. Der Finanzmittelfonds wird in Zahlungsmittel (Barmittel/Sichteinlagen) und Zahlungsmitteläquivalente untergliedert, wobei die Zahlungsmitteläquivalente kurzfristig sehr liquide Finanzmittel sind, die jederzeit in bestimmte Zahlungsmittelbeträge umgewandelt werden können und nur unwesentlichen Wertschwankungen unterliegen. Ein Beispiel für ein Zahlungsmitteläquivalent ist ein Geldmarktfonds mit drei Monaten Laufzeit oder eine Festgeldanlage mit Laufzeit ein Monat. Der Ausweis des Finanzmittelfonds soll dabei helfen, die Aussagekraft der Kapitalflussrechnung zu verstärken. Oft wird der Finanzmittelfonds auch prägnanter Finanzmittelbestand genannt.

> **Beispiel**
> Kapitalflussrechnung der BASF-Gruppe aus dem Geschäftsjahr 2018 (Quelle: BASF SE 2019, S. 181):

Kapitalflussrechnung (Millionen €)	2018	2017
Ergebnis nach Steuern und Anteilen anderer Gesellschafter	4.707	6.078
Abschreibungen auf immaterielle Vermögenswerte und Sachanlagen	3.750	4.213
Veränderung Nettoumlaufvermögen	−530	−1.167
Übrige Posten	12	−339
Cashflow aus betrieblicher Tätigkeit	**7.939**	**8.785**
Auszahlungen für immaterielle Vermögenswerte und Sachanlagen	−3.894	−3.996
Akquisitionen/Devestitionen	−7.255	27
Veränderung Finanzanlagen und übrige Posten	−655	11
Cashflow aus Investitionstätigkeit	**−11.804**	**−3.958**
Kapitalerhöhungen/-rückzahlungen und sonstige Eigenkapitaltransaktionen	3	19
Veränderung Finanz- und ähnliche Verbindlichkeiten	2.966	3.248
Dividenden	−3.021	−2.873
Cashflow aus Finanzierungstätigkeit	**−52**	**394**
Liquiditätswirksame Veränderung der Zahlungsmittel und Zahlungsmitteläquivalente	−3.917	5.221
Anfangsbestand Zahlungsmittel und Zahlungsmitteläquivalente sowie sonstige Veränderungen	6.436	1.274
Zahlungsmittel und Zahlungsmitteläquivalente am Jahresende[a]	**2.519**	**6.495**

[a] Im Jahr 2018 weichen die Zahlungsmittel und Zahlungsmitteläquivalente in der Kapitalflussrechnung vom Wert in der Bilanz ab, da dort die Zahlungsmittel und Zahlungsmitteläquivalente des Öl-und-Gas-Geschäfts in die Veräußerungsgruppe umgegliedert wurden

Die Konzernkapitalflussrechnung wird beginnend mit dem betrieblichen Ergebnis, dem EBIT, erstellt. Zunächst fällt auf, dass der Cashflow aus betrieblicher Geschäftstätigkeit im Vergleich zum Geschäftsjahr 2017 gesunken ist, während der Cashflow aus Investitionstätigkeit gestiegen ist. Dies liegt unter anderem an geringeren Investitionen des Konzerns. Der Cashflow aus Finanzierungstätigkeit ist hingegen gestiegen. Der Finanzmittelbestand am Ende der Periode ist positiv, da der Betrag der Zahlungsmittel am Anfang der Periode die negativen Veränderungen der Zahlungsmittel und Zahlungsmitteläquivalente vollständig decken kann.

Bewegungsbilanz

Neben der Kapitalflussrechnung im engeren Sinne gehört zu der Kapitalflussrechnung im weiteren Sinne die sogenannte **Bewegungsbilanz**. Die Bewegungsbilanz ist die

1.4 Kapitalflussrechnung

Tab. 1.8 Beständedifferenzbilanz (Quelle: eigene Darstellung)

Beständedifferenzbilanz	
Veränderungen Aktivposten	Veränderungen Passivposten
Erhöhung Aktivposten (+) Minderung Aktivposten (−)	Erhöhung Passivposten (+) Minderung Passivposten (−)
Veränderung des Vermögens	**Veränderung des Kapitals**

einfachste Form der Kapitalflussrechnung. Die Bewegungsbilanz ist eine Gegenüberstellung von Mittelherkunft und Mittelverwendung. Anders als die übliche Bilanz, welche die Vermögensbestände zu einem Zeitpunkt darstellt, konzentriert sich die Bewegungsbilanz auf die Bestandsveränderungen in einer Periode. Die Bewegungen können sowohl vergangenheitsbezogen als auch zukunftsorientiert dargestellt werden. Werden in der Bewegungsbilanz zukünftige Planwerte verwendet, so spricht man auch vom Kapitalbindungsplan. Dabei dienen die Bilanzgrößen (Vermögen und Kapital) als Grundlage für die Erstellung der Bewegungsbilanz.

▶ Die **Bewegungsbilanz** ist eine Gegenüberstellung von Mittelherkunft und Mittelverwendung und ihrer Beständeveränderungen.

Diese Bilanzgrößen sind alle zeitpunktbezogen. Zahlungen im Zusammenhang mit der Finanzmittelverwendung und der Finanzmittelherkunft sind jedoch periodenbezogen. Die Bewegungsbilanz ergibt sich aus der Differenz der Bestände von zwei Bilanzen, welche jeweils zum Geschäftsjahresende aufgestellt werden. Als Vorstufe der Bewegungsbilanz wird zunächst eine **Beständedifferenzbilanz** erstellt, wie in Tab. 1.8 dargestellt.

Hier werden zunächst die Veränderungen der Aktiva (Vermögen) und der Passiva (Kapital) erfasst, welche durch die Aktivmehrung oder -minderung beziehungsweise Passivmehrung oder -minderung entstehen. Die Mehrung steht für eine Erhöhung von Vermögen oder Kapital, die Minderung für einen Rückgang. Aus der Beständedifferenzbilanz kann die Bewegungsbilanz (vgl. Tab. 1.9) abgeleitet werden.

Die Veränderungen der Bilanzpositionen (außer Zahlungsmittel) können auf vier verschiedene Arten erfolgen. Denn die Veränderungen können sowohl auf der Aktiv- als auch

Tab. 1.9 Bewegungsbilanz (Quelle: eigene Darstellung)

Bewegungsbilanz	
Mittelverwendung	Mittelherkunft
Erhöhung Aktivposten (Investition) Minderung Passivposten (Definanzierung)	Erhöhung Passivposten (Finanzierung) Minderung Aktivposten (Desinvestition)
Summe der Veränderung	**Summe der Veränderung**

Tab. 1.10 Veränderungen der Bilanzpositionen (Quelle: eigene Darstellung)

Veränderung	Interpretation	
Aktivzunahme	Mittelverwendung	= Auszahlung
Aktivabnahme	Mittelherkunft	= Einzahlung
Passivzunahme	Mittelherkunft	= Auszahlung
Passivabnahme	Mittelverwendung	= Einzahlung

auf der Passivseite stattfinden und zunehmen oder abnehmen. Die Veränderungen der Bilanzpositionen werden als Gegengrößen der entsprechenden Zahlungen berücksichtigt. Eine Aktivmehrung, also eine Zunahme einer Position auf der Aktivseite, ist mit einer Auszahlung verbunden (zum Beispiel Erwerb einer Anlage). Einer Aktivminderung, also einer Abnahme einer Position auf der Aktivseite, steht dagegen eine Einzahlung gegenüber (zum Beispiel Verkauf einer Anlage). Für die Passivseite gilt das Gegenteil. Die Passivmehrung, das heißt, eine Zunahme auf der Passivseite, bedeutet eine Einzahlung (zum Beispiel Kreditaufnahme), die Passivminderung (Abnahme) ist mit einer Auszahlung verbunden (zum Beispiel Tilgung eines Kredits). Tab. 1.10 fasst die möglichen Veränderungen und deren Interpretation zusammen.

> **Beispiel**
>
> Im Folgenden sehen Sie zwei Bilanzen zum Zeitpunkt 31.12.2017 und 31.12.2018 sowie die wertmäßige Veränderung des Vermögens und des Kapitals. Auf der Aktivseite erkennt man eine Aktivminderung beim sonstigen Vermögen, die restlichen Positionen sind alle durch eine Mehrung (positive Beträge) gekennzeichnet. Auf der Passivseite sind das Eigenkapital und Verbindlichkeiten aus Lieferungen und Leistungen als Passivminderungen erfasst. Bei allen anderen Positionen der Passivseite handelt es sich um eine Passivmehrung.

Bilanz							
	zum 31.12.2018	zum 31.12.2017	Veränderung		zum 31.12.2018	zum 31.12.2017	Veränderung
Sachanlagen	15.500	14.700	+800	Eigenkapital	19.200	20.600	−1.400
Finanzanlagen	3.600	3.300	+300	Langfristige Rückstellungen	5.000	4.800	+200
Sonstige Vermögen	10.000	11.400	−1.400	Kurzfristige Rückstellungen	3.500	3.200	+300
Vorräte	7.300	7.100	+200	Finanzschulden	13.000	10.600	+2.400

1.4 Kapitalflussrechnung

Bilanz							
Forderungen	12.200	12.000	+200	Übrige Verbindlichkeiten	7.900	6.300	+1.600
Zahlungsmittel und ähnliches	3.300	1.300	+2.000	Verbindlichkeiten aus L.+L.	3.300	4.300	−1.000
Vermögen	**51.900**	**49.800**	**+2.100**	**Kapital**	**51.900**	**49.800**	**+2.100**

Die daraus abgeleitete Bewegungsbilanz zum 31.12.2018 sieht nun wie folgt aus:

Mittelverwendung		Mittelherkunft	
Sachanlagen	800	Langfristige Rückstellungen	200
Finanzanlagen	300	Kurzfristige Rückstellungen	300
Vorräte	200	Finanzschulden	2.400
Forderungen	200	Übrige Verbindlichkeiten	1.600
Zahlungsmittel und ähnliches	2.000	Sonstige Vermögen	1.400
Eigenkapital	1.400		
Verbindlichkeiten aus L. u. L.	1.000		
Summe der Veränderung	**5.900**	**Summe der Veränderung**	**5.900**

Alle ermittelten Bestandsveränderungen wurden aufgelistet und zu einer Summe addiert, wobei bei der Mittelverwendung zu den Aktivmehrungen die Passivminderungen hinzuaddiert wurden. Auf der Seite der Mittelherkunft wurden die Passivmehrungen und Aktivminderungen zusammengefasst. Die Summe der Veränderungen der Bestände ergibt auf beiden Seiten 5.900 €. Denn die Mittelverwendung muss in gleicher Höhe durch eine Mittelherkunft finanziert werden.

Fragen zur Lernkontrolle
1. Welche Zahlungsströme werden von den Cashflows aus der Finanzierungstätigkeit erfasst?
   - ☐ Zahlungsströme aus erlöswirksamen Tätigkeiten des Unternehmens.
   - ☐ Zahlungsströme, welche aus Transaktionen mit Unternehmenseigentümern stammen.
   - ☐ Zahlungsströme, welche durch Aufnahme oder Tilgung von Finanzschulden stammen.
   - ☐ Zahlungsströme, welche die Einzahlungen durch Desinvestitionen des Anlagevermögens umfassen.
2. Welche Aussagen über die Kapitalflussrechnung treffen zu?
   - ☐ Die Kapitalflussrechnung nach der direkten Methode stellt die einzelnen Ein- und Auszahlungen einer Periode gegenüber.

☐ Die indirekte Methode nach DRS 2 geht von zahlungswirksamen Umsätzen aus, von welchen Zahlungsmittelabgänge abgezogen werden (zum Beispiel Material- oder Personalausgaben).
☐ Bei der Kapitalflussrechnung im engeren Sinne werden die Cashflows aus laufender Geschäftstätigkeit, aus Investitionstätigkeit und aus Finanzierungstätigkeit gesondert dargestellt.
☐ In der Beständedifferenzbilanz werden die Veränderungen der Aktiva (Vermögen) und der Passiva (Kapital) erfasst, welche durch die Aktivmehrung oder -minderung beziehungsweise Passivmehrung oder -minderung entstehen.

3. Die Veränderungen der Bilanzpositionen (außer Zahlungsmittel) können auf vier verschiedene Arten erfolgen. Erläutern Sie die Art der Veränderung und deren Interpretation.

___

___

___

1.5 Lernkontrolle

Zusammenfassung

Das Finanzcontrolling unterstützt das Finanzmanagement durch die Steuerung und Koordination der Finanzaktivitäten im Unternehmen. Dabei stehen dem Finanzcontrolling unterschiedliche Instrumente zur Verfügung.

Mithilfe der Kapitalbedarfsrechnung kann bei Unternehmensgründungen und Unternehmenserweiterungen der Kapitalbedarf ermittelt werden. Die Kapitalbedarfsrechnung erfolgt in drei Schritten: Ermittlung des Anlagekapitalbedarfs, Ermittlung des Umlaufkapitalbedarfs und Berechnung des Gesamtkapitalbedarfs.

Die Kapitalbedarfsrechnung wird überwiegend bei Unternehmensgründungen und -erweiterungen angewendet. Für die kontinuierliche Kapitalbedarfsermittlung in einem bestehenden Unternehmen eignet sich vor allem der Finanzplan, ein Instrument der Finanzplanung. Die Finanzplanung dient der Planung, Steuerung und Kontrolle aller Ein- und Auszahlungen. Die Finanzplanung kann nach ihrer Fristigkeit in strategische Finanzplanung, taktische Finanzplanung und operative Finanzplanung unterteilt werden.

Neben der kurz-, mittel- und langfristigen Finanzplanung ist die Finanzbudgetierung ein weiteres wesentliches Instrument des Finanzcontrollings. Die Budgetierung ist ein geordneter, informationsverarbeitender Prozess, um ein Budget zu erstellen. Ein Budget ist eine schriftlich festgelegte monetäre Sollgröße, die einem Verantwortungsbereich zur Umsetzung übergeordneter Pläne für eine Planperiode vorgegeben wird. Budgets können in unterschiedliche Budgetarten differenziert werden. So gibt es zum Beispiel fixe und flexible Budgets, Funktions- oder Projektbudgets. Der Budgetierungsprozess kann retrograd, progressiv oder mithilfe des Gegenstromverfahrens durchgeführt werden.

Die Kapitalflussrechnung ist eine Finanzierungsrechnung, welche alle Zahlungsströme eines Unternehmens offenlegt. Die Kapitalflussrechnung stellt die Mittelherkunft und Mittelverwendung der liquiden Mittel einer Periode auf Basis der Bilanz und GuV gegenüber. Neben der Kapitalflussrechnung im engeren Sinne gehört zu der Kapitalflussrechnung im weiteren Sinne die sogenannte Bewegungsbilanz. Die Bewegungsbilanz ist eine Gegenüberstellung von Mittelherkunft und Mittelverwendung. Anders als die übliche Bilanz, welche die Vermögensbestände zu einem Zeitpunkt darstellt, konzentriert sich die Bewegungsbilanz auf die Zahlungsbewegungen in einer Periode.

Übungsaufgaben
1. Im Rahmen der Planung des Gesamtkapitalbedarfs sind folgende Daten gegeben:
   Grundstücke: 280.000 €
   Gebäude: 420.000 €
   Maschinen: 80.000 €
   Betriebs- und Geschäftsausstattung: 30.000 €
   Mindestbestand an Rohstoffen: 5.000 €
   Rohstofflagerdauer 30 Tage, Lieferantenziel 20 Tage, Produktionsdauer 10 Tage, Lagerzeit für Fertigprodukte 10 Tage, Kundenziel 20 Tage
   Durchschnittlicher täglicher Werkstoffeinsatz 2.000 €, täglicher Lohneinsatz 30.000 € und täglich zahlungswirksame Gemeinkosten 9.000 €
   a. Berechnen Sie den Kapitalbedarf für das Anlagevermögen.
   b. Berechnen Sie den Kapitalbedarf für das Umlaufvermögen (elektive Methode).
   c. Wie hoch ist der Gesamtkapitalbedarf?
2. Im Folgenden sehen Sie zwei Bilanzen zum Zeitpunkt 31.12.2017 und 31.12.2018 sowie die wertmäßige Veränderung des Vermögens und des Kapitals.

Bilanz							
	zum 31.12.2018	zum 31.12.2017	Veränderung		zum 31.12.2018	zum 31.12.2017	Veränderung
Sachanlagen	12.000	11.400	+600	Eigenkapital	16.000	16.600	−600
Finanzanlagen	2.000	1.800	+200	Langfristige Rückstellungen	3.800	2.700	+1.100
Sonstige Vermögen	8.700	9.300	−600	Kurzfristige Rückstellungen	2.800	1.900	+900
Vorräte	6.500	6.300	+200	Finanzschulden	9.900	9.600	+300

Bilanz							
Forderungen	10.500	10.100	+400	Übrige Verbindlichkeiten	6.300	6.000	+300
Zahlungsmittel und ähnliches	1.800	800	+1.000	Verbindlichkeiten aus L.+L.	2.700	2.900	−200
Vermögen	**41.500**	**39.700**	**+1.800**	**Kapital**	**41.500**	**39.700**	**+1.800**

Leiten Sie daraus eine Bewegungsbilanz zum 31.12.2018 ab. Wie hoch ist die Summe der Veränderungen?

3. Der Budgetierungsprozess kann retrograd, progressiv oder mithilfe des Gegenstromverfahrens durchgeführt werden. Diskutieren Sie jeweils die Vor- und Nachteile dieser drei Verfahren.

Literatur

BASF SE (2019): *BASF Bericht 2018. Ökonomische, ökologische und gesellschaftliche Leistung*, URL: https://bericht.basf.com/2018/de/ (Stand: 22.04.2019).
Deutsches Rechnungslegungs Standards Committee e. V. (2014): *Deutscher Rechnungslegungs Standard Nr. 21 (DRS 21), Kapitalflussrechnung*, 04.02.2014, URL: https://www.drsc.de/app/uploads/2017/02/140219_DRS_21_near-final.pdf (Stand: 23.04.2019).
Gleich, R./Horváth, P./Michel, U. (2012): *Finanz-Controlling: Strategische und operative Steuerung der Liquidität*, Haufe-Lexware, Freiburg.
Matschke, M. J./Hering, T./Klingelhöfer, H. E. (2002): *Finanzanalyse und Finanzplanung*, Oldenbourg Wissenschaftsverlag, München.
Mensch, G. (2008): *Finanz-Controlling: Finanzplanung und -kontrolle*, Oldenbourg Wissenschaftsverlag, München.
Prätsch, J., Schikorra, U., Ludwig, E., (2012): Finanzmanagement: Lehr- und Praxisbuch für Investition, Finanzierung und Finanzcontrolling, 4. Auflage, Springer, Berlin.

Weiterführende Literatur zum Selbststudium

Burger, A./Buchhart, A. (2002): *Risiko-Controlling*, Oldenbourg Wissenschaftsverlag, München, S. 31–54.
Jung, H. (2014): *Controlling*, 4. aktualisierte Auflage, Oldenbourg Wissenschaftsverlag, München, S. 514–523; 529–532.
Lachnit, L./Müller, S. (2012): *Unternehmenscontrolling: Managementunterstützung bei Erfolgs-, Finanz-, Risiko- und Erfolgspotenzialsteuerung*, 2. Auflage, Springer-Gabler, Wiesbaden, S. 184–200.

Grundlagen des Investitionscontrollings

Lernziele

Nach der Bearbeitung dieses Kapitels werden Sie wissen, ...
... welche wesentlichen Funktionen das Investitionscontrolling umfasst.
... welche Methoden und Verfahren bei Investitionsaktivitäten eingesetzt werden können.
... welche Modelle bei Investitionsentscheidungen eine wesentliche Rolle spielen.
... wie Kennzahlensysteme als Entscheidungsgrundlage dienen.
... wie die Kosten- und Leistungsrechnung als Instrument im Controlling genutzt werden kann.

Aus der Praxis

„Die Investitionstätigkeit aus dem laufenden Geschäft des Volkswagen Konzerns fiel im Berichtsjahr mit 18,2 Mrd. EUR um 8,5 % höher aus als ein Jahr zuvor. In der Position „Erwerb und Verkauf von Beteiligungen" ist im Berichtsjahr insbesondere der Erwerb der Unternehmensanteile an Navistar sowie die teilweise Veräußerung der PGA Group enthalten. Das Vorjahr war im Wesentlichen durch den Mittelzufluss aus dem Verkauf der LeasePlan Anteile beeinflusst."

Quelle: Volkswagen Konzern (2018), S. 118

Das Investitionsvolumen von 18,2 Mrd. EUR muss sinnvoll ausgewählt werden. Das heißt, dass der Volkswagen-Konzern versucht, nur die attraktivsten Investitionen zu verwirklichen bzw. renditeschwache oder sogar verlustbringende Projekte zu vermeiden. Ziel des Investitionscontrollings ist es, die besten Investitionsprojekte zu finden bzw. während der Projektlaufzeit zu überprüfen, ob die Investitionen so rentabel sind wie man es vor Projektbeginn eingeschätzt hat. Ist das nicht der Fall, sollte das Unternehmen gegebenenfalls gegensteuern.

Investitionsentscheidungen gehören zu den wesentlichen Entscheidungen, die es in Unternehmen zu treffen gilt. Denn diese beeinflussen maßgeblich die Rentabilität und Liquidität eines Unternehmens. Investitionen in neue Anlagen und neue Technologien oder zur Erschließung neuer Märkte eröffnen die Chance, langfristig Erfolgspotenziale aufzubauen, um die strategische Position des Unternehmens und die Rentabilität nachhaltig zu sichern.

Aufgrund der mit Investitionsentscheidungen verbundenen Unsicherheiten sowie der langfristigen Kapitalbindung bergen sie jedoch gleichzeitig die Gefahr eines Vermögensverlusts. Fehlinvestitionen und falsch getroffene Entscheidungen können existenzbedrohende Folgen haben und enorme finanziellen Aufwendungen für das Unternehmen bedeuten. In Zeiten knapper Budgets kommt Investitionsentscheidungen eine noch bedeutendere Rolle zu. Diese müssen nicht nur sehr sorgfältig abgewogen werden, auch der Nutzen muss genauestens untersucht und der Investitionsprozess und die damit verbundenen Kosten zielorientiert gesteuert werden. Investitionen können die Existenz eines Unternehmens in wesentlichem Ausmaß sichern oder gefährden. Die Bedeutung des Investitionscontrollings nimmt folglich zu. In diesem Kap. 2 lernen Sie, wie Investitionscontrolling dabei hilft, die mit Investitionen verbundenen Chancen zu nutzen und Risiken zu vermeiden.

2.1 Funktionen des Controllings

Das Hauptziel eines Unternehmens ist es, Gewinne zu erwirtschaften. Sich ständig verändernde Umweltbedingungen wie Verschärfung des Wettbewerbs, Zunahme staatlicher Eingriffe und Reglementierungen, Verkürzung der Produktlebenszeit oder zunehmender technischer Fortschritt können einen starken Einfluss auf die Unternehmensentwicklung nehmen und die zukünftige Leistungsfähigkeit eines Unternehmens determinieren. Das Controlling hilft dem Unternehmen dabei, sich gegen diese potenziellen Gefahren zu schützen und unterstützt die Koordination und Integration der Investitionsprozesse durch:

- strategische und operative Planung
- effektive und effiziente Kontrolle
- ausreichende Informationsversorgung
- zielgerichtete Steuerung

▶ **Merke!** Die Aufgabe des **Investitionscontrollings** ist es, eine zielorientierte Ausrichtung der Investitionsaktivitäten zu gewährleisten, die einzelnen Phasen des Investitionscontrollings unter der Berücksichtigung der Unternehmenszielsetzung zu koordinieren und den involvierten Abteilungen beratend zur Seite zu stehen.

2.1.1 Planungsfunktion

Dieser Phase kommt eine hohe Bedeutung zu. Denn durchschnittlich 70 bis 80 % der späteren Produktionskosten sowie die Kostenstruktur werden meist in der Planungsphase festgelegt. Die Planungsphase wird durch die Investitionsnotwendigkeiten und -möglichkeiten ausgelöst, die sich beispielsweise aus einem Kapazitätsbedarf ergeben. Dabei erfolgt im ersten Schritt eine Vorbewertung des Investitionsvorhabens. Diese umschließt sowohl die Realisierbarkeit als auch die Wirtschaftlichkeit des Investitionsprojekts. Ebenfalls in der Planungsphase findet die Berücksichtigung der rechtlichen Rahmenbedingungen sowie die Verknüpfung mit der gesamten strategischen Unternehmensplanung statt.

Im zweiten Schritt wird das Investitionsvorhaben detailliert geprüft. Hier stehen die Budgetierung sowie die wirtschaftliche Nachhaltigkeit im Fokus. Eine gesamtwirtschaftliche Beurteilung einer Investitionsentscheidung über den gesamten Zeitraum ist ein wesentlicher Erfolgsfaktor. Die Planungsphase übernimmt Verantwortung für die intensive Prüfung der Realisierbarkeit des Projektes, die Überwachung der Budgeteinhaltung und die Koordination zwischen den Handlungsbereichen. Somit umschließt die Planungsfunktion sämtliche Aufgaben, die dazu beitragen, einen erfolgswirtschaftlich orientierten Gesamtplan aufzustellen, welcher sich aus Teilplänen zusammensetzt. Die Planung dient dazu, die Unsicherheit zu verringern sowie die unternehmerischen Aktivitäten transparent zu halten. Tab. 2.1 liefert eine Übersicht über die einzelnen Aufgaben der Planungsphase.

Tab. 2.1 Aufgaben des Investitionscontrollings in der Planungsphase (Quelle: eigene Darstellung)

Planungsunterstützung	Suche und Aufbereitung von planungsrelevanten Informationen
	Bewertung vorliegender Entscheidungsalternativen sowie Entwicklung von neuen Entscheidungsalternativen
Planentstehungskontrolle	Kritisches Hinterfragen der Plansätze • Sind Ziele/Prognosen realistisch? • Sind die eingeplanten Mittel vorhanden?
Planungsmanagement	Festlegung der Planungsmethoden und –abläufe
	Methodische und instrumentelle Unterstützung der Planer • Erstellen von Planungshandbüchern • Entwicklung von Planungsinstrumenten • Schulung der Planer
Übernahme von Teilaufgaben der Planung	Zusammenfassung von Planentwürfen zu Teilplänen
	Aufdeckung von unterschiedlichen Planannahmen in Teilplänen
	Aufspüren von Zielabweichungen in Teilplänen und Gesamtplan
	Leitung von Abgleichrunden für Teilpläne
	Zusammenfassung der endgültigen Teilpläne zu Gesamtplan

2.1.2 Kontrollfunktion

Die Kontrolle als Element des Investitionscontrollings ist eng mit der Planungsfunktion verbunden. Durch ihren informationsverarbeitenden Charakter stellt die Kontrollfunktion eine essenzielle Ergänzung der Planung dar, indem sie Fehlentwicklungen hinsichtlich der Zielerreichung erkennt und korrigiert. Denn die Planung ist erst vollständig, wenn die Einhaltung der Planung auch kontrolliert wird.

Die Kontrollfunktion hat die Aufgabe, die aufgestellten Teilpläne innerhalb des Gesamtinvestitionsplans zu überprüfen, indem sie auf Übereinstimmung und formale Richtigkeit kontrolliert werden. Zudem erfolgt eine weitere Kontrolle in Bezug auf die Erreichung der definierten Ziele. Die Kontrollfunktion erlaubt es, Abweichungen festzustellen beziehungsweise zu kontrollieren und die Ursachen für die festgestellten Abweichungen zu untersuchen. Bei möglichen Abweichungen können rechtzeitige, präventive Gegensteuerungsmaßnahmen eingeleitet werden.

Innerhalb der Kontrollfunktion können die ergebnisorientierte und die verfahrensorientierte Kontrolle voneinander unterschieden werden. Die ergebnisorientierte Kontrolle vergleicht die tatsächliche Realisierung der Investition mit den geplanten Ergebnissen. Hierbei liegt der Fokus beispielsweise auf Termineinhaltung, Mengen, Qualität und Finanzfragen. Die verfahrensorientierte Kontrolle ist dagegen auf den Vergleich zwischen den vorher definierten und den tatsächlich angewandten Prozessen ausgerichtet, zum Beispiel wird hier die richtige Anwendung der Investitionsrechenverfahren überprüft.

In dieser Phase steht dem Controller eine Reihe von Instrumenten zur Verfügung. Dazu zählen beispielsweise Soll-Ist-Vergleiche, Abweichungsanalysen oder Korrekturmaßnahmen.

Die Durchführung des Soll-Ist-Vergleichs erfolgt durch die Erfassung der Ist-Werte, Erfassung der Soll-Werte sowie der nachfolgenden Gegenüberstellung dieser beiden Ergebnisse. Hierbei können festgestellte Abweichungen als absolute, prozentuale, selektive oder kumulierte Abweichungen dargestellt werden. Zusätzlich oder alternativ ist eine grafische Darstellung möglich (vgl. Abb. 2.1).

Die Abweichungsanalyse erfolgt in enger Zusammenarbeit mit den involvierten Abteilungen. Die Ursachen der Abweichungen werden analysiert, um festzulegen, wie solche Abweichungen vermieden werden können und welche Korrekturmaßnahmen durchgeführt werden sollen. Auf Basis der erzielten Ergebnisse werden daraufhin Vorschläge für Anpassungsmaßnahmen unterbreitet. Die Informationen aus der Abweichungsanalyse dienen als Grundlage für Verbesserungsvorschläge. Hierbei fungiert der Controller als unabhängiger Moderator oder als interner Unternehmensberater. Die optimale Kontrolle erfasst die Feedback- und Feedforward-Funktion. Durch das Feedback können die bisher aufgetretenen

2.1 Funktionen des Controllings

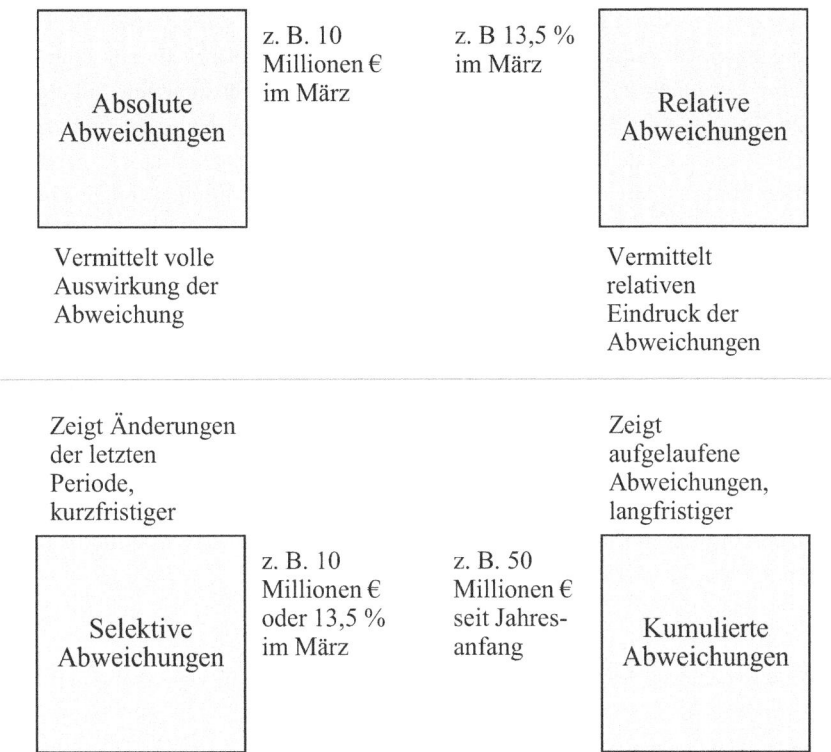

Abb. 2.1 Darstellung der Abweichungen (Quelle: eigene Darstellung)

Abweichungen erklärt werden, während das Feedforward darstellt, mit welchen Abweichungen noch zu rechnen ist. Wenn das Unternehmen beispielsweise feststellt, dass die Produktionsabteilung deutlich höhere Materialkosten verursacht als geplant, dann kann untersucht werden, ob diese durch höhere Produktion (Sonderaufträge) zustande kamen oder ob schlicht mehr Ausschuss produziert wurde.

2.1.3 Informationsfunktion

Die Informationsfunktion im Rahmen des Investitionscontrollings umfasst die „systematische Erfassung, Aufbereitung und Bereitstellung aller führungsrelevanten Informationen." (Peemöller 2005, S. 44).

Hierbei können drei Phasen unterschieden werden. Die erste Phase der Erschließung der Informationsquellen und die Gewinnung von Informationen werden der Informationssammlung zugeordnet. Hierbei werden die prognostizierten Ein- und Auszahlungen einer Investition gesammelt. Hierauf folgt die Aufbereitung der Informationen, welche die Zusammenstellung, Transformation und die Interpretation der gewonnenen Information umfasst. Mit den vorhandenen Daten wird die Vorteilhaftigkeit eines oder mehrerer Investitionsprojekte überprüft. Anschließend folgt die Kommunikation der Informationen. Diese beinhaltet die Darstellung und das Weiterleiten der Informationen über die Vorteilhaftigkeit der zur Auswahl stehenden Investitionen an das Management.

▶ **Merke!** Die drei Phasen der **Informationsfunktion** umfassen die Informationssammlung, Aufbereitung der Informationen und die Kommunikation der Informationen.

Bezüglich der Bereitstellung von Informationen bestehen spezifische Anforderungen hinsichtlich der Informationsquelle, Informationsweitergabe und der Kommunikation der Information. Tab. 2.2 fasst diese Anforderungen zusammen.

Tab. 2.2 Anforderungen bezüglich der Bereitstellung von Informationen (Quelle: eigene Darstellung)

Informationsquelle	Einheitlichkeit • Daten müssen vergleichbar sein • Einheitliche Definition der Größen
	Richtigkeit • Daten müssen fehlerfrei sein
	Aktualität • Daten müssen aktuell sein
	Funktionsfähigkeit • Abteilungen müssen Daten zuverlässig liefern
Informationsweitergabe	Objektivität • Controller darf keine persönliche Wertung einfließen lassen
	Nachvollziehbarkeit • Management muss Informationen verstehen
	Benutzeradäquanz • Orientierung am Informationsbedarf des Managements
	Problemadäquanz • Potenzielle Probleme müssen aufgrund der Information erkennbar sein
Kommunikation der Information	Aufbau einer persönlichen Beziehung zum Management • Controller kann Anregungen aufnehmen • Manager kann Qualität der Daten besser einschätzen

2.1.4 Koordinationsfunktion

Die Koordinationsfunktion beinhaltet die Koordination der Handlungen der Organisationseinheiten im Hinblick auf das gemeinsame Unternehmensziel. Hierbei werden die sachliche, die personelle und die zeitliche Koordination unterschieden.

Als sachliche Koordination wird die Koordination von Sachmitteln und Aufgaben im Bereich Planung und Kontrolle bezeichnet. Diese umfasst die Koordination des Planungssystems, des Kontrollsystems und des Informationssystems. Zu dem Planungssystem gehören der Planungsträger, Planziele, Planungsgegenstände und die Festlegung der Planungsmethoden. Beim Kontrollsystem stehen die Festlegung der Kontrollträger, der Kontrollinhalte und der Kontrollmethoden sowie die Verteilung der Kontrollaufgaben im Mittelpunkt. Die Koordination des Informationssystems bezieht sich auf die Erfassung des Informationsbedarfs, Auswahl der Informanden, Informationsverarbeiter und Informationsempfänger sowie die Gestaltung des Berichtswesens.

Bei der personellen Koordination wird zwischen der vertikalen und der horizontalen Koordination unterschieden. Die vertikale Koordination konzentriert sich auf die Zuordnung von Aufgaben und Entscheidungskompetenzen zu Hierarchieebenen und stellt die Frage, ob die Teilaufgaben zwischen Hierarchieebenen richtig abgestimmt sind. Die horizontale Koordination umschließt die Zuordnung von Aufgaben und Entscheidungskompetenzen auf einer Hierarchieebene und beschäftigt sich mit der Frage, ob die Teilaufgaben auf einer Hierarchieebene richtig abgestimmt sind. Als Zuordnungskriterien dienen dabei die Ansiedlung der Aufgabe, wo sie am besten erfüllt werden kann, und die Vermeidung von Doppelarbeit.

Die zeitliche Koordination differenziert zwischen der Planungs- und der Kontrollphase. Die Koordination der Planung ist durch die Steuerung des Planstarts und die Planfortschrittskontrolle gekennzeichnet. Die Koordination der Kontrolle legt den Kontrollzeitpunkt sowie den Zeitpunkt, zu dem die Kontrolldaten weitergegeben werden und zu dem die Kontrollberichte angefertigt werden, fest.

2.1.5 Steuerungsfunktion

Als Steuerung wird ein geordneter, informationsverarbeitender Prozess zielführender Eingriffe in die Planungsrealisation verstanden. Die Planungsrealisation ist in der Regel nicht problemlos, die Steuerung greift in die Planrealisation ein, um die Zielerreichung zu gewährleisten. Je länger der Realisierungszeitraum wird, umso wichtiger ist eine Investitionssteuerung.

Zu den Steuerungsaufgaben gehört unter anderem die Durchsetzung des festgelegten Plans. Dies bedeutet, dass der Plan von Planungsträgern akzeptiert wird und dass die Planungsträger sowohl über erforderliche Informationen als auch erforderliche Ressourcen verfügen. Zu den Ressourcen zählen personelle, maschinelle und finanzielle Ressourcen. Konkret bedeutet das, dass der zuständigen Abteilung die nötigen Ressourcen zur Verfügung gestellt werden, um eine Investition durchzuführen.

Zusätzlich befasst sich die Steuerung auch mit der Sicherung der Planrealisation und ergreift gegebenenfalls Maßnahmen, um Störungen und Fehler bei der Planrealisation zu beseitigen und die durch einen Soll-Ist-Vergleich beziehungsweise eine Abweichungsanalyse festgestellten Anpassungsmaßnahmen umzusetzen. Nach Projektstart wird kontrolliert, ob die prognostizieren Ein- und Auszahlungen der Investition auch so realisiert worden sind. Hierbei handelt es sich um eine vergangenheitsorientierte Sicherung. Eine zukunftsorientierte Sicherung umfasst das frühzeitige Erkennen von Störgrößen und den Aufbau eines Früherkennungssystems (regelmäßige Erfassung von Frühindikatoren) sowie die Umsetzung von Maßnahmen, um die negative Wirkung von Störgrößen zu beseitigen. Im Allgemeinen gilt es, die zukunftsorientierte Sicherung der Planrealisation vorzuziehen.

Die Steuerung erfolgt nach dem Prinzip des Regelkreises (siehe Abb. 2.2). Durch die Planung der Investitionen werden Soll-Werte vorgegeben, welche während der Nutzungsdauer der Investition kontrolliert werden. Es wird ein regelmäßiger Soll-Ist-Vergleich durchgeführt. Bei einer möglichen Soll-Ist-Abweichung durch eine unvorhergesehene

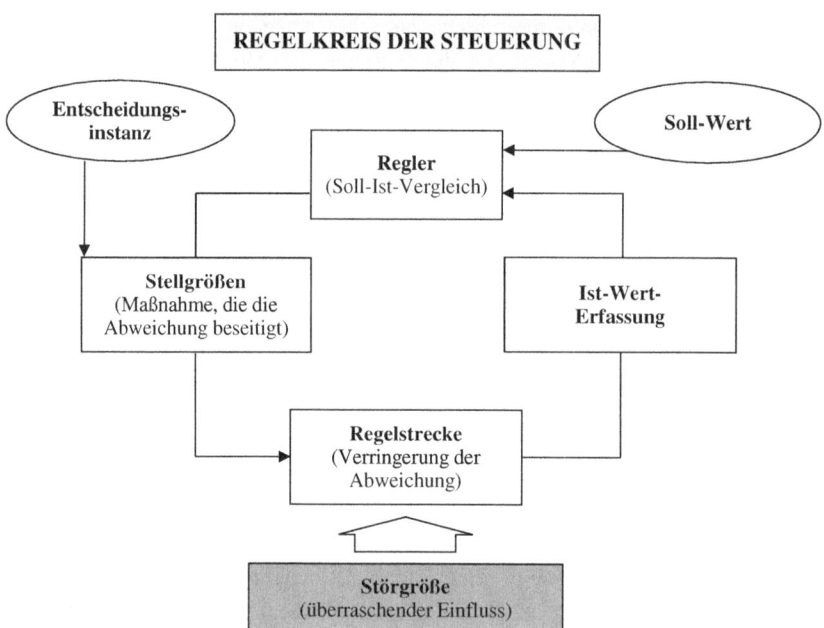

Abb. 2.2 Regelkreis der Steuerung (Quelle: eigene Darstellung)

Störgröße wird sofort gegengesteuert. Die ergriffene Steuerungsmaßnahme wirkt dabei auf den Ist-Wert ein. Es erfolgt ein erneuter Soll-Ist-Vergleich Die Korrekturmaßnahmen werden so lange angepasst, bis der Ist-Zustand mit dem Soll-Zustand übereinstimmt.

Fragen zur Lernkontrolle
1. Bezüglich der Bereitstellung von Informationen bestehen spezifische Anforderungen. Welche Faktoren werden bei der Informationsweitergabe berücksichtigt?
   - ☐ Benutzeradäquanz
   - ☐ Objektivität
   - ☐ Nachvollziehbarkeit
   - ☐ Lösungsadäquanz
2. Geben Sie an, ob die folgende Aussage richtig oder falsch ist.
   „Innerhalb der Kontrollfunktion können die ergebnisorientierte und die verfahrensorientierte Kontrolle voneinander unterschieden werden. Die ergebnisorientierte Kontrolle vergleicht die tatsächliche Realisierung der Investition mit den geplanten Ergebnissen. Die verfahrensorientierte Kontrolle ist dagegen auf den Vergleich zwischen den vorher definierten und den tatsächlich angewandten Prozessen ausgerichtet."
   - ☐ Richtig
   - ☐ Falsch
3. Die Steuerung des Controllings erfolgt nach dem Prinzip des Regelkreises. Erläutern Sie kurz die Funktionsweise dieses Regelkreises.

2.2 Instrumente des Investitionscontrollings

2.2.1 Überblick

Zur Erreichung der Ziele des Investitionscontrollings steht dem Unternehmen eine Vielzahl unterschiedlicher Instrumente zur Verfügung. Hierzu ist jedoch anzumerken, dass es im Grunde keine spezifisch auf das Investitionscontrolling ausgerichteten Instrumente gibt. Vielmehr können zur Durchführung von Investitionsrechnungen, Festlegung ergebnisorientierter Entscheidungskriterien und die Analyse der Risikofaktoren bezüglich Investitionsentscheidungen speziell für den Zweck des Investitionscontrollings einsetzbare Methoden verwenden werden, unter Berücksichtigung der unternehmensspezifischen Gegebenheiten.

Für jede Phase des Investitionscontrollings kommen unterschiedliche Methoden und Verfahren zum Einsatz. Dazu zählen unter anderem:

- Investitionsrechenverfahren
- Modelle der Entscheidungstheorie
- Kennzahlen und Kennzahlensysteme
- Kosten- und Leistungsrechnung
- Checklisten
- Prinzipal-Agenten-Modelle

2.2.2 Investitionsrechenverfahren

Die wesentliche Frage bei Investitionsvorhaben ist, ob diese realisiert werden sollen oder nicht. Eine Investitionsrechnung ist ein Verfahren, das grundsätzlich die Vorteilhaftigkeit von Investitionen überprüft. Das Ergebnis der Investitionsrechnung bildet eine wesentliche Grundlage bei Investitionsentscheidungen. Sie kommt insbesondere bei der Vorauswahl und Nachrechnung zum Einsatz.

Jede Entscheidung über eine Investition basiert auf Schätzwerten und Prognosen, somit kann das genaue Investitionsergebnis nie mit hundertprozentiger Sicherheit bestimmt werden. Die vorhandenen Methoden bieten jedoch eine sehr wichtige Hilfestellung bei der Beurteilung der Vorteilhaftigkeit von Investitionsvorhaben.

Die Investitionsrechnung soll die voraussichtlichen wirtschaftlichen Konsequenzen einer geplanten Investitionsmaßnahme vorab ermitteln und bewerten. Dabei finden Faktoren wie Gewinnerzielung eine Berücksichtigung, gegebenenfalls mit Rücksichtnahme auf das damit verbundene Risiko. Außerdem dient die Investitionsrechnung dazu aufzuzeigen, welche von den möglichen Investitionsalternativen am vorteilhaftesten für das Unternehmen ist.

▶ Die **Investitionsrechnung** ermittelt und bewertet die voraussichtlichen Auswirkungen einer geplanten Investition.

Die Investitionsrechenverfahren werden in erster Linie unter dem Aspekt der Sicherheit bzw. der Unsicherheit unterschieden. Investitionsrechnung unter Sicherheit setzt voraus, dass die mit der Investition verbundenen Aus- und Einzahlungen sowie andere zur Berechnung der Vorteilhaftigkeit herangezogenen Größen mit Sicherheit bekannt sind. Alle diese Verfahren blenden die Dimension der Unsicherheit aus. Obwohl diese Investitionsrechenmethoden meist auf Einschätzungen und Prognosen beruhen und daher streng genommen die Annahme der sicheren Erwartungen verletzt ist, liefern sie eine wichtige Hilfestellung bei Investitionsentscheidungen. Zu den Investitionsrechenverfahren unter Sicherheit zählen folgende dynamischen Methoden: Kapitalwertmethode, Interne-Zinsfuß-Methode, Annuitätenmethode und dynamische Amortisationsrechnung (vgl. Kap. 3).

Zusätzlich existieren eine Reihe weiterer Investitionsrechenmethoden, welche die Unsicherheit mitberücksichtigen. Allen diesen Methoden gemeinsam ist die Tatsache, dass sie versuchen, die unsicheren Inputgrößen zu ermitteln, welche einen Einfluss auf das Ergebnis einer Investitionsrechnung haben (zum Beispiel die Auszahlungen in den einzelnen Perioden der Laufzeit einer Investition), sowie die Outputgrößen für unterschiedliche Entwicklungsmöglichkeiten zu bestimmen (zum Beispiel der Cashflow aus der Investition). Verbreitete Investitionsrechenmethoden bei Unsicherheit sind die Szenarioanalyse und die Simulation (siehe Abschn. 4.1.4).

2.2.3 Modelle der Entscheidungstheorie

Bei Investitionsentscheidungen geht es grundsätzlich um die Auswahl zwischen verschiedenen Investitionsalternativen bzw. um die Frage, ob die geplante Investition durchgeführt werden soll oder nicht. Entscheidungen müssen unter unterschiedlichen Unsicherheiten und unter Berücksichtigung potenzieller Risiken getroffen werden. Aus diesem Grunde und wegen der Notwendigkeit, Entscheidungen mit der bestmöglichen Sicherheit zu treffen, ist es von größter Bedeutung Methoden und Vorgehensweisen heranzuziehen, die die Zukunft einschätz- und berechenbar machen. Dazu hat die Entscheidungstheorie verschiedene Methoden, Verfahren und Regeln entwickelt.

Hierbei ist zu differenzieren, ob Entscheidungen unter Risiko oder unter Unsicherheit getroffen werden. Beide Entscheidungen gehen davon aus, dass der Entscheidungsträger unvollkommene Informationen besitzt. Von einer Entscheidung unter Risiko wird dann gesprochen, wenn die Umweltzustände, die eintreten können, und ihre Eintrittswahrscheinlichkeiten bekannt sind. Hingegen wird bei der Entscheidung unter Unsicherheit davon ausgegangen, dass man zwar die Umweltzustände kennt, allerdings wird unterstellt, dass die Eintrittswahrscheinlichkeit dem Entscheidungsträger nicht bekannt ist.

Muss eine Entscheidung unter Risiko getroffen werden, so können die μ-Regel (Bayes-Prinzip), μ-σ-Regel (Erwartungswert-Varianz-Prinzip) oder das Bernoulli-Prinzip angewendet werden. Wird dagegen eine Entscheidung unter Unsicherheit getroffen, so dienen die folgenden Regeln als Hilfestellung: Minimax-Regel, Maximax-Regel, Pessimismus-Optimismus-Regel (Hurwicz-Regel), Regel des unzureichenden Gegengrundes (Laplace-Regel) und die Regel des kleinsten Bedauerns (Savage-Niehaus-Regel). Diese Regeln werden vertieft in Kap. 4 behandelt.

Zusätzlich steht dem Controller die Nutzwertanalyse als ein weiteres Bewertungsverfahren zur Verfügung. Mit ihrer Hilfe kann die Bewertung beziehungsweise der Vergleich von verschiedenen Investitionsvorhaben stattfinden. Im Gegensatz zur Investitionsrechnung werden bei der Nutzwertanalyse auch qualitative Faktoren wie die Standortwahl oder die Auswirkung einer Investition auf das Image des Unternehmens in die Bewertung eines Investitionsvorhabens einbezogen. Die Analyse erfolgt durch die Ableitung der zielorientierten Soll-Kriterien, welche für jede einzelne Investitionsalternative aufgestellt und bewertet werden. Zunächst werden die aufgestellten Kriterien gewichtet. Alle Gewichte addieren sich zu 1 bzw. zu 100 %. Anschließend findet die

Bewertung der einzelnen Kriterien in Hinblick auf ihren Zielerreichungsgrad statt (zum Beispiel auf einer Skala von 1–10), wobei diese mit ihrer Gewichtung multipliziert werden. Die Summe aller Produkte zwischen Gewichtungsfaktor und Zielerreichungsgrad einer Alternative ergibt den Nutzwert der Investitionsalternative. Je höher diese Summe ist, desto attraktiver und sinnvoller ist die Investition. Die Nutzwertanalyse wird im folgenden Beispiel dargestellt.

> **Beispiel**
> Die Germa AG möchte weitere Lieferanten für ihren Standort in Hamburg unter Vertrag nehmen. Nach der Sichtung der ihr zugesandten Angebote möchte das Unternehmen zwischen zwei Lieferanten entscheiden.

Kriterien	Gewicht	Lieferant A		Lieferant B	
		Faktor	Gewichtete Punktzahl	Faktor	Gewichtete Punktzahl
Qualität	35	6	210	5	175
Preis	25	5	125	4	100
Terminsicherung	20	4	80	6	120
Zuverlässigkeit	10	5	50	4	40
Zahlungskonditionen	5	3	15	2	10
Finanzstärke	5	2	10	3	15
Summe	**100**		**490**		**460**

Die Nutzwertanalyse ermittelt nach der subjektiven Gewichtung und Bewertung der Kriterien den Lieferanten A als die bessere Alternative, da der Nutzwert mit 490 höher ist als der der Alternative B.

2.2.4 Kennzahlen und Kennzahlensysteme

Im Rahmen der Finanzierung von Unternehmen liefern Kennzahlen wichtige Informationen zu der Bonität eines Unternehmens. Schließlich ermöglichen Kennzahlen eine systematische Kontrolle der Unternehmensentwicklung, indem sie die Basis für taktische und strategische Unternehmensplanung bilden. Im Zusammenhang des Investitionscontrollings spielen Kennzahlen als Größen, „die als Zahlen einen quantitativ messbaren Sachverhalt wiedergeben und relevante Tatbestände sowie Zusammenhänge in einfacher, verdichteter Form kennzeichnen sollen" eine wichtige Rolle (vgl. Küpper et al. 2008, S. 389). Mit Hilfe von Kennzahlen können für das Investitionsvorhaben wesentliche Informationen in verdichteter Form wiedergegeben werden. Sie bilden den Kernpunkt der Analyse-, Steuerungs- und Planungsprozesse im Controlling und dienen der Analyse und Darstellung der aktuellen und künftigen Unternehmenssituation. Des Weiteren können mit

2.2 Instrumente des Investitionscontrollings

Hilfe von Kennzahlen negative Entwicklungstendenzen des Unternehmens aufgedeckt und Gegenmaßnahmen eingeleitet werden.

Kennzahlen unterstützen das Finanzcontrolling dabei, die Effizienz der eingesetzten Mittel, die Liquiditätssituation, das Unternehmenswachstum oder mögliche Risikopotenziale zu ermitteln und zu beurteilen. Der Einsatz der Kennzahlen im Rahmen einer Investitionstätigkeit dient primär dazu, einen Überblick über die Investitionsaktivitäten des Unternehmens zu liefern. Damit bilden die Kennzahlen den wichtigsten Aspekt der Berichterstattung innerhalb der Informationsfunktion des Investitionscontrollings. Bestimmte Zustände, Aktivitäten und deren Konsequenzen können erst durch Kennzahlen quantifizierbar und damit bewertbar gemacht werden, was wiederum eine wichtige Entscheidungsgrundlage zur Veränderung der operativen und strategischen Steuerung durch das Management bildet.

Kennzahlen können als absolute oder aber als relative Größen dargestellt werden. Absolute Kennzahlen sind einzelne Zahlen zu einem Stichtag, Summen oder Durchschnittswerte. Beispiele für absolute Zahlen sind Umsatz, Gewinn, Verlust, Forderungen etc. Relative Kennzahlen sind Verhältniszahlen, bei welchen die absoluten Zahlen in ein Verhältnis zueinander gesetzt werden. So setzt sich beispielsweise die Umsatzrendite aus dem Verhältnis von Jahresüberschuss und dem Umsatzerlös zusammen.

Wichtige Kennzahlen für das Investitionscontrolling werden in Abschn. 5.1 dargestellt. Darüber hinaus ist es üblich, wertorientierte Kennzahlen wie zum Beispiel der Return on Investment (ROI), der Economic Value Added (EVA), der Deckungsbeitrag oder der Division Operating Profit (DIVOP) für einzelne Investitionsprojekte zu berechnen (die drei erstgenannten Kennzahlen werden in Abschn. 5.2 behandelt).

Werden Kennzahlen systematisiert und sachlogisch miteinander verknüpft, spricht man vom Kennzahlensystemen. Ein Kennzahlensystem ist eine Zusammenstellung von quantitativen Variablen, die in einer sachlich sinnvollen Beziehung zueinanderstehen und über einen Sachverhalt vollständig informieren. Die Aufgaben eines Kennzahlensystems sind:

- Informationsverdichtung für unterschiedliche Unternehmensabteilungen und die Darstellung der finanzwirtschaftlichen Vorgänge
- Entscheidungsbasis für operative und strategische Entscheidungen

Ein Kennzahlensystem sollte alle Ziele des Unternehmens, deren Bestimmungsfaktoren und alle Bereiche des Unternehmens enthalten. Ein Kennzahlensystem hat im Vergleich zu einer einzelnen Kennzahl den großen Vorteil, dass nicht nur ein Schlaglicht auf einen Teilaspekt des Unternehmens geworfen wird, sondern ein Gesamtbild der wirtschaftlichen Leistungsfähigkeit des Unternehmens gezeichnet wird. Die Verdichtung der Informationen zu Kennzahlen und deren sachlogische Verknüpfung in Kennzahlensystemen stellen ein Erfolgskriterium für Investitionsvorhaben dar. Umfangreiche Kennzahlensysteme bilden die Grundlage für den Controllingprozess aus Planung, Kontrolle und Steuerung. Das wohl bekannteste ist das DuPont-Kennzahlensystem (Du-Pont-Schema) mit dem Return on Investment (ROI) als zentrale Ergebnisgröße. Denkbar ist auch, die Balanced Scorecard als Kennzahlensystem im Investitionscontrolling einzusetzen. Auf beide Kennzahlensysteme wird in Kap. 5 näher eingegangen.

2.2.5 Kosten- und Leistungsrechnung

Die Kosten- und Leistungsrechnung gehört zu den traditionellen Instrumenten des Controllings und bilden die Basis des Management-Reporting-Systems. Obwohl sowohl die Investitionsrechnung als auch die Kosten- und Leistungsrechnung zentrale, voneinander abgegrenzte Themengebiete des internen Rechnungswesens sind, zeigen sie in der betrieblichen Praxis zahlreiche Verzahnungen auf.

Erstens wird bei Investitionsprojekten eine Kostenrechnung des Anlagenbaus durchgeführt, wenn die Investition nicht direkt am Markt eingekauft werden kann. Das ist zum Beispiel beim Bau einer neuen Produktionsanlage auf der grünen Wiese der Fall. Zweitens wird in der Kostenrechnung die Höhe der Auszahlungen ermittelt, die mit einer Investition während der gesamten Nutzungsdauer verbunden sind. Das sind in erster Linie Lohn- und Materialkosten für die hergestellten Produkte, aber auch Instandhaltungskosten für die Produktionsmaschine oder Raum- und Energiekosten. Drittens werden im Rahmen der Leistungsrechnung die Einzahlungen aus dem Investitionsprojekt abgeschätzt. Hier handelt es sich in erster Linie um den Umsatz aus dem Verkauf der Produkte, die mit der investierten Produktionsmaschine hergestellt werden. Außerdem fällt am Ende der Nutzungsdauer der Maschine eventuell noch ein Restverkaufserlös an, wenn die Produktionsmaschine weiterverkauft werden kann.

Durch die zahlreichen Verzahnungen der Investitionsrechnung und der Kosten- und Leistungsrechnung (vgl. Abb. 2.3) wird die Grundstruktur einer umfassenden Planungs- und Kontrollrechnung erkennbar. Dieses so integrierte Rechnungssystem wird zum wichtigen Informationssystem der Investitionsrechnung. Außerdem fördert die Integration der beiden Rechnungskreise die Koordinationsfunktion des Controllings.

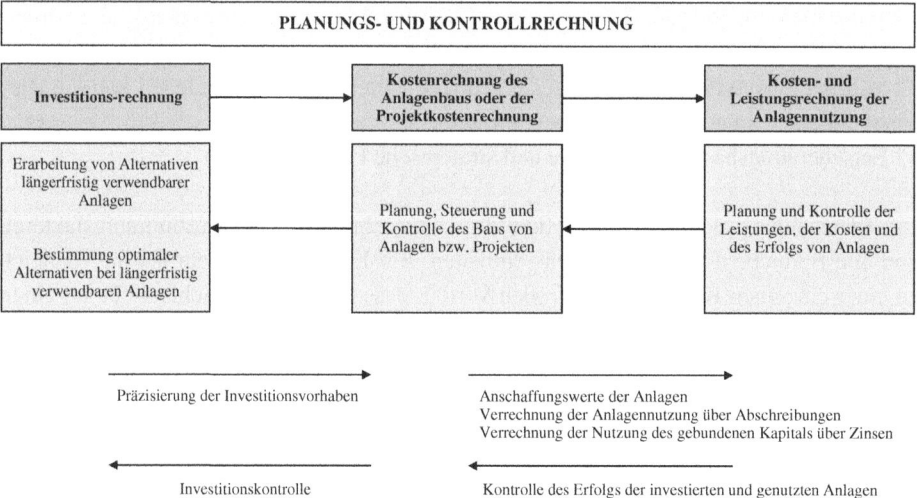

Abb. 2.3 Verbindung von Investitions- und Kosten- und Leistungsrechnung (Quelle: Küpper 1991, S. 182)

2.3 Lernkontrolle

Fragen zur Lernkontrolle
1. Der Sportartikelhersteller Huckepack AG plant, neue Laufschuhmodelle auf dem Markt einzuführen. Dabei hat das Unternehmen die zwei Modelle „Löwe" und „Tiger" in engere Auswahl gezogen und möchte diese nun anhand einer Nutzwertanalyse bewerten. Dabei hat sich Huckepack AG auf die folgenden Kriterien und deren Gewichtung geeignet: Produktionskosten = 45 %, Innovationsgrad = 25 %, Nachfrage = 30 %.
Das Modell „Löwe" soll in China mit einer konventionellen Technik produziert werden. Aufgrund des günstigen Preises wird eine starke Nachfrage erwartet. Hingegen ist der Schuh „Tiger" eher für den modischen Premiummarkt bestimmt. Es werden hochwertige Materialien und die neueste Produktionstechnik verwendet. Auf Grund des höheren Preises wird die Nachfrage vermutlich geringer sein.
Legen Sie sinnvolle Zielerreichungsgrade für die drei Kriterien fest, führen Sie anschließend eine beispielhafte Nutzwertanalyse durch und wählen Sie die vorteilhafte Investition aus.
2. Geben Sie an, ob die folgende Aussage richtig oder falsch ist.
„Ein Kennzahlensystem ist eine Zusammenstellung von qualitativen Variablen, die in einer sachlich sinnvollen Beziehung zueinanderstehen und über einen Sachverhalt vollständig informieren."
☐ Richtig
☐ Falsch
3. Zu den Investitionsrechenverfahren unter Sicherheit zählen folgende dynamischen Methoden:
☐ Kapitalwertmethode
☐ Interne-Zinsfuß-Methode
☐ Annuitätenmethode
☐ Statische Amortisationsrechnung

2.3 Lernkontrolle

Zusammenfassung

Investitionsentscheidungen beeinflussen maßgeblich die Rentabilität und Liquidität eines Unternehmens. Fehlinvestitionen und falsch getroffene Entscheidungen können existenzbedrohende Folgen haben und enorme finanziellen Aufwendungen für das Unternehmen bedeuten. Das Controlling hilft dem Unternehmen dabei, sich gegen potenzielle Gefahren zu schützen und unterstützt die Koordination und Integration der Investitionsprozesse durch die strategische und operative Planung, effektive und effiziente Kontrolle, ausreichende Informationsversorgung und eine zielgerichtete Steuerung.

Zur Erreichung der Ziele des Investitionscontrollings steht dem Unternehmen eine Vielzahl unterschiedlicher Instrumente zur Verfügung. Dazu zählen unter anderem Investitionsrechenverfahren, Modelle der Entscheidungstheorie, Kennzahlen und Kennzahlensysteme sowie Kosten- und Leistungsrechnung.

Eine Investitionsrechnung ist ein Verfahren, das die Vorteilhaftigkeit von Investitionen überprüft. Das Ergebnis der Investitionsrechnung bildet eine wesentliche Grundlage bei Investitionsentscheidungen. Bei diesen geht es grundsätzlich um die Frage, ob die geplante Investition durchgeführt werden soll oder nicht bzw. um die Auswahl zwischen verschiedenen Investitionsalternativen. Hierbei ist zu differenzieren, ob Entscheidungen unter Risiko oder unter Unsicherheit getroffen werden. Dazu hat die Entscheidungstheorie verschiedene Methoden entwickelt. Zusätzlich steht dem Controller die Nutzwertanalyse als ein weiteres Bewertungsverfahren zur Verfügung. Mit ihrer Hilfe kann die Bewertung beziehungsweise der Vergleich von verschiedenen Investitionsvorhaben unter Einbezug von nichtmonetären Variablen stattfinden. Mit Hilfe von Kennzahlen können für das Investitionsvorhaben wesentliche Informationen in verdichteter Form wiedergegeben werden. Sie bilden den Kernpunkt der Analyse-, Steuerungs- und Planungsprozesse im Controlling und dienen der Analyse und Darstellung der aktuellen und künftigen Unternehmenssituation. Die Kosten- und Leistungsrechnung gehört zu den traditionellen Instrumenten des Controllings und bilden die Basis des Management-Reporting-Systems.

All diese Verfahren und Methoden des Investitionscontrollings helfen dem Unternehmen dabei, die mit Investitionen verbundenen Chancen zu nutzen und Risiken zu vermeiden.

Übungsaufgaben

1. Ein Pumpenhersteller will entscheiden, ob es eine neue Produktion in Deutschland oder in China aufbaut. Die Geschäftsleitung ermittelte folgende relevante Kriterien:
   - Qualität der Arbeitskräfte
   - Marktwachstum
   - Schutz der Eigentumsrechte
   - Zukünftige Arbeitskosten
   - Subventionen für Investition
   - Bürokratie und Korruption

Eine Klausurtagung der Geschäftsleitung ergab folgende Gewichtungen und Bewertungen der einzelnen Kriterien:

Standortfaktor	Gewichtung	Bewertung (1–10)	
		Deutschland	China
Qualität der Arbeitskräfte	0,20	9	3
Marktwachstum	0,20	3	9

Standortfaktor	Gewichtung	Bewertung (1–10)	
		Deutschland	China
Schutz der Eigentumsrechte	0,20	9	2
Zukünftige Arbeitskosten	0,16	7	2
Subventionen für Investition	0,14	3	7
Bürokratie und Korruption	0,10	4	3

  Führen Sie eine Nutzwertanalyse durch und entscheiden Sie, in welchem Land die neue Produktionsstätte gebaut werden soll.
2. Die Schob GmbH plant die Anschaffung einer Produktionsanlage für die Herstellung neuer Geldautomaten. Ihre Aufgabe als Mitarbeiter der Controllingabteilung ist es, der Geschäftsleitung die Kosten- und Leistungsrechnung vorzustellen. Charakterisieren Sie hierzu das Instrument kurz und zeigen Sie die Verzahnung zur Investitionsrechnung auf.
3. Die Planungsaufgaben beim Investitionscontrolling beziehen sich nicht nur auf die Planungsphase von Investitionen, sondern prozessübergreifend auf alle Phasen des Investitionsprozesses. Erläutern Sie die einzelnen Aufgaben der Planungsphase.

Literatur

Adam, D. (2000): *Investitionscontrolling*, Oldenbourg.
Küpper, H.-U. (1991): *Gegenstand, theoretische Fundierung und Instrumente des Investitions-Controlling*, in: ZfB-Ergänzungsheft, H. 3/1991, S. 167–192.
Küpper, D./Gunther, F./Hofmann, C. /Hofmann, Y./Pedell, B. (2008): *Controlling: Konzeption, Aufgaben, Instrumente*, 5. Auflage Schäffer-Poeschel, Stuttgart.
Müller, D. (2014): *Investitionscontrolling*, Springer Gabler, Berlin.
Peemöller, V. H. (2005): *Controlling: Grundlagen und Einsatzgebiete*, Verlag Neue Wirtschaftsbriefe, Herne.
Schulte, G. (2007): *Investition: Investitionscontrolling und Investitionsrechnung*, 2. überarbeitete Auflage. Oldenbourg Wissenschaftsverlag.

Weiterführende Literatur zum Selbststudium

Koch, C. (2013): *Einsatz der Risikoanalyse als Instrument des Investitionscontrollings*. In: Betz, S. (Hrsg.): Industrielles Controlling. Hamburg: Dr. Kovač, S. 179–206.
Müller, D. (2009): *Einsatz und Beurteilung formaler und mentaler Modelle des Investitions- controllings*. In: Müller, D. (Hrsg.): Controlling für kleine und mittlere Unternehmen. München u. a.: Oldenbourg, S. 475–505.
Schaefer, C./Streitferdt, L. (2005): *Wertorientiertes Investitionscontrolling*. In: Keuper, F./Roesing, D./Schomann, M. (Hrsg.): Integriertes Risiko- und Ertragsmanagement: Kunden- und Unternehmenswert zwischen Risiko und Ertrag. Wiesbaden: Gabler, S. 321–35.

Investitionscontrolling unter Sicherheit 3

Lernziele

Nach der Bearbeitung dieses Kapitels werden Sie wissen, ...
... wie eine Investition definiert ist.
... welche Investitionsrechenmethoden bei sicheren Informationen angewandt werden können.
... wie die Vorteilhaftigkeit von Investitionsvorhaben beurteilt werden kann.

Aus der Praxis

Das Technologieunternehmen Technik GmbH ist ein erfolgreicher Produzent von Unterhaltungselektronik. Die Geschäfte laufen sehr gut und das Unternehmen möchte in weitere europäische Märkte expandieren. Die Expansion ist mit umfangreichen Investitionen verbunden. Mit Erweiterungsinvestitionen möchte die Technik GmbH die Kapazität des Unternehmens weiter ausbauen. Um die Investitionsvorhaben durchführen zu können, muss das Unternehmen zahlreiche Investitionsentscheidungen treffen. Dazu wird es mit zahlreichen Fragen konfrontiert. So muss die Technik GmbH einschätzen, wie hoch die Anschaffungskosten für die Investition sein dürfen, damit sich diese wirtschaftlich lohnt. Bei einer erfolgreichen Investition spielen auch andere Faktoren eine wichtige Rolle. Wie hoch müssen beispielsweise die Preise und die Absatzmenge sein, um die Investitionskosten zu decken? Mit welchem Kalkulationszinssatz muss die Technik GmbH rechnen? Welche Nutzungsdauer für Investitionsobjekte ist anzusetzen? Und wie kann die Vorteilhaftigkeit des Gesamtinvestitionsprojekts bestimmt werden?

Alle diese Fragen werden in Kap. 3 beantwortet. Sie lernen unterschiedliche Methoden der Investitionsrechnung unter Sicherheit kennen und ermitteln die Vorteilhaftigkeit von Gesamtinvestitionsprojekten. In Kap. 4 erfahren Sie, wie die optimale Nutzungsdauer von Investitionsobjekten ermittelt wird.

3.1 Grundlagen der Investitionsrechnung

Wie Sie bereits in Kap. 2 kennengelernt haben, beurteilt eine Investitionsrechnung grundsätzlich die Vorteilhaftigkeit von Investitionen. Die Investitionsrechenverfahren werden unter dem Aspekt der Sicherheit und der Unsicherheit beziehungsweise Risiko differenziert. Wie bereits erwähnt kann von **Investitionsrechnung unter Sicherheit** gesprochen werden, wenn die mit der Investition verbundenen Aus- und Einzahlungen sowie andere zur Berechnung der Vorteilhaftigkeit herangezogenen Größen mit Sicherheit bekannt sind. Im Folgenden werden vier dynamische Investitionsrechenverfahren vorgestellt. Alle diese Verfahren blenden die Dimension der Unsicherheit aus. Obwohl diese Investitionsrechenmethoden meist auf Einschätzungen und Prognosen beruhen und daher streng genommen die Annahme der sicheren Erwartungen verletzt ist, liefern sie eine wichtige Hilfestellung bei Investitionsentscheidungen.

▶ **Investitionsrechnung unter Sicherheit** beinhaltet das konkrete Wissen über die in der Vorteilhaftigkeitsberechnung einbezogenen Größen.

3.2 Einführung in das dynamische Investitionscontrolling

Im Folgenden betrachten wir zunächst unterschiedliche Rechengrößen, auf welchen die **dynamische Investitionsrechnung** beruht. Eine Investition bezeichnet einen Zahlungsstrom, welcher mit einer Auszahlung beginnt und auf welche später Einzahlungen folgen. Ein- und Auszahlungen sind konkrete Zahlungsvorgänge, das heißt tatsächliche Eingänge und Zugänge an liquiden Mitteln. Während bei einer Einzahlung der Zahlungsmittelbestand erhöht wird, sinkt er bei einer Auszahlung. Die Einzahlungen werden in der dynamischen Investitionsrechnung mit E_t und die Auszahlungen mit A_t bezeichnet, wobei t für die entsprechende Periode steht, in der die Ein- oder Auszahlung stattfindet. Die Differenz zwischen Einzahlungen und Auszahlungen in einer bestimmten Periode t wird als Einzahlungsüberschuss $E_t - A_t$ bezeichnet.

Der **Kalkulationszinssatz** hat in der dynamischen Investitionsrechnung eine zentrale Bedeutung, da er das Ergebnis wesentlich beeinflusst. Der Kalkulationszinssatz dient als Renditemaßstab für die vom Investor angestrebte Mindestverzinsung. Üblicherweise wird der Kalkulationszinssatz basierend auf den Finanzierungskosten für das Fremdkapital und der geforderten Mindestverzinsung für das eingesetzte Eigenkapital

3.2 Einführung in das dynamische Investitionscontrolling

berechnet. Der Kalkulationszinssatz wird dadurch beeinflusst, inwieweit die Investition mit Eigen- oder mit Fremdkapital finanziert wird.

▶ Bei der dynamischen Investitionsrechnung dient der **Kalkulationszinssatz** als Renditemaßstab für die vom Investor angestrebte Mindestverzinsung.

Wird ein Investitionsprojekt ausschließlich über Eigenkapital finanziert, so wird für den Kalkulationszinssatz die höchste Verzinsung angesetzt, die der Investor mit einer alternativen Geldanlage mit vergleichbarem Risiko hätte realisieren können. Wird ausschließlich Fremdkapital für die Finanzierung einer Investition verwendet, das heißt über die Aufnahme eines Darlehens, so orientiert sich der Kalkulationszinssatz an den Zinsen des Kreditgebers. Bei einer Mischfinanzierung aus Eigen- und Fremdkapital liegen im Regelfall unterschiedliche Zinssätze vor, weshalb hier ein gewichteter Durchschnitt mithilfe des gewichteten durchschnittlichen Kapitalkostensatzes (Weighted Average of Cost of Capital, WACC) gebildet wird. Der gewichtete durchschnittliche Kapitalkostensatz berücksichtigt die Kapitalkosten des Eigen- und Fremdkapitals, wobei diese Kostensätze mit den Anteilen des Eigen- und Fremdkapitals am gesamten Unternehmenswert gewichtet werden. Der WACC entspricht dann dem Kalkulationszinssatz.

Die Zahlungsströme einer Investition sind in ihrem zeitlichen Ablauf nicht konstant. So können auf die anfänglichen Anschaffungsauszahlungen (also den Investitionskosten) unterschiedlich hohe Einzahlungsüberschüsse (also der Umsatz minus den auszahlungswirksamen Kosten) (sinkend, steigend, konstant) folgen. Die dynamische Investitionsrechnung berücksichtigt die Zeitstruktur der Ein- und Auszahlungen, indem sie diese Zahlungsströme auf einen gemeinsamen Vergleichszeitpunkt mithilfe der Zinseszinsrechnung auf- oder abzinst.

Mithilfe der Aufzinsung kann berechnet werden, welchen Wert eine Zahlung zum Zeitpunkt t_0 (E_0 oder A_0) am Ende ihrer Laufzeit bei einem angenommen Zinssatz erreicht. Dieser Wert wird auch als **Endwert** (E_n oder A_n) bezeichnet. Er berechnet sich wie folgt:

$$E_n = E_0 \cdot (1 + i)^n$$

oder

$$A_n = A_0 \cdot (1 + i)^n$$

Wobei gilt:

E_0 Einzahlung zum Zeitpunkt t_0
A_0 Auszahlung zum Zeitpunkt t_0
E_n Wert der Einzahlung zum Zeitpunkt t_n (Endwert)
A_n Wert der Auszahlung zum Zeitpunkt t_n (Endwert)
i Kalkulationszinssatz
n Nutzungsdauer (Laufzeit)

Der Endwert lässt sich folgendermaßen definieren: Wird eine Zahlung E_0 oder A_0, die im Betrachtungszeitpunkt t_0 anfällt, auf den Endzeitpunkt des Planungshorizontes (= letztes Jahr) t_n mit dem Zinssatz p % pro Jahr aufgezinst, so spricht man vom Endwert E_n oder A_n. Die Zinszahlung fällt am Ende des Jahres an (nachschüssige Verzinsung).

> **Beispiel**
>
> Ein Kunde legt 20.000 € für 4 % per annum für ein Jahr an. Es handelt sich um eine nachschüssige Zinszahlung und Kapitalrückzahlung am Ende des Jahres. Der Kunde erhält aus seiner Sicht am Jahresende eine Einzahlung. Der Endwert lässt sich folgendermaßen berechnen:
>
> $$E_1 = 20.000 \cdot (1 + 0{,}04)^1 = 20.000 + 800 = 20.800 \text{ €}$$
>
> Der Endwert dieser Finanzanlage beträgt 20.800 €. Das heißt, investiert der Kunde 20.000 € und wird ein Zinssatz von 4 % angenommen, so steigt der Wert der Anlage nach einem Jahr um 800 €.
>
> Wird der gleiche Betrag fünf Jahre angelegt, beträgt der Endwert:
>
> $$E_5 = 20.000 \cdot (1 + 0{,}04)^5 = 24.333{,}06 \text{ €}$$

Genauso lässt sich mittels der Abzinsung (Diskontierung) ermitteln, wie viel eine künftige Zahlung zu Beginn eines Investitionsprojekts tatsächlich wert ist, wenn ein bestimmter Zinssatz und die Laufzeit angenommen werden können. Der ermittelte Wert wird auch als **Barwert** bezeichnet und stellt den Gegenwartswert einer Zahlung dar. Dazu wird die Aufzinsungsformel umgestellt und nach E_0 beziehungsweise A_0 aufgelöst. Somit ergibt sich:

$$E_0 = \frac{E_n}{(1+i)^n}$$

oder

$$A_0 = \frac{A_n}{(1+i)^n}$$

Dabei gilt:

E_0 Einzahlung zum Zeitpunkt t_0 (Barwert)
A_0 Auszahlung zum Zeitpunkt t_0 (Barwert)
E_n Einzahlung zum Zeitpunkt t_n
A_n Auszahlung zum Zeitpunkt t_n
i Kalkulationszinssatz
n Nutzungsdauer (Laufzeit)

Die Definition des Barwerts lautet: Wird eine Zahlung E_n oder A_n, die im Betrachtungszeitpunkt t_n anfällt, mit dem Zinssatz p % pro Jahr auf den Betrachtungszeitpunkt t_0 abgezinst, so spricht man vom Barwert (Gegenwartswert) A_0 beziehungsweise E_0. Es wird ebenfalls eine nachschüssige Verzinsung unterstellt.

Beispiel

Nach einer Laufzeit von einem Jahr soll dem Anleger ein Betrag von 5.000 € zur Verfügung stehen. Wie viel muss er am Anfang des Jahres einzahlen, um bei einem Zinssatz von 3,5 % diesen Betrag zu erhalten? Aus Sicht des Anlegers handelt es sich wieder um eine Einzahlung am Jahresende.

$$E_0 = \frac{5.000}{(1+0{,}035)^1} = 4.830{,}92\,€$$

Der Anleger muss also 4.830,92 € am Anfang investieren, um nach einem Jahr ein Guthaben von 5.000 € zu erreichen.

Soll der Betrag von 5.000 € erst nach vier Jahren zur Verfügung stehen, müssen heute nur 4.357,21 € zur Verfügung stehen, wie die folgende Rechnung zeigt:

$$E_0 = \frac{5.000}{(1+0{,}035)^4} = 4.357{,}21\,€$$

3.3 Instrumente des dynamischen Investitionscontrollings

Die nachfolgenden dynamischen Investitionsrechenverfahren Kapitalwertmethode, Interne-Zinsfuß-Methode, Annuitätenmethode und dynamische Amortisationszeitbestimmung sind in zweifacher Hinsicht für das Investitionscontrolling wichtig. Zum einen kann in der Planungsphase für eine neue Investition bestimmt werden, ob diese vorteilhaft ist und deswegen durchgeführt werden soll. Zum anderen wird in der Steuerungsphase kontrolliert, ob die prognostizierten Ein- und Auszahlungen eintreten, um bei Abweichungen steuernd eingreifen zu können.

Bei den dynamischen Investitionsrechenverfahren sind zwei Regeln wichtig. Erstens werden nur Ein- und Auszahlungen berücksichtigt. Daher gehen beispielsweise Abschreibungen nicht explizit mit in die Berechnung ein, da sie zwar Kosten darstellen, aber zu keiner Auszahlung führen. Implizit werden sie berücksichtigt, da die Anschaffungskosten bei der Vorteilhaftigkeitsberechnung abgezogen und der Restverkaufserlös am Ende der Nutzungsdauer addiert wird. Die Differenz entspricht den Abschreibungen. Zweitens gilt, dass Zinsen und Tilgung einer kreditfinanzierten Investition entweder vollständig oder gar nicht berücksichtigt werden. Dies macht bei der Vorteilhaftigkeitsentscheidung keinen Unterschied, da die Zinszahlungen durch die Abzinsung implizit schon miteinbezogen werden.

3.3.1 Kapitalwertmethode

Die **Kapitalwertmethode,** auch Barwertmethode oder Net Present Value (NPV) genannt, setzt den Fokus auf den Kapitalwert von Investitionsobjekten. Als Kapitalwert wird die Summe aller Einzahlungen (E_t) abzüglich der Summe aller Auszahlungen (A_t) verstanden, die im Zusammenhang mit der Investition stehen und auf einen bestimmten Zeitpunkt abgezinst werden.

▶ Der **Kapitalwert** ist die Summe aller investitionsbezogenen Ein- und Auszahlungen, die auf einen bestimmten Zeitpunkt abgezinst werden.

Der Kapitalwert ist demnach der Restbetrag (barer Gewinn), der nach Tilgung des Anschaffungspreises A_0 durch die Einzahlungsüberschüsse ($E_t - A_t$) und Verzinsung des nicht getilgten Betrags mit dem gewählten Kalkulationszinssatz i zum Zeitpunkt t_0 entnommen werden könnte. Das bedeutet, die Kapitalwertmethode errechnet den Barwert aller Zahlungen im Zeitraum t_0 bis t_n, die durch die Investition verursacht wurden. Die Kapitalwertmethode stellt die Vorteilhaftigkeit eines Investitionsvorhabens in einer Summe dar. Sie geht von den folgenden Annahmen aus:

- Der Kapitalmarkt ist vollkommen, das heißt der Zinssatz für Kreditaufnahmen und Kapitalanlagen ist fix, unabhängig von der Höhe des Betrags und der Laufzeit. Außerdem gilt, dass der Soll-Zinssatz dem Haben-Zinssatz entspricht.
- Die Prognosesicherheit bei den Zahlungen ist gegeben. Alle künftigen Ein- und Auszahlungen können mit Sicherheit bestimmt werden.
- Der Investor ist über alle Investitionsalternativen informiert, es liegt also vollkommene Information vor.
- Das Investitionsobjekt kann durch seine Ein- und Auszahlungen exakt definiert werden. Das heißt, der Investition können alle damit verbundenen Zahlungen betrags- und zeitpunktgenau zugeordnet werden.

Die Formel der Kapitalwertmethode lautet:

$$C_0 = \sum_{t=0}^{n} \frac{(E_t - A_t)}{(1 + i)^t}$$

oder alternativ:

$$C_0 = \sum_{t=0}^{n} (E_t - A_t) \cdot (1 + i)^{-t}$$

Dabei gilt:

C_0 Kapitalwert
E_t laufende Einzahlungen
A_t laufende Auszahlungen
i Kalkulationszinssatz
n Nutzungsdauer
t Periode während der Nutzungsdauer
$(1+i)^{-t}$ Abzinsungsfaktor

> **Beispiel**
> Der Getränkehersteller Kronberger AG plant die Anschaffung einer weiteren Abfüllanlage. Die Anschaffungskosten betragen 70.000 €. Die jährlichen Einzahlungen, die durch die Anlage realisiert werden, werden für die nächsten fünf Jahre auf 15.000 € geschätzt. Betriebs- und Instandhaltungskosten belaufen sich auf 6.000 €. Nach Ablauf der fünf Jahre rechnet die Kronberger AG mit einem Restverkaufserlös von 40.000 €. Der Kalkulationszinssatz beträgt 6 %. Die Tabelle stellt den Zahlungsstrom der Investition dar:

	t_0	t_1	t_2	t_3	t_4	t_5
Auszahlungen (in €)	70.000					
Einzahlungen (in €)		15.000	15.000	15.000	15.000	15.000
Kosten (in €)		−6.000	−6.000	−6.000	−6.000	−6.000
Restverkaufserlös (in €)						+40.000
Zahlungsstrom (in €)	−70.000	9.000	9.000	9.000	9.000	49.000

Die Tabelle zeigt, dass der Zahlungsstrom dieser Investition mit der Auszahlung von 70.000 € beginnt, auf welche über die nächsten vier Jahre Einzahlungsüberschüsse in Höhe von je 9.000 € folgen, wobei sich der Betrag im fünften Jahr aufgrund des Restverkaufserlöses von 40.000 € auf 49.000 € erhöht.

Mit diesen Daten kann der Kapitalwert mithilfe der Kapitalwertformel wie folgt berechnet werden:

$$C_0 = -70.000 + \frac{9.000}{(1+0{,}08)^1} + \frac{9.000}{(1+0{,}08)^2} + \frac{9.000}{(1+0{,}08)^3} + \frac{9.000}{(1+0{,}08)^4} + \frac{49.000}{(1+0{,}08)^5}$$

$$= -70.000 + 8.333{,}33 + 7.716{,}05 + 7.144{,}49 + 6.615{,}27 + 33.348{,}58$$

$$= -6.842{,}28$$

Die einzelnen Schritte der Kapitalwertberechnung (Multiplikation der einzelnen Zahlungen mit dem Abzinsungsfaktor und Summenbildung) können auch alternativ in einer Tabelle dargestellt werden:

Periode t	Einzahlungsüberschuss ($E_t - A_t$) (in €)	Abzinsungsfaktor $(1+i)^{-t}$	Barwert (in €)
t_0	−70.000	$1,08^{-0} = 1$	−70.000
t_1	+9.000	$1,08^{-1} = 0,92593$	+8.333,33
t_2	+9.000	$1,08^{-2} = 0,85734$	+7.716,05
t_3	+9.000	$1,08^{-3} = 0,79383$	+7.144,49
t_4	+9.000	$1,08^{-4} = 0,73503$	+6.615,27
t_5	+49.000	$1,08^{-5} = 0,68058$	+33.348,58
Kapitalwert			−6.842,28

Die Berechnung des Kapitalwerts beginnt mit der Auszahlung für die Anschaffung der Abfüllanlage in Höhe von −70.000 €. Für die Perioden t_0 bis t_5 werden die jeweiligen Einzahlungsüberschüsse mit dem Abzinsungsfaktor multipliziert und ergeben somit den Barwert der Zahlungen für jede Periode. Da zu Beginn der Investition keine Einzahlungen stattfinden, bleibt der Barwert bei −70.000 €. Durch das Addieren aller Barwerte von t_0 bis t_5 ergibt sich schließlich der Kapitalwert der Investition, welcher in diesem Beispiel bei −6.842,28 € liegt.

Der Kapitalwert ist kleiner als null, also negativ. Falls mit den Einzahlungsüberschüssen der Kredit in Höhe des Anschaffungspreises getilgt und die anfallenden Zinsen in Höhe des Kalkulationszinssatzes gezahlt werden, bleibt ein Restkredit in Höhe von 6.842,41 € stehen. Die Investition lohnt sich nicht und sollte von der Kronberger AG unterlassen werden.

Kapitalwert versus Ertragswert

Der Kapitalwert einer Investition sollte vom **Ertragswert** unterschieden werden. Der Ertragswert ist die Summe der Barwerte aller Zahlungen eines Investitions- oder Finanzierungsprojekts von t_1 bis t_n. Im Vergleich zum Kapitalwert lässt man die Anfangsauszahlung A_0 in t_0 außer Acht. Die Formel des Ertragswerts lautet:

$$EW = \sum_{t=1}^{n} \frac{(E_t - A_t)}{(1+i)^t}$$

oder

$$EW = \sum_{t=1}^{n} (E_t - A_t) \cdot (1+i)^{-t}$$

Wobei gilt:

EW   Ertragswert
E_t laufende Einzahlungen
A_t laufende Auszahlungen

i   Kalkulationszinssatz
n   Nutzungsdauer
t   Periode während der Nutzungsdauer
$(1+i)^{-t}$ Abzinsungsfaktor

Kapitalwert und Ertragswert hängen systematisch zusammen. Wenn man die Formel für den Kapitalwert mit der Formel für den Ertragswert vergleicht, kann man folgende Zusammenhänge aufstellen: Der Kapitalwert ist die Summe aus dem Ertragswert und der negativen Anschaffungsauszahlung, während der Ertragswert als die Summe aus dem Kapitalwert und der Anschaffungszahlung betrachtet werden kann:

$$C_0 = -A_0 + EW$$

oder

$$EW = C_0 + A_0$$

Beispiel
Folgendes sei gegeben:
Zinssatz p = 5,0 %
A_0 = 25.000 €
EW = 35.000 €
Der Kapitalwert beträgt demnach:
C_0 = −25.000 € + 35.000 € = 10.000 €

Je nachdem, ob am Anfang der Nutzungsdauer Auszahlungs- oder Einzahlungsüberschüsse anfallen, muss der Kapitalwert unterschiedlich interpretiert werden.

Interpretation des Kapitalwerts in Höhe von 10.000 €, wenn am Anfang der Nutzungsdauer Auszahlungsüberschüsse anfallen: Man könnte also 35.000 € am Anfang als Kredit (zu p %) aufnehmen (= Finanzierung), 10.000 € sofort konsumieren, mit dem Rest den Anschaffungspreis bezahlen und aus den Einzahlungsüberschüssen genau die laufenden Zinsen zahlen sowie den Kredit tilgen.

Interpretation des Kapitalwerts, wenn am Anfang der Nutzungsdauer Einzahlungsüberschüsse anfallen: Nach Amortisation (Rückzahlung des Anschaffungspreises) und Verzinsung der Einzahlungsüberschüsse zu p % pro Jahr wird ein zahlungswirksamer „Gewinn" von 10.000 € erwirtschaftet.

Abhängigkeit des Kapitalwerts vom Kalkulationszinssatzes i
Die Anfangsauszahlung A_0 ist jederzeit ein Barwert und deshalb vom Kalkulationszinssatz unabhängig. Für die Ein- und Auszahlungen sieht es jedoch schon anders aus. Für die Berechnung des Barwerts der Ein- und Auszahlungen spielt der Kalkulationszinssatz i eine entscheidende Rolle. Der Kalkulationszinssatz repräsentiert die beste mögliche Alternativinvestition für den Investor am Kapitalmarkt. Je höher i ist, desto weniger sind die zukünftigen Ein- und Auszahlungen – bezogen auf t_0 – wert. Denn je höher der Zinssatz ist, desto weniger muss ich heute anlegen, um in Zukunft eine bestimmte Summe zu erzielen. Deswegen ist also der Kapitalwert kleiner, wenn der

Kalkulationszinssatz höher ist. Das bedeutet wiederum, dass die Vorteilhaftigkeit einer Investition abnimmt. Bei konstanten Einzahlungsüberschüssen und vorgegebener Nutzungsdauer n sinkt der Barwert einer Zahlungsreihe mit steigendem Kalkulationszinssatz i. Der Kapitalwert C_0 und damit die Investitionsentscheidungen sind eine Funktion des Kalkulationszinssatzes i.

Vorteilhaftigkeitsentscheidung
Für das Investitionscontrolling ist wesentlich, ob eine Investitions vorteilhaft ist. Das kann mithilfe des Kapitalwerts entschieden werden. Der Kapitalwert stellt eine auf Geldeinheiten lautende absolute Größe dar und gibt Auskunft über den Grad der absoluten Vorteilhaftigkeit des analysierten Projekts im Vergleich zu einer risikolosen Kapitalmarktinvestition (beziehungsweise Kapitalmarktfinanzierung). Der Kapitalwert sagt etwas über die absolute und die relative Vorteilhaftigkeit von Investitionsprojekten aus. Die absolute Vorteilhaftigkeit wird betrachtet, wenn entschieden wird, ob ein Investitionsprojekt durchgeführt werden soll. Werden mehrere Investitionsprojekte miteinander verglichen, wird das attraktivste auf Basis der relativen Vorteilhaftigkeit bestimmt.

Ist der Kapitalwert einer Investition größer als null ($C_0 > 0$), gilt diese als lohnenswert. Das bedeutet, mit der Investition lässt sich ein höheres Einkommen erzielen als mit einer Alternativinvestition am Kapitalmarkt, wenn der Kalkulationszinssatz und der Marktzinssatz gleich sind. Ein positiver Kapitalwert lässt darauf schließen, dass mit dem eingesetzten Kapital ein Gewinn erwirtschaftet wurde. Bei einem Kapitalwert gleich null ($C_0 = 0$) bietet das Investitionsvorhaben gegenüber einer Anlage auf dem Kapitalmarkt keine zusätzlichen Vorteile. Ein negativer Kapitalwert ($C_0 < 0$) spricht für eine Fehlinvestition, welche unterlassen werden sollte. Das heißt, eine alternative Anlage am Kapitalmarkt ist in dem Fall vorteilhafter, da ihr Barwert höher ist.

Liegt eine Entscheidung zwischen mehreren Investitionsvorhaben vor, so muss zunächst für jede Investition der Kapitalwert ermittelt werden. Im nächsten Schritt werden alle Investitionsvorhaben betrachtet, die absolut vorteilhaft sind, das heißt bei denen der Kapitalwert positiv ist. Schließlich wird das Investitionsprojekt gewählt, welches den höchsten Kapitalwert hat.

Grundsätzlich wird der Kapitalwert durch folgende Faktoren in seiner Höhe beeinflusst:

- Höhe der Anschaffungsausgaben
- Höhe der Ein- und Auszahlungen
- Länge der Nutzungsdauer
- Zeitlicher Anfall der Einzahlungsüberschüsse
- Höhe des Kalkulationszinssatzes

Theoretisch betrachtet liefert die Kapitalwertmethode exakte Ergebnisse für die Beurteilung der Vorteilhaftigkeit von Investitionen. Allerdings muss immer bedacht werden, dass die von der Kapitalwertmethode angenommenen Prämissen wie beispielsweise

3.3.2 Interne-Zinsfuß-Methode

Der interne Zinssatz wird auch als Effektivverzinsung oder Internal Rate of Return (IRR) bezeichnet. Der interne Zinssatz dient als Maßstab für die Vorteilhaftigkeit von Investitionsprojekten. Diese Methode baut auf der Kapitalwertmethode auf.

▶ Der **interne Zinssatz** ist der Zins, bei dem das Abzinsen der Einzahlungsüberschüsse zu einem Kapitalwert von null führt.

Der **interne Zinssatz** ist der Zins, bei dem das Abzinsen der gesamten Einzahlungsüberschüsse aus dem Investitionsprojekt zu einem Kapitalwert von null führt. Er spiegelt die Rendite oder den Effektivzinssatz des für eine Investition eingesetzten Kapitals wider und wird auch als kritischer Zinssatz r bezeichnet. Die Formel für die Interne-Zinsfuß-Methode basiert auf der Formel der Kapitalwertmethode, wobei der Kapitalwert gleich null gesetzt wird und der Kalkulationszinssatz i zum internen Zinssatz r wird:

$$0 = \sum_{t=0}^{n} \frac{E_t - A_t}{(1+r)^t}$$

oder

$$0 = \sum_{t=0}^{n} (E_t - A_t) \cdot (1+r)^{-t}$$

Dabei gilt:

- E_t laufende Einzahlungen
- A_t laufende Auszahlungen
- r   interner Zinssatz
- n   Nutzungsdauer
- t   Periode während der Nutzungsdauer
- $(1+i)^{-t}$ Abzinsungsfaktor

Die Gleichung für den internen Zinssatz ist ein Polynom n-ter Ordnung. Für eine Nutzungsdauer von n = 2 ergibt sich eine quadratische Gleichung, die einfach gelöst werden kann. Beträgt die Laufzeit mehr als zwei Jahre, ist die Lösung der Gleichung sehr komplex. In der Praxis hat sich deshalb die folgende Formel (lineare Interpolation) zur Ermittlung des internen Zinssatzes etabliert:

$$r = \frac{C_{01} \cdot i_2 - C_{02} \cdot i_1}{C_{01} - C_{02}}$$

Dabei gilt:

r   interne Zinssatz
i_1 Versuchszinssatz 1
i_2 Versuchszinssatz 2
C_{01} Kapitalwert bei Versuchszinssatz 1
C_{02} Kapitalwert bei Versuchszinssatz 2

Um den internen Zinssatz zu ermitteln, werden zwei hypothetische Kalkulationszinssätze (i_1; i_2) gewählt und zwar so, dass bei einem Kalkulationssatz der Kapitalwert größer null ist und bei dem zweiten Kalkulationszinssatz der Kapitalwert kleiner null ist. Man fängt mit einem Standardzinssatz, zum Beispiel 5 oder 10 % an. Wenn der erhaltene Kapitalwert positiv ist, wird der Zinssatz so lange erhöht, bis der Kapitalwert negativ ist. Umgekehrt muss der zweite Zinssatz niedriger gewählt werden, wenn der anfängliche Kapitalwert negativ ist. Liegen ein positiver und ein negativer Kapitalwert vor, werden die dazu gehörigen Kapitalwerte (C_{01}; C_{02}) verwendet. Durch die lineare Interpolation wird der interne Zinssatz ermittelt, bei dem der Kapitalwert genau null ist. Dabei ist zu beachten, dass die Näherungslösung umso genauer ist, je kleiner die Differenz zwischen den beiden Zinssätzen ist. Bei wichtigen Entscheidungen sollte die Zinsdifferenz maximal 1 Prozentpunkt betragen.

> **Beispiel**
>
> Das Unternehmen Wind GmbH investiert in eine Maschine, deren Anschaffungskosten 90.000 € betragen. Die Nutzungsdauer der Maschine liegt bei fünf Jahren. Während der Nutzungsdauer fallen folgende Einzahlungsüberschüsse an:

	t_0	t_1	t_2	t_3	t_4	t_5
Auszahlungen (in €)	−90.000					
Einzahlungen (in €)		15.000	30.000	20.000	30.000	25.000

Die geforderte Mindestverzinsung wird bei 9 % festgesetzt. Die Versuchszinssätze sollen 7 und 14 % betragen. Zunächst müssen die Kapitalwerte berechnet werden.

Berechnung des Kapitalwertes bei einem Versuchszinssatz von 7 %			
Periode t	Zahlungsreihe ($E_t - A_t$) (in €)	Abzinsungsfaktor $(1+i)^{-t}$	Barwert (in €)
t_0	−90.000	$1{,}07^{-0} = 1$	−90.000
t_1	15.000	$1{,}07^{-1} = 0{,}93458$	14.018,69
t_2	30.000	$1{,}07^{-2} = 0{,}87344$	26.203,16
t_3	20.000	$1{,}07^{-3} = 0{,}81630$	16.325,96

3.3 Instrumente des dynamischen Investitionscontrollings

Berechnung des Kapitalwertes bei einem Versuchszinssatz von 7 %			
Periode t	Zahlungsreihe ($E_t - A_t$) (in €)	Abzinsungsfaktor $(1+i)^{-t}$	Barwert (in €)
t_4	30.000	$1{,}07^{-4} = 0{,}76290$	22.886,86
t_5	25.000	$1{,}07^{-5} = 0{,}71299$	17.824,65
Kapitalwert			7.259,32

Berechnung des Kapitalwertes bei einem Versuchszinssatz von 14 %			
Periode t	Zahlungsreihe ($E_t - A_t$) (in €)	Abzinsungsfaktor $(1+i)^{-t}$	Barwert (in €)
t_0	−90.000	$1{,}14^{-0} = 1$	−90.000
t_1	15.000	$1{,}14^{-1} = 0{,}87719$	13.157,89
t_2	30.000	$1{,}14^{-2} = 0{,}76947$	23.084,03
t_3	20.000	$1{,}14^{-3} = 0{,}67497$	13.499,43
t_4	30.000	$1{,}14^{-4} = 0{,}59208$	17.762,41
t_5	25.000	$1{,}14^{-5} = 0{,}51937$	12.984,22
Kapitalwert			−9.512,02

Nun wird mithilfe der Formel der interne Zinssatz berechnet:

$$r = \frac{C_{01} \cdot i_2 - C_{02} \cdot i_1}{C_{01} - C_{02}} = \frac{1.016{,}31 - (-665.84)}{7.259{,}32 - (-9.512{,}02)} = \frac{1.682{,}15}{16.771{,}35} = 0{,}10 = 10\,\%$$

Der interne Zinssatz beträgt 10 %. Es ist die Verzinsung des im Investitionsprojekt gebundenen Kapitals. Das bedeutet, dass die Rückflüsse nicht reinvestiert werden, sondern solange durch Zinsen und die Tilgung verzehrt werden, bis das gebundene Kapital zum Ende der Laufzeit des Investitionsobjekts null wird. Die Vorteilhaftigkeit kann durch den Vergleich des internen Zinssatzes mit der geforderten Mindestverzinsung ermittelt werden. Da der interne Zinssatz in diesem Fall über der Mindestverzinsung von 9 % liegt, kann die Investition in eine neue Maschine als vorteilhaft betrachtet werden.

Der interne Zinssatz wird von den folgenden Faktoren beeinflusst:

- Höhe der Anschaffungsausgaben
- Höhe der nachfolgenden Einzahlungen und Auszahlungen
- Zeitlicher Anfall der Einzahlungen und Auszahlungen
- Länge der Nutzungsdauer

Vorteilhaftigkeitsentscheidung
Nach Berechnung des internen Zinssatzes einer Investition wird im Rahmen des Investitionscontrollings ermittelt, ob ein Projekt vorteilhaft ist. Bei absoluten

Vorteilhaftigkeitsentscheidungen ist die interne Rendite r mit der geforderten Mindestverzinsung zu vergleichen. Dies entspricht bei einem vollkommenen Kapitalmarkt der (risikolosen) Kapitalmarktrendite. Ansonsten wird ein unternehmensinterner Kalkulationszinssatz herangezogen, der sich aus dem gewichteten Kapitalkostensatz WACC berechnet. Eine Investition in Sachanlagen oder Finanzanlagen ist nur dann sinnvoll, wenn sie gegenüber der Kapitalmarktverzinsung bessere Ergebnisse bringt (Opportunitätskostenprinzip). Die Vorteilhaftigkeit wird daran gemessen, ob der interne Zinssatz über der geforderten Mindestrendite liegt. Ist der interne Zinssatz höher als die vom Investor vorgegebene Mindestverzinsung, so wird ein Investitionsvorhaben als absolut vorteilhaft bewertet. Ist der interne Zinssatz gleich der vom Investor vorgegebene Mindestverzinsung, so wird die Mindestverzinsung des Projekts gerade erreicht, es ist nicht besser oder schlechter als der Kapitalmarkt. Wenn der interne Zinssatz kleiner als die geforderte Mindestrendite ist, ist das Investitionsprojekt absolut unvorteilhaft, weil es die Mindestverzinsung unterschreitet. Relative Vorteilhaftigkeit zwischen mehreren Investitionsprojekten gilt für jene Investition mit der höchsten Rendite, also dem höchsten internen Zinssatz. Dabei werden nur absolut vorteilhafte Investitionen betrachtet.

3.3.3 Annuitätenmethode

Die Annuitätenmethode betrachtet im Gegensatz zur Kapitalwertmethode und der Interne-Zinssatz-Methode nicht den Barwert der zukünftigen Gewinne (Kapitalwertmethode) oder die Effektivverzinsung (Interne-Zinssatz-Methode), sondern der konstante jährliche Überschuss, der durch das Investitionsprojekt anfällt. Die Annuitätenmethode baut auf der Kapitalwertmethode auf. Denn die Annuität der Investition wird auf Basis des Kapitalwerts berechnet. Wie die bisherigen Beispiele gezeigt haben, kann der Kapitalwert positiv, gleich null oder negativ sein. Ein positiver Kapitalwert ist der Betrag, welcher bei Realisierung zu Beginn eines Investitionsvorhabens entnommen werden könnte. Die Annuitätenmethode gibt einem Investor die Möglichkeit, bei Investitionsentscheidungen in der Planungsphase zu erfahren, welche konstanten jährlichen Überschussbeträge (Rente) während der erwarteten Laufzeit eines Investitionsprojekts entnommen werden können. Generell gilt, je höher die Rentenzahlung (Annuität) ist, desto besser das Projekt.

▶ Die **Annuitätenmethode** gibt an, welcher konstante jährliche Überschussbetrag (Rente) während der erwarteten Laufzeit eines Investitionsprojekts entnommen werden kann.

Die Annuität ist eine Zahlung in konstanter Höhe, die in zeitlich gleichem Abstand, über eine bestimmte Laufzeit am Ende einer Periode anfällt (nachschüssige Rente). Die erste Rente wird am Ende der Periode t_1 ausbezahlt. Die nachschüssige Rente eines Investitionsprojekts wird auch als äquivalente Annuität bezeichnet. Die äquivalente Annuität besitzt den gleichen ökonomischen Einkommenswert wie eine unregelmäßige

3.3 Instrumente des dynamischen Investitionscontrollings

Zahlungsreihe mit demselben Kapitalwert. Insofern kann eine Investition mit typischerweise von Periode zu Periode unterschiedlichen Einzahlungsüberschüssen mittels der Annuität mit einer Investition mit konstanten Einzahlungsüberschüssen verglichen werden. Die Annuität einer Investition ist demnach der auf Basis des Kalkulationszinssatzes in gleich große Annuitäten (Renten) umgerechnete Kapitalwert.

Die Berechnung der Annuität anhand des Kapitalwerts basiert auf zwei wesentlichen Konzepten: dem Konzept des Rentenbarwertfaktors und des Annuitäten- beziehungsweise Wiedergewinnungsfaktors. Beide werden nun eingeführt. Anschließend wird die Berechnung der Annuität dargestellt.

Rentenbarwertfaktor (RBWF)

Liegt eine endliche, also zeitlich begrenzte, konstante Zahlungsreihe vor (Rente), so kann der Barwert dieser Zahlungsreihe mit dem Rentenbarwertfaktor berechnet werden. Dabei wird davon ausgegangen, dass die konstante Zahlung immer am Ende der Periode erfolgt. Man spricht deshalb auch von einer nachschüssigen Rente.

Der Barwert BW einer Rente c im Zeitpunkt t_0 lässt sich unter Verwendung der Summenformel für endliche geometrische Reihen wie folgt berechnen:

$$BW = \frac{(1+i)^n - 1}{i} \cdot \frac{1}{(1+i)^n} = c \cdot \frac{(1+i)^n - 1}{i \cdot (1+i)}$$

Dabei gilt:

BW	Barwert
c	äquivalente Annuität
i	Kalkulationszinssatz
n	Laufzeit der Rente
$\dfrac{(1+i)^n - 1}{i \cdot (1+i)}$	Rentenbarwertfaktor (RBWF)

Beispiel

Eine Rente von jährlich 10.000 EUR mit einer Laufzeit von fünf Jahren entspricht bei einem Zinssatz von 5 % einem Barwert von 43.294,80 €.

$$BW = 10.000 \cdot \frac{(1 + 0{,}05)^5 - 1}{0{,}05 \cdot (1 + 0{,}05)} = 43.294{,}80\,€$$

Mithilfe des Annuitäten- oder Kapitalwiedergewinnungsfaktors kann jedem Barwert in t_0 eine gleichwertige entsprechende Rente über eine bestimmte Laufzeit zugeordnet werden. Die Formel für die Rentenberechnung lautet wie folgt:

$$c = BW \cdot \frac{i \cdot (1+i)}{(1+i)^n - 1}$$

Dabei gilt:

c	äquivalente Annuität
BW	Barwert
i	Kalkulationszinssatz
n	Laufzeit der Rente
$\dfrac{i \cdot (1+i)^n}{(1+i)^n - 1}$	Annuitätenfaktor

Beispiel

Bei einem Anfangskapital von 10.000 € kann bei einem Zinssatz von 5 % eine Rente von 2.309,70 € über eine Laufzeit von fünf Jahren ausgezahlt werden.

$$c = 10.000 \cdot \frac{0{,}05 \cdot (1 + 0{,}05)^5}{(1 + 0{,}05)^5 - 1} = 2.309{,}70 €$$

Vergleicht man die Formel für den Rentenbarwertfaktor und den Annuitätenfaktor, stellt man fest, dass der eine der Kehrwert des anderen ist.

Nachdem der Rentenbarwertfaktor und der Annuitätenfaktor eingeführt wurden, kann jetzt dargestellt werden, wie die Annuität einer Investition berechnet wird.

Um aus dem positiven Kapitalwert einen jährliche konstanten Mehrertrag, den eine Investition bringt, zu errechnen, wird der Kapitalwert mit dem Annuitätenfaktor (AF) beziehungsweise Kapitalwiedergewinnungsfaktor (KWGF) multipliziert. Daraus lässt sich dann die Annuität ablesen. Die Formel der Annuitätenmethode lautet:

$$\text{Annuität} = C_0 \cdot \frac{i \cdot (1+i)^n}{(1+i)^n - 1}$$

Dabei gilt:

C_0	Kapitalwert
$C_0 \cdot \dfrac{i \cdot (1+i)^n}{(1+i)^n - 1}$	Annuitätenfaktor

Vorteilhaftigkeitsentscheidung

Im Rahmen des Investitionscontrollings wird noch die Vorteilhaftigkeit des Projekts beurteilt. Die absolute Vorteilhaftigkeit einer Investition ist ebenso wie bei der Kapitalwertmethode gegeben, wenn die Annuität größer als null ist. Die relative Vorteilhaftigkeit gilt für die Investition mit der größten Annuität. Dabei müssen alle zu vergleichenden Investitionsprojekte absolut vorteilhaft sein, also eine positive Annuität aufweisen.

Beispiel

Die Tinte GmbH plant die Durchführung eines Investitionsprojekts. Der Kalkulationszinssatz soll 9 % betragen. Die Zahlungsströme sehen folgendermaßen aus:

3.3 Instrumente des dynamischen Investitionscontrollings

	t_0	t_1	t_2	t_3
Auszahlungen (in €)	−20.000			
Einzahlungen (in €)		10.000	10.000	10.000

Das Unternehmen möchte aus diesem Investitionsprojekt einen jährlich konstanten Geldbetrag entnehmen.

Bevor die Annuität berechnet werden kann, muss der Kapitalwert der Investition ermittelt werden.

$$C_0 = -20.000 + \frac{10.000}{1,09} + \frac{10.000}{1,09^2} + \frac{10.000}{1,09^3}$$
$$= -20.000 + 9.174,31 + 8.416,80 + 7.721,83 = 5.312,94 €$$

Der Kapitalwert der Investition beträgt 5.312,94 €. Nun lässt sich die Annuität wie folgt berechnen:

$$\text{Annuität} = C_0 \cdot \frac{i \cdot (1+i)^n}{(1+i)^n - 1} = 5.312,94 \cdot \frac{0,09 \cdot (1+0,09)^3}{(1+0,09)^3 - 1}$$
$$= 5.312,94 \cdot 0,3950 = 2.098,61 €$$

Die Annuität beträgt 2.098,61 € und ist positiv. Die Investition ist absolut vorteilhaft und die Tinte GmbH kann in jeder Periode 2.098,61 € aus dem Investitionsprojekt entnehmen.

3.3.4 Dynamische Amortisationsrechnung

Der Grundgedanke dieser Investitionsmethode basiert auf der Ermittlung des Investitionsprojekts mit dem geringsten Risiko beziehungsweise der größten Sicherheit.

▶ Die **Amortisationszeit** ist die Zeitspanne, welche benötigt wird, um den Kapitaleinsatz für ein Investitionsvorhaben sowie dessen Verzinsung aus den Rückflüssen der Investition wiederzugewinnen.

Genauer gesagt liegt der Fokus der **dynamischen Amortisationsrechnung** auf der Ermittlung der Zeitspanne, welche benötigt wird, um den Kapitaleinsatz für ein Investitionsvorhaben sowie dessen Verzinsung (auf Basis des Kalkulationszinssatzes) aus den Rückflüssen der Investition wiederzugewinnen. Das bedeutet die Zeitspanne, innerhalb der die Zahlungen für die Anschaffung des Investitionsobjekts durch Zahlungsüberschüsse aus den Folgeperioden abzüglich der Verzinsung des aufgenommenen Kredits gedeckt werden. Die dynamische Amortisationsrechnung wird auch als Pay-Off-Rechnung bezeichnet. Die Amortisationsdauer ist dabei die kritische Nutzungsdauer, die mindestens erreicht werden muss, damit kein Verlust entsteht. Der Amortisationszeitpunkt kann auch als zeitraumbezogene Gewinnschwelle (Break-Even-Punkt) interpretiert werden. Erst nach der Amortisation werden mit der Investition Gewinne erzielt. Je kürzer die Amortisationsdauer ist, desto schneller werden Gewinne erzielt. Je länger ein Projekt benötigt, um in die Gewinnzone zu gelangen, um so unsicherer ist es, dass diese Gewinne auch entstehen und keine unvorgesehenen Ereignisse den Gewinn in einen Verlust verwandeln. Das Risiko steigt daher mit der Amortisationsdauer.

In erster Linie wird die dynamische Amortisationsrechnung verwendet, um die absolute oder relative Vorteilhaftigkeit von Investitionsprojekten zu berechnen. Die Amortisationsdauer kann jedoch auch als liquiditätsrelevante Information genutzt werden, die dazu dient, die ungefähre Laufzeit der Finanzierung von Investitionen festzulegen. Bis zum Amortisationszeitpunkt können die Einzahlungsüberschüsse eines Investitionsprojekts dazu verwendet werden, den Kredit einer kreditfinanzierten Investition vollständig zurückzuzahlen.

Die Formel der dynamischen Amortisationsrechnung lautet:

$$\sum_{t=1}^{x} \frac{(E_t - A_t)}{(1+i)^t} \geq A_0$$

oder

$$\sum_{t=1}^{x} (E_t - A_t) \cdot (1+i)^{-t} \geq A_0$$

wobei:

A_0 Anschaffungspreis
x Amortisationszeitpunkt
t Periode während der Nutzungsdauer
E_t laufende Einzahlungen
A_t laufende Auszahlungen
$(1+i)^{-t}$ Abzinsungsfaktor

Zum Amortisationszeitpunkt x entspricht der Anschaffungspreis A_0 mindestens den kumulierten abgezinsten Einzahlungsüberschüssen. Zum Amortisationszeitpunkt x ist der Kapitalwert C_0 also mindestens gleich 0:

$$C_0 = -A_0 + \sum_{t=1}^{x} \frac{(E_t - A_t)}{(1+i)^t} \geq 0$$

Bei der Berechnung der Amortisationsdauer geht man wie folgt vor. Gesucht wird die Periode t_x, für die die Ungleichung erfüllt ist. Zur Lösung addiert man zum (negativen)

3.3 Instrumente des dynamischen Investitionscontrollings

Anschaffungspreis A_0 die Barwerte der Einzahlungsüberschüsse der verschiedenen Perioden, bis die Summe null ist oder diesen übertrifft. Alternativ addiert man die Barwerte der Einzahlungsüberschüsse, bis die Summe mindestens so groß ist wie der Anschaffungspreis A_0. Ergibt sich bis zum Ende der Nutzungsdauer keine positive Lösung, erreicht das Projekt niemals den Amortisationszeitpunkt. Das Investitionsprojekt ist dann absolut unvorteilhaft.

Vorteilhaftigkeitsentscheidung

Die für das Investitionscontrolling entscheidende Frage ist, ob das Projekt auf Basis der Amortisationsrechnung vorteilhaft ist. Von einem absolut vorteilhaften Projekt kann gesprochen werden, wenn die Amortisationsdauer kleiner als die Nutzungsdauer ist. Entspricht die Amortisationsdauer genau der Projektdauer, so ist die Investition weder vorteilhaft noch unvorteilhaft. Ist die Amortisationsdauer größer als die Nutzungsdauer, wird von einer Investition abgeraten. Die relative Vorteilhaftigkeit zwischen absolut vorteilhaften Investitionsprojekten wird dem Projekt mit der kürzesten Amortisationsdauer zugeschrieben.

Oft wird bei der dynamischen Amortisationsrechnung eine maximale Amortisationsdauer als Entscheidungsgrundlage verwendet. Investitionsprojekte dürfen eine vom Unternehmen festgesetzte Amortisationsdauer nicht überschreiten. Die festgelegte maximale Amortisationsdauer ist höchst unterschiedlich. Sie schwankt meistens zwischen zwei und vier Jahren. Beispielsweise wird ein Investitionsprojekt nur dann ausgewählt, wenn die Amortisationsdauer nicht mehr als drei Jahren beträgt. Die maximale Amortisationsdauer richtet sich nach der erwarteten beziehungsweise tatsächlichen Nutzungsdauer bei vergangenen Projekten sowie der Produktlebensdauer des produzierten Gutes. Die maximale Amortisationsdauer kann sich auch alternativ an branchenspezifischen Erfahrungswerten ausrichten.

Beispiel

Ein Investitionsprojekt liefert folgende Zahlungsreihen und Daten:

Rückflüsse (in €)	
Jahr 1	60.000
Jahr 2	50.000
Jahr 3	5.000

Anschaffungspreis	100.000 €
Nutzungsdauer	3 Jahre
Kalkulationszinssatz	6 %
Restverkaufserlös	500 €

Jahr	Abzinsungsfaktor	Rückfluss (in €)	Barwert (in €)	Kumulierter Barwert (in €)
0	1,000	−100.000	−100.000,00	−100.000,00
1	0,9434	60.000	56.603,77	−43.396,23
2	0,8900	50.000	44.449,82	1.053,60
3	0,8400	5.500	4.617,91	5.721,50
Amortisationsdauer				**2 Jahre**

Aus der Tabelle wird ersichtlich, dass sich das Projekt erst im zweiten Jahr vollständig amortisiert, da ab diesem Zeitpunkt der Kapitalwert positiv ist. Erst ab diesem Zeitpunkt sind die Anschaffungskosten gedeckt und das Investitionsprojekt wirft sogar einen Gewinn ab.

Die dynamische Amortisationsdauer ist in der Praxis sehr beliebt. Allerdings bleiben Einzahlungsüberschüsse, die nach dem Amortisationszeitpunkt anfallen, unberücksichtigt, zum Beispiel der Restverkaufserlös. Falls nach dem Amortisationszeitpunkt Auszahlungsüberschüsse auftreten, kann dies dazu führen, dass Projekte mit negativem Kapitalwert aufgrund der dynamischen Amortisationsrechnung als vorteilhaft ausgewiesen werden. Es gibt zudem noch andere Investitionsrisiken, die unabhängig vom Amortisationszeitpunkt sind. Beispiele sind hier politische Risiken einer Revolution oder das Auftreten von Naturkatastrophen. Das Gesamtrisiko einer Investition wird deswegen bei der dynamischen Amortisationsrechnung nicht unbedingt minimiert. Aufgrund dieser Kritikpunkte wird in der Wissenschaft die dynamische Amortisationsdauer als insgesamt nicht geeignet beurteilt. Sie sollte deswegen in der Praxis nicht angewendet werden.

Fragen zur Lernkontrolle
1. Der Uhrenhersteller Zeit GmbH plant die Anschaffung eines Präzisionsgeräts zur Herstellung von Uhrwerken. Die Anschaffungskosten betragen 15.000 €. Die jährlichen Einzahlungen, die durch das Gerät erwirtschaftet werden, werden für die nächsten drei Jahre auf jeweils 5.000 € geschätzt, der Kapitalkostensatz beträgt 6 %. Der Restverkaufserlös nach den drei Jahren beträgt 0 €. Wie hoch ist der Kapitalwert dieser Investition?
  □ −1.304,94 €
  □ −1.243,98 €
  □ −1.634,94 €
  □ −1.764,98 €
2. Das Unternehmen Haus AG plant ein Investitionsprojekt. Die Haus AG möchte aus diesem Investitionsprojekt einen jährlich konstanten Geldbetrag entnehmen. Der Kapitalwert wurde mit 35.000 € ermittelt und der Kalkulationszinssatz beträgt 6 %. Die Nutzungsdauer liegt bei drei Jahren. Wie hoch ist die Annuität für dieses Investitionsobjekt?
  □ 10.876,78 €
  □ 13.093,84 €

☐ 14.876,87 €
☐ 16.374,89 €

3. Das Unternehmen Ruckert GmbH investiert in eine Maschine, dessen Anschaffungskosten 70.000 € sind. Die Nutzungsdauer der Maschine liegt bei drei Jahren. Der Kalkulationszinssatz wird bei 7 % gesetzt. Die Versuchszinssätze sollen 5 und 15 % betragen. Die Einzahlungsüberschüsse betragen jeweils in $t_1 = 20.000$, in $t_2 = 30.000$ und in $t_3 = 40.000$ €.
   a. Berechnen Sie zunächst die jeweiligen Kapitalwerte C_0 (i = 5 %) und C_0 (i = 15 %)
      ☐ $C_{01} = 10.345,57$ €; $C_{02} = -2.764,23$ €
      ☐ $C_{01} = 10.812,01$ €; $C_{02} = -3.623,64$ €
      ☐ $C_{01} = 14.245,23$ €; $C_{02} = -5.482,53$ €
      ☐ $C_{01} = 15.324,26$ €; $C_{02} = -6.795,74$ €
   b. Berechnen Sie den internen Zinssatz dieser Investition.
      ☐ 6,0 %
      ☐ 8,7 %
      ☐ 10,0 %
      ☐ 12,5 %

4. Ein Investitionsprojekt liefert folgende Zahlungsreihen und Daten:

Rückflüsse (in €)	
Jahr 1	50.000
Jahr 2	60.000
Jahr 3	7.000
Anschaffungspreis	90.000 €
Nutzungsdauer	3 Jahre
Kalkulationszinssatz	5 %
Restverkaufserlös	400 €

Wie hoch ist die Amortisationsdauer dieses Projekts?
☐ 1 Jahr
☐ 2 Jahre
☐ 3 Jahre
☐ 4 Jahre

3.4 Lernkontrolle

Zusammenfassung

Zu den Investitionsrechenverfahren unter Sicherheit zählen folgende dynamische Methoden: Kapitalwertmethode, Interne-Zinsfuß-Methode, Annuitätenmethode und dynamische Amortisationsrechnung.

Der Kapitalwert ist der Barwert aller Einzahlungsüberschüsse eines Investitionsprojekts abzüglich der Investitionssumme. Bei der Interne-Zinssatz-Methode wird derjenige Zinssatz ermittelt, bei dem der Kapitalwert gleich null ist. Die Annuitätenmethode ermittelt die jährliche konstante Zahlung, die auf Basis des Kapitalwerts über die gesamte Nutzungsdauer des Investitionsprojekts ausgezahlt werden könnte. Schließlich ist die Amortisationszeit die Periode, in dem die diskontierten Einzahlungsüberschüsse zum ersten Mal größer sind als die Investitionssumme. Jede Entscheidung über eine Investition basiert auf Schätzwerten und Prognosen. Das genaue Investitionsergebnis kann nie mit hundertprozentiger Sicherheit bestimmt werden. Die in diesem Kap. 3 vorgestellten Methoden bieten jedoch eine sehr wichtige Hilfestellung bei der Beurteilung der Vorteilhaftigkeit von Investitionsvorhaben. Genau dies ist für das Investitionscontrolling entscheidend. Bei einem einzelnen Projekt wird dieses durchgeführt bzw. war erfolgreich, wenn es absolut vorteilhaft ist. Bei der Auswahl zwischen mehreren Projekten wird das gewählt, das relativ vorteilhaft ist.

Übungsaufgaben
1. Eine geplante dreijährige Investition kostet zu Beginn der Nutzungsdauer 500.000 €. Das Unternehmen kann drei Jahre lang mit Einzahlungsüberschüssen von jeweils 350.000 € rechnen. Es fällt kein Restverkaufserlös an. Der Kalkulationszinssatz beträgt 7 %.
   a. Wie hoch ist der Kapitalwert der Investition?
   b. Interpretieren Sie den erhaltenen Wert.
   c. In welcher Periode amortisiert sich die Investition?
2. Die Firma Frische Luft GmbH ist ein Produzent für Klimaanlagen. Dem Unternehmen liegt die Anfrage über die Lieferung der Geräte des Typs „A" für die nächsten drei Jahre vor. Ein Gerät des Typs „A" kostet 300 €. Um die Geräte produzieren zu können, muss die Frische Luft GmbH jedoch in eine neue Anlage investieren. Die jährlichen Fixkosten für die Geräteproduktion belaufen sich auf 80.000 €. Die variablen Kosten betragen je Gerät 120 €. Der Kalkulationszinssatz liegt bei 5 %. Die geplante Liefermenge beträgt 1.300 Stück. Ein Restverkaufserlös fällt nicht an. Die Frische Luft GmbH möchte nun ermitteln, wie viel sie in die Anlage zur Produktion der Geräte investieren kann, um keinen Verlust zu machen. Berechnen Sie den maximalen Anschaffungspreis, bei dem der Kapitalwert null ist.
3. Für ein Investitionsprojekt gelten folgende Daten:

Anschaffungsauszahlung A_0	9.500 €
Konstanter Einzahlungsüberschuss ($E_t - A_t$)	1.500 €
Kalkulationszinssatz i	6 %
Nutzungsdauer n	4 Jahre
Restverkaufserlös RVE_n	7.000 €

a. Berechnen Sie den Kapitalwert dieses Projekts.
   b. Im ungünstigsten Fall könnte der Kalkulationszinssatz auf 10 % steigen. Wie hoch ist in diesem Fall der Kapitalwert?
   c. Auf welchen Wert darf der Einzahlungsüberschuss sinken, ohne dass die Investition unvorteilhaft wird, wenn der Kapitalzinssatz bei 6 % bleibt?
4. Ein Investor erwartet für seine getätigte Investition einen Kapitalwert von 50.286 €. Er möchte gerne herausfinden, welcher jährliche Betrag während einer vierjährigen Laufzeit dem Kapitalwert entspricht. Wie hoch ist die Annuität, wenn der Kalkulationszinssatz 7 % beträgt?
5. Für eine Investition sind folgende Kapitalwerte mit den Versuchszinssätzen 5 und 10 % ermittelt worden:
C_{01} (5 %) = 5.485 €
C_{02} (10 %) = 6.850 €
Bestimmen Sie den internen Zinssatz dieser Investition.

Literatur

Bleis, Ch. (2011): *Grundlagen Investition und Finanzierung: Lehr- und Arbeitsbuch*, 3. Auflage, Oldenbourg Wissenschaftsverlag, München.
Drukarczyk, J./ Schüler, A. (2011): *Unternehmensbewertung*, 6. Auflage, Vahlen, München.
Hillier, D./Ross, S. A./Westerfield, R. W./Jaffe, J./Jordan, B. D., (2016): *Corporate Finance*, 3. Auflage (European Edition), McGraw-Hill, London.
Mensch, G. (2002): *Investition: Investitionsrechnung in der Planung und Beurteilung von Investitionen*, Oldenbourg Wissenschaftsverlag, München.

Weiterführende Literatur zum Selbststudium

Götze, U. (2014): *Investitionsrechnung, Modelle und Analysen zur Beurteilung von Investitionsvorhaben*, 7. Auflage, Gabler Verlag, Berlin/Heidelberg, S. 251–309.
Heesen, B. (2010): *Investitionsrechnung für Praktiker: Fallorientierte Darstellung der Verfahren und Berechnungen*, Gabler Verlag, Berlin/Heidelberg, S. 23–80.
Zimmermann, G. (2016): *Investitionsrechnung: Fallorientierte Einführung*, Walter de Gruyter, 2. erweiterte und aktualisierte Auflage, S. 43–189.

4 Weitere Methoden des Investitionscontrollings

Lernziele

Nach der Bearbeitung dieses Kapitels werden Sie wissen, …
… welche Investitionsrechenmethoden unter Unsicherheit gelten.
… wie Projektlaufzeitentscheidungen getroffen werden.
… mit welchen Ansätzen und Methoden ein Unternehmen bewertet werden kann.

Aus der Praxis

Das Unternehmen Gerhard Stahl GmbH ist ein typischer mittelständischer Betrieb mit 30 Mitarbeitern, welches vor 36 Jahren gegründet wurde und elektrische Geräte für den Geschäftskundenmarkt herstellt. Der Gründer und Geschäftsführer Gerhard Stahl ist gerade 60 Jahre alt geworden und möchte das Unternehmen veräußern. Seine drei Kinder möchten seine Nachfolge nicht antreten, sodass der Verkauf der Gerhard Stahl GmbH vorbereitet werden muss. Bevor ein potenzieller Käufer über den Verkauf informiert wird, möchte Herr Stahl den Wert seines Unternehmens bestimmen.

Wenn Unternehmensteile oder ganze Unternehmen verkauft werden, liegt ein besonderer Fall der Investition bzw. Desinvestition vor. Zu diesem Zweck muss das Unternehmen bewertet werden. In diesem Kap. 4 lernen Sie, wie sich der Wert eines Unternehmens anhand unterschiedlicher Unternehmensbewertungsmethoden bestimmen lässt.

4.1 Methoden des Investitionscontrollings unter Unsicherheit

4.1.1 Grundlagen

Die Hauptfrage bei Investitionsvorhaben ist, ob diese realisiert werden sollen oder nicht. Investitionsrechenverfahren wie die Kapitalwertmethode, die Interne-Zinfuß-Methode oder die Annuitätenmethode dienen bei Investitionsentscheidungen als Entscheidungshilfen. Sie basieren allerdings allesamt auf Prognosen, die annahmegemäß mit Sicherheit eintreffen werden. Investitionsentscheidungen werden jedoch grundsätzlich unter Unsicherheit getroffen, denn die Auswirkungen in Form von Ein- und Auszahlungen liegen immer in der Zukunft. Unsichere Inputgrößen wie Einzahlungen hängen unter anderem vom Kundenverhalten ab. Eine veränderte Nachfrage nach einem Produkt kann beispielsweise die Einzahlungshöhe stark variieren lassen. Ergänzend existieren daher einige Methoden der Investitionsrechnung, die die unsichere Informationslage in der Zukunft mitberücksichtigen.

Wie wir bereits gelernt haben, kann zwischen Entscheidungen unter Risiko und Entscheidungen unter Unsicherheit differenziert werden. Beide Entscheidungen gehen davon aus, dass der Entscheidungsträger unvollkommene Informationen besitzt. Im Folgenden werden wir Regeln kennenlernen, welche eine Hilfestellung liefern, Entscheidungen zu treffen. Diese Regeln basieren alle auf der sogenannten **Ergebnismatrix.** Die Matrix beinhaltet alle möglichen Handlungsalternativen (A_n), unterschiedliche Umweltzustände (U_m) und deren Eintrittswahrscheinlichkeit (w_m) sowie dazugehörige mögliche Ergebnisse (e_{nm}). In Tab. 4.1 ist die Ergebnismatrix schematisch dargestellt.

Nehmen wir an, Herr Müller ist ein Controller in einem mittelständischen Maschinenbauunternehmen mit Sitz in Deutschland. Das Unternehmen ist auch in Asien aktiv und plant dort ein neues Werk zu eröffnen. Das könnte den Deckungsbeitrag maximieren, birgt aber auch ein Risiko bei schwacher Konjunktur. Die Handlungsalternativen, die Herr Müller nun hat, sind das Werk zu bauen oder nicht zu bauen. Als Umweltzustände sind ein Anstieg (U_1), ein Gleichbleiben (U_2) oder ein Abflauen (U_3) der Konjunktur möglich. Die davon abhängigen Ergebnisse sind die möglichen Gewinne, welche durch den Bau des Werks bzw. Nicht-Bau realisiert werden können. Die Wahrscheinlichkeit, dass die Konjunktur anzieht, wird auf 30 % geschätzt. Die Wahrscheinlichkeit, dass sie gleichbleibt, wird auf 50 % und dass sie abflaut auf 20 % geschätzt.

Tab. 4.1 Ergebnismatrix (Quelle: eigene Darstellung)

Ergebnismatrix			
	U_1 w_1	U_2 w_2	U_3 w_3
Alternative 1	e_{11}	e_{12}	e_{13}
Alternative 2	e_{21}	e_{22}	e_{23}
Alternative 3	e_{31}	e_{32}	e_{33}

4.1 Methoden des Investitionscontrollings unter Unsicherheit

	U_1 $w_1=0,3$	U_2 $w_2=0,5$	U_3 $w_3=0,2$
Alternative 1 (Bau des Werks)	80 Mio. €	60 Mio. €	–50 Mio. €
Alternative 2 (Kein Bau des Werks)	70 Mio. €	50 Mio. €	40 Mio. €

Um die beste Handlungsalternative auszuwählen, benötigt man drei wichtige Größen: der Erwartungswert µ, die Risikoneigung und die Standardabweichung σ, die im Folgenden dargestellt werden.

Der Erwartungswert µ entspricht der Summe der Produkte aus den einzelnen Ergebnissen und den entsprechenden Eintrittswahrscheinlichkeiten. Seine Formel lautet wie folgt:

$$\text{Erwartungswert } \mu_i = \sum_{j=1}^{m} w_j \cdot e_{ij}$$

Dabei gilt:

w   Wahrscheinlichkeit des Umweltzustands
e   Ergebnis beim Eintreten eines Umweltzustands

Der Erwartungswert für Alternative 1 aus der obigen Tabelle beträgt beispielsweise 80 · 0,3 + 60 · 0,5 + (–50) · 0,2 = 44. Der Erwartungswert der zweiten Alternative liegt dagegen bei 54. Basierend auf diesen Ergebnissen würde sich Herr Müller zunächst dafür entscheiden, die Alternative 2 zu wählen, da sie einen höheren Erwartungswert hat.

	U_1 $w_1=0,3$	U_2 $w_2=0,5$	U_3 $w_3=0,2$	Erwartungswert µ = $e_1 \cdot w_1 + e_2 \cdot w_2$
Alternative 1 (Bau des Werks)	80 Mio. €	60 Mio. €	–50 Mio. €	80 · 0,3 + 60 · 0,5 + (–50) · 0,2 = 44
Alternative 2 (Kein Bau des Werks)	70 Mio. €	50 Mio. €	40 Mio. €	70 · 0,3 + 50 · 0,5 + 40 · 0,2 = 54

Ein weiterer wichtiger Aspekt, der berücksichtigt werden muss, ist die Risikoneigung. Die Risikoneigung entspricht der Bereitschaft des Entscheiders ein Risiko einzugehen und unsichere Ergebnisse in Kauf zu nehmen. Dabei kann man drei Ausprägungen der Risikoneigung unterscheiden:

- Risikoavers: Ein risikoaverser Entscheidungsträger wählt bei zwei Alternativen mit dem gleichen Erwartungswert immer die Alternative mit dem für ihn geringsten Risiko.
- Risikoneutral: Ein risikoneutraler Entscheidungsträger ist gegenüber dem Risiko indifferent.

- Risikofreudig: Ein risikofreudiger Entscheidungsträger geht gerne ein Risiko ein und wählt bei zwei Alternativen mit dem gleichen Erwartungswert immer die Alternative mit dem größeren Risiko.

Nehmen wir für unser Beispiel an, dass Herr Müller risikofreudig ist, würde er die Vorteile der Alternative 1 berücksichtigen, mit welcher im besten Fall ein Gewinn von 80 Mio. € realisiert werden kann. Das heißt, der mögliche Gewinn ist beim Bau des Werks höher als bei Unterlassung des Baus.

Um das Risiko zu berücksichtigen, wird die Standardabweichung als Rechengröße in den Bewertungsprozess eingebunden. Die Standardabweichung σ ist ein Maß für das Risiko und misst die durchschnittliche Abweichung der einzelnen Ergebnisse e_{ij} vom Erwartungswert μ. Die Formel der Standardabweichung lautet:

$$\sigma_i = \sqrt{\sum_{j=1}^{m} w_j \cdot (e_{ij} - \mu)^2}$$

Dabei gilt:

σ   Standardabweichung
w   Wahrscheinlichkeit des Umweltzustands
e   Ergebnis beim Eintreten eines Umweltzustands
μ   Erwartungswert einer Handlungsalternative

Die Standardabweichung für Alternative 1 wird folgendermaßen berechnet:

$$\sigma_{A_1} = \sqrt{0{,}3 \cdot (80-44)^2 + 0{,}5 \cdot (60-44)^2 + 0{,}2 \cdot (-50-44)^2}$$
$$= \sqrt{388{,}8 + 128{,}8 + 1.767{,}2} = \sqrt{2.284{,}8} = 47{,}79$$

Standardabweichung Alternative 2:

$$\sigma_{A_2} = \sqrt{0{,}3 \cdot (70-54)^2 + 0{,}5 \cdot (50-54)^2 + 0{,}2 \cdot (40-54)^2}$$
$$= \sqrt{76{,}8 + 8 + 39{,}2} = \sqrt{124} = 11{,}14$$

	U_1 $w_1=0{,}3$	U_2 $w_2=0{,}5$	U_3 $w_3=0{,}2$	Standardabweichung σ
Alternative 1 (Bau des Werks)	80 Mio. €	60 Mio. €	–50 Mio. €	47,79
Alternative 2 (Kein Bau des Werks)	70 Mio. €	50 Mio. €	40 Mio. €	11,14

Haben mehrere Handlungsalternativen den gleichen Erwartungswert µ, wird ein risikoaverser Entscheidungsträger die Alternativen mit der geringsten Standardabweichung wählen. Hingegen wählt bei gleichem Erwartungswert µ der risikofreudige Entscheider die Alternative mit der höchsten Standardabweichung.

Es hängt also davon ab, wie risikoavers bzw. risikofreudig Herr Müller ist. Möchte er das Risiko eingehen, wird er Alternative 1 mit einer Standardabweichung von 47,79 wählen. Möchte er jedoch kein Risiko eingehen, ist die zweite Alternative mit einer geringeren Abweichung von 11,14 die richtige Wahl für ihn.

4.1.2 Entscheidungen unter Risiko

Von einer **Entscheidung unter Risiko** wird dann gesprochen, wenn die Umweltzustände (U_1, U_2, U_3), die eintreten können, und ihre Eintrittswahrscheinlichkeiten (w_1, w_2, w_3) bekannt sind. Des Weiteren kennt der Investor alle möglichen Handlungsalternativen A_i. Um Entscheidungen unter Risiko zu treffen, existieren folgende drei Regeln:

- µ-Regel (Bayes-Prinzip)
- µ-σ-Regel (Erwartungswert-Varianz-Prinzip)
- Bernoulli-Prinzip

▶ **Merke!** Von der **Entscheidung unter Risiko** wird dann gesprochen, wenn die Umweltzustände, die eintreten können, und ihre Eintrittswahrscheinlichkeiten bekannt sind.

Um die Anwendung dieser Regeln zu erklären, wollen wir uns ein Beispiel anschauen. Für Entscheidungen unter Unsicherheiten wird eine Ergebnismatrix aufgestellt, welche die möglichen Alternativen mit den dazugehörigen Umweltzuständen und Eintrittswahrscheinlichkeiten sowie Ergebnissen darstellt.

Nehmen wir an, der Investor Herr Knutz hat die Auswahl zwischen der Investition in drei verschiedene Aktien von jeweils unterschiedlichen Unternehmen. Das heißt, ihm stehen drei Alternativen (A_1, A_2, A_3) zur Verfügung. Es sind drei mögliche Umweltzustände möglich (U_1, U_2, U_3). Im ersten Umweltzustand kommt es zu einer Rezession, der zweite Umweltzustand bedeutet ein Wachstum von 0 %, im dritten Zustand wächst die Wirtschaft. Die Einzelergebnisse (e_1 bis e_3) sind bekannt. Der Aktienkurs der drei Aktien könnte sinken, steigen oder aber unverändert bleiben. Die Eintrittswahrscheinlichkeiten werden auf $w_1 = 0,5$, $w_2 = 0,4$ und $w_3 = 0,1$ festgelegt.

	U_1 $w_1=0,5$	U_2 $w_2=0,4$	U_3 $w_3=0,1$
Alternative 1	180	60	210
Alternative 2	100	140	180
Alternative 3	80	100	240

μ-Regel (Bayes-Prinzip)

Die μ-Regel geht von der Annahme aus, dass der Entscheidungsträger risikoneutral ist. Ein risikoneutraler Entscheidungsträger wählt die Alternative mit dem höchsten Erwartungswert μ. Berechnet man die Erwartungswerte für unsere drei Alternativen, so hat Alternative 1 den höchsten Erwartungswert. Der Entscheidungsträger wird sich also für Aktie 1 entscheiden.

μ-Regel (Bayes-Prinzip)	
	$\mu = e_1 \cdot w_1 + e_2 \cdot w_2 + e_3 \cdot w_3$
Alternative 1	$180 \cdot 0,5 + 60 \cdot 0,4 + 210 \cdot 0,1 = 135$
Alternative 2	$100 \cdot 0,5 + 140 \cdot 0,4 + 180 \cdot 0,1 = 124$
Alternative 3	$80 \cdot 0,5 + 100 \cdot 0,4 + 240 \cdot 0,1 = 104$

μ-σ-Regel (Erwartungswert-Varianz-Prinzip)

Die **μ-σ-Regel** berücksichtigt neben dem Erwartungswert auch das Risiko, ausgedrückt als Standardabweichung σ. Die Standardabweichung σ misst, wie stark das Ergebnis um den Erwartungswert μ streut. Sie ist ein Maß für das Risiko der Handlungsergebnisse. Dadurch, dass das Risiko miteinbezogen wird, kann auf die individuelle Risikoneigung des Entscheidungsträgers Bezug genommen werden. Das wird mithilfe des Risikopräferenzfaktors q gemacht. Die Entscheidung wird auf Basis des Präferenzwerts P getroffen. Dieser wird mit der folgenden Formel ermittelt:

$$P(A_i) = \mu(A_i) + q \cdot \sigma(A_i)$$

Für risikoneutrale Entscheidungsträger ist der Risikopräferenzfaktor $q=0$. Risikoaverse Entscheidungsträger haben einen Risikopräferenzfaktor, der kleiner als null ist. Und für risikofreudige Entscheidungsträger liegt q über null. Je größer die Risikoaversion bzw. die Risikofreude ist, desto weiter entfernt von null ist der Risikopräferenzfaktor.

Wir nehmen an, dass unser Investor risikoavers ist und ein Risikopräferenzfaktor von $-0,8$ aufweist. Zuerst müssen die Standardabweichungen für die vier Handlungsalternativen berechnet werden:

4.1 Methoden des Investitionscontrollings unter Unsicherheit

$$\sigma_{A_1} = \sqrt{0,5 \cdot (180-135)^2 + 0,4 \cdot (60-135)^2 + 0,1 \cdot (210-135)^2} = 61,85$$

$$\sigma_{A_2} = \sqrt{0,5 \cdot (100-124)^2 + 0,4 \cdot (140-124)^2 + 0,1 \cdot (180-104)^2} = 26,53$$

$$\sigma_{A_3} = \sqrt{0,5 \cdot (80-104)^2 + 0,4 \cdot (100-104)^2 + 0,1 \cdot (240-104)^2} = 46,30$$

Nun kann mit den schon in der Bayes-Regel berechneten Erwartungswerten, dem Risikopräferenzfaktor von –0,8 und den gerade eben ermittelten Standardabweichungen die Präferenzwerte P ermittelt werden.

μ-σ-Regel			
	σ	q	P
Alternative 1	61,85	–0,8	85,52
Alternative 2	26,53	–0,8	102,77
Alternative 3	46,30	–0,8	66,96

Berechnung der Präferenzwerte:

$$P(A_1) = 135 + (-0,8) \cdot 61,85 = 85,52$$
$$P(A_2) = 124 + (-0,8) \cdot 26,53 = 102,78$$
$$P(A_3) = 104 + (-0,8) \cdot 46,30 = 66,96$$

Der risikoaverse Entscheidungsträger (q = –0,8) entscheidet sich für die Alternative 2 mit dem maximalen Präferenzwert von 102,77.

Bernoulli-Prinzip

Das **Bernoulli-Prinzip** wandelt die Ergebnisse e mithilfe der Bernoulli-Nutzenfunktion in an das Risiko angepasste Nutzenwerte um. Die Nutzenfunktion bildet ähnlich wie der Risikopräferenzfaktor q die Risikoneigung des Entscheiders ab. Vorteil der Nutzenfunktion ist, dass aufgrund der vielfältigen Modellierung der Funktion die Risikoneigung des Entscheiders wesentlich besser berücksichtigt werden kann als durch den einfachen Risikopräferenzfaktor q.

In unserem Beispiel nehmen wir die Bernoulli-Nutzenfunktion:

$$u_{ij} = \sqrt{e_{ij}}$$

Diese Wurzelfunktion wird häufig als Bernoulli-Nutzenfunktion verwendet. Sie unterstellt, dass der Entscheider risikoavers ist.

Zuerst werden die Einzelergebnisse e in sogenannte Nutzenäquivalente u überführt. Wir verwenden beispielhaft die drei Ergebniswerte (e_{11} bis e_{13}) für die erste Handlungsalternative:

$$u_{11} = \sqrt{180} = 13,42$$

$$u_{12} = \sqrt{60} = 7,75$$

$$u_{13} = \sqrt{210} = 14,49$$

Wie bei der µ-Regel werden hier Erwartungswerte gebildet. Es werden die erwarteten Nutzenäquivalente berechnet. Dabei werden die Nutzenäquivalente u_j mit der Eintrittswahrscheinlichkeit w_j gewichtet. Der Bernoulli-Nutzenwert für eine Alternative i errechnet sich wie folgt:

$$B_i = w_1 \cdot u_{i1} + w_2 \cdot u_{i2} + w_3 \cdot u_{i3} + \ldots + w_m \cdot u_{im}$$

Für unser Beispiel bedeutet dies:

Bernoulli-Prinzip				
	u_{i1} 0,5	u_{i2} 0,4	u_{i3} 0,1	B_i
Alternative 1	13,42	7,75	14,49	11,26
Alternative 2	10,00	11,83	13,42	11,07
Alternative 3	8,94	10,00	15,49	10,02

Berechnung des Bernoulli-Nutzenwerts:

$$B_{A_1} = 0,5 \cdot 13,42 + 0,4 \cdot 7,75 + 0,1 \cdot 14,49 = 11,26$$

$$B_{A_2} = 0,5 \cdot 10,00 + 0,4 \cdot 11,83 + 0,1 \cdot 13,42 = 11,07$$

$$B_{A_3} = 0,5 \cdot 8,94 + 0,4 \cdot 10,00 + 0,1 \cdot 15,49 = 10,02$$

Der risikoaverse Entscheidungsträger wird die Alternative 1 mit dem höchsten Bernoulli-Nutzenwert von B = 11,26 wählen.

4.1.3 Entscheidungen unter Unsicherheit

Während man bei **Entscheidungen unter Risiko** die Eintrittswahrscheinlichkeit der einzelnen Umweltzustände kennt, wird bei der Entscheidung unter Unsicherheit immer noch davon ausgegangen, dass man die Umweltzustände kennt. Allerdings wird unterstellt, dass die Eintrittswahrscheinlichkeit dem Entscheidungsträger nicht bekannt ist. Die folgenden fünf Entscheidungsregeln helfen, die beste Handlungsalternative unter Unsicherheit zu wählen:

- Minimax-Regel
- Maximax-Regel

- Pessimismus-Optimismus-Regel (Hurwicz-Regel)
- Regel des unzureichenden Gegengrundes (Laplace-Regel)
- Regel des kleinsten Bedauerns (Savage-Niehaus-Regel)

▶ Von der **Entscheidung unter Unsicherheit** wird dann gesprochen, wenn die Umweltzustände, die eintreten können, zwar bekannt, ihre Eintrittswahrscheinlichkeiten jedoch unbekannt sind.

Minimax-Regel
Die **Minimax-Regel** setzt absolute Risikoaversion voraus. Gemäß dieser Regel wird das ungünstigste Ergebnis als Grundlage der Entscheidung betrachtet. Der Grundsatz der Minimax-Regel ist die Minimierung des maximal möglichen Verlusts. Das heißt, es wird die Alternative gewählt, welche beim schlechtesten Umweltzustand das beste Ergebnis liefert.

Als Beispiel nehmen wir wieder den Investor, der in drei Aktien investieren kann. Bei jeder Handlungsalternative wird das schlechteste Ergebnis gewählt. Für Alternative 1 ist das beispielsweise Umweltzustand 2 ($=60$). Dann werden diese minimalen Ergebnisse miteinander verglichen und die Handlungsalternative mit dem Maximum aus diesen Minima gewählt. Für unser Beispiel wählt der Entscheidungsträger demnach die Alternative 2 mit einem Ergebniswert von 100.

	U_1	U_2	U_3	Minimax-Regel
Alternative 1	180	60	210	60
Alternative 2	100	140	180	100
Alternative 3	80	100	240	80

Maximax-Regel
Die **Maximax-Regel** setzt voraus, dass der Entscheidungsträger risikofreudig ist. Diese Regel empfiehlt daher die Alternative mit dem höchstmöglichen Ergebniswert.

	U_1	U_2	U_3	Maximax-Regel
Alternative 1	180	60	210	210
Alternative 2	100	140	180	180
Alternative 3	80	100	240	240

Für jede Handlungsalternative wird in diesem Fall das maximale Ergebnis zur Bewertung herangezogen. Von diesen maximalen Ergebnissen wird wiederum das Maximum gewählt. Der Entscheidungsträger in diesem Beispiel würde die Alternative 3 mit dem Ergebniswert von 240 wählen.

Pessimismus-Optimismus-Regel (Hurwicz-Regel)
Die **Pessimismus-Optimismus-Regel** kombiniert die Minimax- und die Maximax-Regel. Sie erlaubt die Berücksichtigung der subjektiven Risikoeinstellung. Dazu verwendet sie den Risikoparameter λ. Das Zeilenmaximum wird mit dem Optimismusparameter λ gewichtet, während das Zeilenminimum mit dem Pessimismusparameter gewichtet wird $(1 - \lambda)$. Die Formel der Hurwicz-Regel lautet:

$$H_i = (1 - \lambda) \cdot \min_i + \lambda \cdot \max_i$$

Die Werte des Risikoparameters λ können von 0 bis 1 reichen. Dabei gilt:
Bei $\lambda = 1$ ist der Entscheider sehr risikofreudig, die Hurwicz-Regel entspricht der Maximax-Regel.
Bei $\lambda = 0$ ist der Entscheider sehr risikoscheu, die Hurwicz-Regel entspricht der Minimax-Regel.
Wählen wir für unser Beispiel einen Risikoparameterwert von $\lambda = 0,2$, ergeben sich für die verschiedenen Handlungsalternativen folgende Werte:

$$H_{A_1} = (1 - 0,2) \cdot 60 + 0,2 \cdot 210 = 48 + 42 = 90$$

$$H_{A_2} = (1 - 0,2) \cdot 100 + 0,2 \cdot 180 = 80 + 36 = 116$$

$$H_{A_3} = (1 - 0,2) \cdot 80 + 0,2 \cdot 240 = 64 + 48 = 112$$

Damit wird der Entscheidungsträger die Alternative 2 wählen, da diese am höchsten bewertet wird.

	U_1	U_2	U_3	Hurwicz-Regel
Alternative 1	180	60	210	90
Alternative 2	100	140	180	116
Alternative 3	80	100	240	112

Regel des unzureichenden Gegengrundes (Laplace-Regel)
Die Regel des unzureichenden Gegengrundes oder die **Laplace-Regel** unterstellt, dass in dem Fall unbekannter Eintrittswahrscheinlichkeiten der Umweltzustände alle möglichen Umweltzustände gleich wahrscheinlich sind. Das bedeutet, allen verfügbaren Umweltzuständen wird dieselbe Eintrittswahrscheinlichkeit w zugeordnet. Basierend auf der angenommenen Wahrscheinlichkeit wird der Erwartungswert μ ermittelt. Es wird dann diejenige Alternative gewählt, welche den höchsten Erwartungswert hat.
Zuerst muss hier die Wahrscheinlichkeit eines Umweltzustandes berechnet werden. Das erfolgt, indem die gesamte Wahrscheinlichkeit von 1 durch die Anzahl der Umweltzustände geteilt wird. In unserem Fall ergibt sich dann eine Wahrscheinlichkeit von $w = 1/3 = 0,33$.

4.1 Methoden des Investitionscontrollings unter Unsicherheit

Für die Handlungsalternativen berechnet sich der Erwartungswert wie folgt:

$\mu_{A_1} = 180 \cdot 0{,}33 + 60 \cdot 0{,}33 + 210 \cdot 0{,}33 = 150$
$\mu_{A_2} = 100 \cdot 0{,}33 + 140 \cdot 0{,}33 + 180 \cdot 0{,}33 = 140$
$\mu_{A_3} = 80 \cdot 0{,}33 + 100 \cdot 0{,}33 + 240 \cdot 0{,}33 = 140$

In unserem Beispiel würde der Entscheidungsträger die Alternative 1 mit dem höchsten Erwartungswert wählen.

	U_1 $w_1 = 0{,}33$	U_2 $w_2 = 0{,}33$	U_3 $w_3 = 0{,}33$	Laplace-Regel
Alternative 1	180	60	210	150
Alternative 2	100	140	180	140
Alternative 3	80	100	240	140

Regel des kleinsten Bedauerns (Savage-Niehaus-Regel)

Die Regel des kleinsten Bedauerns oder **Savage-Niehaus-Regel** legt den Fokus auf die Differenz zwischen dem besten und dem schlechtesten Einzelergebnis einer Alternative mit Bezug auf das Ziel des Entscheidungsträgers. Diese Differenz sollte so gering wie möglich sein. Diese Regel setzt voraus, dass der Entscheidungsträger risikoavers ist.

Zuerst wird je Handlungsalternative die Differenz zwischen schlechtestem und bestem Ergebnis gebildet. Für die erste Handlungsalternative wäre das beispielsweise $210 - 60 = 150$.

Dann wird diejenige Handlungsalternative ausgewählt, bei der diese Differenz am geringsten ist. In unserem Beispiel wäre die Alternative 2 diejenige, die die kleinste Differenz zwischen ihrem höchsten und ihrem niedrigsten Wert hat, nämlich $180 - 100 = 80$.

	U_1 $w_1 = 0{,}5$	U_2 $w_2 = 0{,}4$	U_3 $w_3 = 0{,}1$	Savage-Niehaus-Regel
Alternative 1	180	60	210	150
Alternative 2	100	140	180	80
Alternative 3	80	100	240	160

Nun wird auch klar, warum die Savage-Niehaus-Regel auch Regel des kleinsten Bedauerns genannt wird. Das Bedauern des Investors wird durch die Differenz zwischen bestem und schlechtestem Ergebnis gemessen. Je besser das beste Ergebnis gewesen wäre, desto größer ist das Bedauern, wenn es nicht eintritt. Das Bedauern ist dann natürlich am größten, wenn das Ergebnis am schlechtesten ist. Und da ja niemand gerne bedauert wird, wird dieses Bedauern eben minimiert.

4.1.4 Weitere Investitionsrechenmethoden

Es existiert eine Reihe weiterer Investitionsrechenmethoden, welche den Faktor der Unsicherheit mitberücksichtigen. Allen diesen Methoden gemeinsam ist die Tatsache, dass sie versuchen, die unsicheren Inputgrößen und Outputgrößen zu ermitteln, welche einen Einfluss auf das Ergebnis einer Investitionsrechnung haben. Hierbei sind Inputgrößen beispielsweise Kosten oder Preise, Outputgrößen können beispielsweise Kapitalwert, Gewinn oder Wirtschaftswachstum sein. Zu diesen weiteren Investitionsrechenarten zählen unter anderem folgende Methoden:

- Sensitivitätsanalyse
- Break-Even-Analyse
- Szenarioanalyse
- Simulation

Sensitivitätsanalyse
Jede Investitionsrechnung liefert einen Output, welcher von mehreren Inputgrößen oder Parametern abhängt. Die Inputgrößen umfassen beispielsweise Ein- und Auszahlungen oder den Kalkulationszinssatz. Dieser Input hängt wiederum von anderen vorgelagerten Inputgrößen ab. Die prognostizierten Einzahlungen hängen zum Beispiel davon ab, wie groß die Absatzmenge ist. Da es sich bei der Investitionsrechnung mit den Inputgrößen um Schätzwerte handelt, ist es wichtig zu wissen, wie sensibel der Output auf die Veränderungen der Inputgrößen reagiert. Denn die Inputgrößen beeinflussen den Output und somit die Entscheidung über die Vorteilhaftigkeit von Investitionen, was weitreichende Folgen für ein Unternehmen hat. Wie empfindlich das Ergebnis, beispielsweise der Kapitalwert, auf die Veränderung von Inputgrößen reagiert, kann mit der Sensitivitätsanalyse ermittelt werden.

Die **Sensitivitätsanalyse** kann für eine oder mehrere Inputgrößen durchgeführt werden. Mit der Sensitivitätsanalyse wird die Frage beantwortet, wie stark sich der Output verändert, wenn man eine oder mehrere Inputgrößen variiert. Die zweite Frage, die mit der Analyse beantwortet werden kann ist, welchen Wert eine oder mehrere Inputgrößen annehmen dürfen, damit ein bestimmtes Ergebnis (das heißt Output) von seinem Zielwert nicht zu sehr abweicht.

▶ Mit der **Sensitivitätsanalyse** wird die Frage beantwortet, wie stark sich der Output verändert, wenn man eine oder mehrere Inputgrößen variiert und welchen Wert eine oder mehrere Inputgrößen annehmen dürfen, damit ein bestimmtes Ergebnis von seinem Zielwert nicht zu sehr abweicht.

Es gibt drei unterschiedliche Varianten der Sensitivitätsanalysen (vgl. Abb. 4.1). Wie die Analyse konkret durchgeführt wird, hängt stark mit der Fragestellung und damit dem

4.1 Methoden des Investitionscontrollings unter Unsicherheit

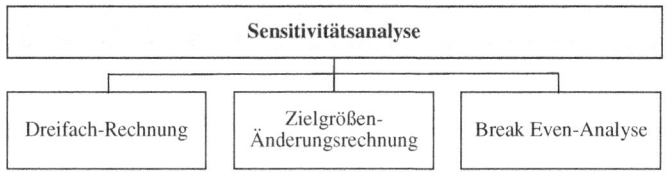

Abb. 4.1 Arten der Sensitivitätsanalyse (Quelle: eigene Darstellung)

Ziel der Analyse zusammen. Generell lassen sich die Dreifach-Rechnung, die Zielgrößen-Änderungsrechnung und die Break-Even-Analyse unterscheiden.

Dreifach-Rechnung

Die **Dreifach-Rechnung** ermittelt die Inputgröße basierend auf einer optimistischen, wahrscheinlichen und pessimistischen Zukunftseinschätzung. Wichtig ist hierbei, dass alle Inputgrößen, welche unsicher sind, gleichzeitig variiert werden. Wenn die Dreifach-Rechnung bei einer Investitionsentscheidung angewendet wird, ergeben sich somit unterschiedliche Kapitalwerte.

▶ Die **Dreifach-Rechnung** verwendet optimistische, wahrscheinliche und pessimistische Zukunftseinschätzungen, um Inputgrößen zu ermitteln.

Die Investition lohnt sich dann, wenn der Kapitalwert noch im schlechtesten Fall über null liegt, also positiv ist. Ist der Kapitalwert im besten zu erwartenden Fall negativ, wird die Investition als unvorteilhaft gewertet. Mögliche Ergebnisse einer Dreifach-Rechnung sind in Tab. 4.2 dargestellt:

Der Vorteil der Dreifach-Rechnung liegt in der gleichzeitigen Betrachtung und Quantifizierung der Chancen und Risiken eines Investitionsprojekts.

Tab. 4.2 Mögliche Ergebnisse einer Dreifach-Rechnung (Quelle: eigene Darstellung)

	Zukunftsentwicklung			Entscheidung
	Optimistisch	Wahrscheinlich	Pessimistisch	
Kapitalwert	Positiv	Positiv	Positiv	Investition vorteilhaft
	Positiv	Positiv	Negativ	Investition nach subjektiver Einschätzung des Investors
	Positiv	Negativ	Negativ	
	Negativ	Negativ	Negativ	Investition unvorteilhaft

> **Beispiel**
> Die Kerzen AG möchte expandieren und muss dazu in neue Anlagen investieren. Die Investition würde 100.000 € erfordern. Die Einzahlungen für die nächsten drei Jahren werden auf 40.000 € pro Jahr geschätzt. Das Unternehmen weiß jedoch nicht, wie sich der Zinssatz in der Zukunft entwickeln wird. Die Kerzen AG geht davon aus, dass der Zinssatz bei 8 % liegen wird. Das Unternehmen hofft, dass die Zinsen im besten Fall auf 5 % sinken, im schlechtesten Fall würde der Zinssatz auf 12 % steigen. Nun werden für jeden der drei möglichen Fälle die Kapitalwerte der Investition berechnet.

$$C_0(5\,\%) = -100.000 + \frac{40.000}{(1+0,05)^1} + \frac{40.000}{(1+0,05)^2} + \frac{40.000}{(1+0,05)^3}$$
$$= -100.000 + 38.095,24 + 36.281,18 + 34.553,50$$
$$= 8.929,92\,€$$

$$C_0(8\,\%) = -100.000 + \frac{40.000}{(1+0,08)^1} + \frac{40.000}{(1+0,08)^2} + \frac{40.000}{(1+0,08)^3}$$
$$= -100.000 + 37.037,04 + 34.293,55 + 31.753,29$$
$$= 3.083,88\,€$$

$$C_0(12\,\%) = -100.000 + \frac{40.000}{(1+0,12)^1} + \frac{40.000}{(1+0,12)^2} + \frac{40.000}{(1+0,12)^3}$$
$$= -100.000 + 35.714,29 + 31.887,76 + 28.471,21$$
$$= -3.926,75\,€$$

Die Berechnung der Kapitalwerte ergibt, dass der optimistische und der wahrscheinliche Fall beide positive Kapitalwerte liefern, während der pessimistische Fall einen negativen Kapitalwert ergibt. Somit kann die Investition weder als vorteilhaft noch als nicht lohnenswert eingeschätzt werden und unterliegt der subjektiven Einschätzung des Entscheidungsträgers. Da jedoch zwei der drei Kapitalwerte positiv sind, ist die Investition eher als attraktiv einzustufen.

Zielgrößen-Änderungsrechnung
Bei der **Zielgrößen-Änderungsrechnung** werden die Inputgrößen schrittweise variiert, um anschließend die Wirkung auf die Outputgröße (zum Beispiel Kapitalwert) zu beurteilen. So kann ermittelt werden, ob die Änderung einer Inputgröße, beispielsweise der Anschaffungsauszahlung, positive oder negative Auswirkung auf den Zielwert der Outputgröße hat. Die Zielgrößen-Änderungsrechnung erlaubt eine differenzierte Betrachtung einzelner Inputgrößen. Dazu müssen alle anderen unsicheren Inputgrößen konstant gehalten werden.

> **Beispiel**
> Der Elektrogerätehersteller Zoom GmbH plant eine Investition in eine Anlage mit einem Anschaffungswert von 40.000 €. Die jährlichen Einzahlungsüberschüsse für diese Investition betragen 19.000 €. Der Kalkulationszinssatz liegt bei 6 %. Nach vier Jahren möchte die Zoom GmbH die Anlage für 30.000 € verkaufen. Da der Absatzmarkt unsicher ist, möchte das Unternehmen herausfinden, wie sehr sich der Kapitalwert dieser Investition ändert, wenn die Einzahlungsüberschüsse um 10 % steigen.
>
> Im ersten Schritt berechnen wir den Kapitalwert bei konstanten Einzahlungen von 19.000 € jährlich.
>
> $$C_0 = -40.000 + \frac{19.000}{(1+0,06)^1} + \frac{19.000}{(1+0,06)^2} + \frac{19.000}{(1+0,06)^3} + \frac{49.000}{(1+0,06)^4}$$
> $$= -40.000 + 17.924,53 + 16.909,93 + 15.952,77 + 38.812,59$$
> $$= 49.599,82 \text{ €}$$
>
> Im zweiten Schritt wird nun berechnet, wie sich der Kapitalwert ändert, wenn sich die Inputgröße Einzahlungsüberschüsse um 10 % erhöht. Die ursprünglich geschätzte Inputgröße betrug 19.000 €. Bei einer Steigerung um 10 % würden die Einzahlungsüberschüsse nun 20.900 € betragen. Diesen Wert setzen wir in unsere Formel ein:
>
> $$C_0 = -40.000 + \frac{20.900}{(1+0,06)^1} + \frac{20.900}{(1+0,06)^2} + \frac{20.900}{(1+0,06)^3} + \frac{50.900}{(1+0,06)^4}$$
> $$= -40.000 + 19.716,98 + 18.600,93 + 17.548,04 + 40.317,57$$
> $$= 56.183,52 \text{ €}$$
>
> Durch die um 10 % höheren Einzahlungsüberschüsse steigt der Kapitalwert von ursprünglich 49.599,82 € auf 56.183,52 €, das heißt der Kapitalwert erhöht sich prozentual um 13,3 %. Somit ist der Kapitalwert prozentual stärker gestiegen als die Einzahlungsüberschüsse. Der Kapitalwert reagiert also relativ sensitiv auf die Veränderung der Einzahlungsüberschüsse.

Diese Berechnung lässt sich auch mit anderen Inputgrößen durchführen. So kann die Nutzungsdauer oder aber der Kalkulationszinssatz variiert werden. Wichtig bei der Berechnung ist, dass die anderen unsicheren Inputgrößen konstant gehalten werden.

Break-Even-Analyse

Wie bereits erwähnt ist die **Break-Even-Analyse** eine Kritische-Werte-Rechnung, welche untersucht, wie stark eine oder mehrere Inputgrößen schwanken dürfen, ohne dass die Outputgröße (zum Beispiel Kapitalwert) zu stark von ihrem Zielwert abweicht. Das heißt, der kritische Wert gibt an, wie stark die Inputgrößen von den ursprünglich angenommenen Wertansätzen abweichen können, ohne die absolute oder die relative Vorteilhaftigkeit von Investitionsvorhaben zu ändern. Um diese Berechnungen durchzuführen, setzt man den Kapitalwert gleich null und löst anschließend die Gleichung nach der gewünschten Inputgröße (zum Beispiel Einzahlungsüberschuss) auf. Für die einzelnen Inputgrößen werden somit Werte ermittelt, welche sie maximal oder minimal annehmen müssen, um die Vorteilhaftigkeit einer Investition aufrechtzuerhalten. So lässt sich mit der Break-Even-Analyse beispielsweise ermitteln, wie hoch die Anschaffungsauszahlung (A_0) maximal sein darf, damit das Investitionsprojekt noch als vorteilhaft gilt. Als weitere Variablen lassen sich auch der Mindestverkaufspreis oder die minimale Verkaufsmenge, bei welchen der Kapitalwert genau null beträgt, berechnen.

▶ Mit der **Break-Even-Analyse** kann untersucht werden, wie stark eine oder mehrere Inputgrößen schwanken dürfen, ohne dass die Outputgröße zu stark von ihrem Zielwert abweicht.

Unsere bisherige Formel der Kapitalwertmethode beinhaltet nur bestimmte Inputgrößen wie Einzahlungen oder Auszahlungen. Damit sich auch kritische Werte wie der Verkaufspreis bestimmen lassen, müssen die Ein- und Auszahlungen genauer definiert werden.

Einzahlungsüberschüsse bilden sich aus der Differenz von Einzahlungen und Auszahlungen. Einzahlungen wiederum sind das Produkt aus dem Verkaufspreis und der Absatzmenge.

$$E_t = p_t \cdot x_t$$

Wobei gilt:

p_t Verkaufspreis in Periode t
x_t Absatzmenge in Periode t

Dabei muss E_t alle Produktkosten decken, die für das Produkt im Gesamtprozess anfallen. Auszahlungen beinhalten die fixen und variablen Kosten, die jeweils für eine bestimmte Periode gelten. Die Formel lautet wie folgt:

$$A_t = A_v \cdot x_t + A_f$$

Wobei gilt:

A_v variable Auszahlung pro Einheit
x_t Absatzmenge in Periode t
A_f fixe Auszahlung pro Periode

Setzen wir diese Werte in die Kapitalwertgleichung ein, so erhalten wir die folgende Formel:

$$C_0 = -A_0 + \sum_{t=1}^{n} \frac{(p_t \cdot x_t - A_v \cdot x_t - A_f)}{(1+i)^t} + \frac{RVE_n}{(1+i)^n}$$

4.1 Methoden des Investitionscontrollings unter Unsicherheit

Diese Formel ist Grundlage für die Break-Even-Analyse und wird je nach Fall entsprechend angepasst. Wenn die Einzahlungsüberschüsse immer in konstanter Höhe auftreten, so können diese Zahlungsströme mithilfe des Rentenbarwertfaktors abgezinst werden. Dann kann unsere Gleichung so umgestellt werden:

$$C_0 = -A_0 + (p_t \cdot x_t - A_v \cdot x_t - A_f) \cdot \frac{(1+i)^n - 1}{i \cdot (1+i)^n} + \frac{RVE_n}{(1+i)^n}$$

Wir wollen uns nun zwei Beispiele der Break-Even-Analyse anschauen.

> **Beispiel**
>
> Im folgenden Beispiel wollen wir uns anschauen, auf welchen Wert die Inputgröße „Einzahlungsüberschuss" sinken darf, ohne dass die Vorteilhaftigkeit eines Investitionsprojekts gefährdet wird. Das Investitionsprojekt hat folgende Daten:

Anschaffungsauszahlung A_0	8.500 €
Einzahlungsüberschuss $E_t - A_t$	1.000 €
Kalkulationszinssatz i	5 %
Nutzungsdauer n	3 Jahre
Restverkaufserlös RVE_n	7.000 €

Schauen wir uns zunächst an, ob diese Investition überhaupt vorteilhaft, indem wir den Kapitalwert ermitteln. Dabei können wir den Rentenbarwertfaktor verwenden, da die Einzahlungsüberschüsse konstant sind.

$$C_0 = -8.500 + 1.000 \cdot \frac{(1+0{,}05)^3 - 1}{0{,}05 \cdot (1+0{,}05)^3} + \frac{7.000}{(1+0{,}05)^3}$$
$$= -8.500 + 1.000 \cdot 2{,}7232 + 6.046{,}86$$
$$= 270{,}06 \text{ €}$$

Der Kapitalwert ist positiv, die Investition ist also vorteilhaft. Nun wollen wir uns anschauen, auf welchen Wert der konstante Einzahlungsüberschuss sinken darf, ohne dass die Investition unvorteilhaft wird. Wir wissen, dass der Kapitalwert maximal bis auf null sinken darf, da die Investition bei einem Wert unter null unvorteilhaft wird. Setzten wir dazu den Kapitalwert gleich null. Da es sich bei den Einzahlungsüberschüssen um gleich hohe Beträge handelt, können wir den Rentenbarwertfaktor mit einbeziehen.

$$0 = -A_0 + (E_t - A_t) \cdot \frac{(1+i)^n - 1}{i \cdot (1+i)^n} + \frac{RVE_n}{(1+i)^n}$$

Zuerst stellen wir die Gleichung für n = 3 auf und setzen einen konstanten Einzahlungsüberschuss E − A ein.

$$0 = -8.500 + (E_t - A_t) \cdot \frac{(1+0,05)^3 - 1}{0,05 \cdot (1+0,05)^3} + \frac{7.000}{(1+0,05)^3}$$
$$= -8.500 + (E_t - A_t) \cdot 2,7232 + 6.046,86$$

Nun stellen wir die Gleichung so um, dass wir den Einzahlungsüberschuss berechnen können:

$$E_t - A_t = \frac{8.500 - 6.046,86}{2,72} = 900,83 \text{ €}$$

Bei einem Einzahlungsüberschuss unter 900,83 € fällt der Kapitalwert unter null und ist dann negativ. Die Investition wäre in dem Fall unvorteilhaft.

Beispiel

Die Firma PharmaMed AG ist ein Produzent für medizinische Geräte. Dem Unternehmen liegt die Anfrage über die Lieferung einer bestimmten Menge der Geräte des Typs „A" für die nächsten drei Jahre vor. Ein Gerät des Typs „A" kostet 3.000 €. Um die Geräte produzieren zu können, muss die PharmaMed AG jedoch 150.000 € in eine neue Anlage investieren, welche sie nach drei Jahren für 50.000 € weiterverkaufen kann. Die jährlichen Fixkosten für die Geräte belaufen sich auf 800.000 €. Die variablen Kosten betragen je Gerät 1.200 €. Der Kalkulationszinssatz liegt bei 8 %.

Die PharmaMed AG stellt sich nun die wichtige Frage wie viele Geräte sie mindestens verkaufen muss, um keinen Verlust zu machen. Um diese kritische Menge zu berechnen, wird die Kapitalwertformel gleich null gesetzt und anschließend nach der Variablen x aufgelöst.

$$C_0 = -A_0 + (p_t \cdot x_t - A_v \cdot x_t - A_f) \cdot \frac{(1+i)^n - 1}{i \cdot (1+i)^n} + \frac{RVE_n}{(1+i)^n}$$

$$0 = -150.000 + (3.000 \cdot x_t - 1.200 \cdot x_t - 800.000) \cdot \frac{(1+0,08)^3 - 1}{0,08 \cdot (1+0,08)^3} + \frac{50.000}{(1+0,08)^3}$$

Nun wird diese Gleichung nach x aufgelöst:

$$x = \frac{\frac{150.000 - 50.000 \cdot \frac{1}{(1+0,08)^3}}{\frac{(1+0,08)^3 - 1}{0,08 \cdot (1+0,08)^3}} + 800.000}{1.800} = \frac{\frac{110.308,39}{0,259712} + 800.000}{1.800}$$

$$= \frac{\frac{110.308,39}{2,5771} + 800.000}{1.800} = \frac{842.803,30}{1.800} = 468,22 = 469$$

Das Ergebnis beträgt 468,22. Die Zahl muss aufgerundet werden, damit der Kapitalwert auch garantiert größer als null ist. Die PharmaMed AG muss also 469 Geräte verkaufen, um die Investition als vorteilhaft einzustufen. Mit dieser Anzahl an Maschinen erreicht die Investition den Kapitalwert von größer null.

Szenarioanalyse
Die **Szenarioanalyse** kann als eine Weiterentwicklung der Sensitivitätsanalyse betrachtet werden. Bei der Sensitivitätsanalyse werden einzelne Inputgrößen isoliert betrachtet. Die Szenarioanalyse ist hingegen dadurch gekennzeichnet, dass mehrere alternative Umweltsituationen betrachtet werden, bei denen jeweils mehrere Inputgrößen verändert werden. Die Szenarioanalyse geht von der Annahme aus, dass unterschiedliche Umweltzustände mehrere Inputgrößen beeinflussen, was wiederum eine Auswirkung auf die Outputgröße hat. Solche Umweltzustände können vom steigenden Ölpreis bis hin zu verschärfter Konkurrenzsituation auf dem Markt reichen. Die Szenarioanalyse hat mit der Dreifach-Rechnung gemeinsam, dass mehr als eine Inputgröße verändert wird. Darüber hinaus definiert die Szenarioanalyse drei konkrete Szenarien. Darauf aufbauend wird dann abgeleitet, wie sich die Inputgrößen in den verschiedenen Szenarien entwickeln. Die Szenarioanalyse wird bei wesentlich komplexeren Problemen eingesetzt, beispielsweise bei der Prognose des Wirtschaftswachstums eines Landes, bei der Prognose der Kostenentwicklung eines Unternehmens für die nächsten zehn Jahre oder beim Bau eines neuen Produktionswerks.

▶ Die **Szenarioanalyse** geht von der Annahme aus, dass unterschiedliche Umweltzustände die Inputgrößen beeinflussen, was wiederum eine Auswirkung auf die Outputgröße hat.

Die Umweltzustände können zwar meist vom Unternehmen ausreichend eingeschätzt werden, jedoch nicht deren Einfluss auf die Inputgrößen. Es gibt eine Vielzahl möglicher Szenarien, welche eintreffen können. Wie bei der Dreifach-Rechnung werden auch bei der Szenarioplanung häufig optimistische, wahrscheinliche und pessimistische Umweltzustände simuliert. Diese werden als Basisszenario (Base Case), bestes Szenario (Best Case) und schlechtestes Szenario (Worst Case) bezeichnet. Als Basisszenario wird das wahrscheinliche Szenario bezeichnet. Bestes Szenario und schlechtestes Szenario bezeichnen jeweils das bestmögliche und das schlechteste anzunehmende Szenario. Die jeweils für die drei möglichen Szenarien abgeleiteten Ausprägungen der Inputgrößen dienen als Grundlage zur Ermittlung der jeweiligen Outputgröße bzw. in unserem Fall der Kapitalwerte der Investition.

Beispiel
Nachfolgend sehen Sie ein Beispiel für eine Szenarioanalyse zur Entwicklung von Fachkräfteangebot und -nachfrage im Gesundheits- und Sozialwesen (GuS). Diese Szenarien wurden vom Sachverständigenrat zur Begutachtung der gesamtwirtschaftlichen

Entwicklung im Jahresgutachten 2018/2019 veröffentlicht (vgl. Augurzky und Kolodziej 2018; Sachverständigenrat zur Begutachtung der gesamtwirtschaftlichen Entwicklung 2018)

Steuergrößen	Szenario „Fortschreibung"[2] (in %)	Szenario „Gegensteuern"[3] (in %)	Isolierter Beitrag[4] (in Tausend Personen)
Jährliche Wachstumsrate des Personalbedarfs[5]	1,15	0,58	403
Erwerbstätigenquote in der Gesamtwirtschaft	79,6	83,7	184
Anteil der Erwerbstätigen im GuS[6] an der Gesamtwirtschaft	14,7	15,5	192
Anteil der durchschnittlichen Arbeitszeit im GuS relativ zu einer vollzeitäquivalenten Arbeitskraft im GuS	66,5[a]	70,7[b]	231
Krankenstand im GuS	5,8	5,3[c]	19
Anteil Frührentner	11,2	3,7[d]	44

1 – Basierend auf Augurzky und Kolodziej (2018). Das Szenario „Fortschreibung" entspricht dort dem Szenario „Worst-Case", die Szenarien „Gegensteuern" den Varianten des Szenarios „Best-Case S*". 2 – Basierend auf dem Ausgangsjahr 2016. Je nach genannter Steuergröße werden die Wachstumsrate oder der Anteil fortgeschrieben. 3 – Endwert im Jahr 2030 nach linearer Annäherung an diesen Wert. 4 – Zum Abbau der Diskrepanz zwischen Nachfrage und Angebot. 5 – Für die genaue Berechnung siehe Augurzky und Kolodziej (2018). 6 – GuS- Gesundheit- und Sozialwesen. a – Fortgeschrieben wird das Wachstum des Anteils, der ausgehend von 70,2 % jährlich um 0,25 Prozentpunkte auf 66,5 % im Jahr 2030 sinkt. b – Der im Zeitraum von 2010 bis 2015 beobachtete Rückgang des Anteils von jährlich 0,25 Prozentpunkten wird bis 2020 fortgeschrieben, danach stagniert der Anteil bis 2025. Ab 2025 steigt der Anteil jährlich um 0,25 Prozentpunkte auf 70,7 % im Jahr 2030 an. c – Absenkung auf den Endwert im Jahr 2022. d – Absenkung auf den Endwert im Jahr 2020.

Hier ein Auszug aus der Analyse: „Effizientere Strukturen und eine hohe Versorgungsqualität lassen sich nur mit ausreichendem und hinreichend qualifiziertem Personal gewährleisten. Der demografische Wandel und der medizinisch-technische Fortschritt dürften sich jedoch voraussichtlich in Zukunft zunehmend in Fachkräfteengpässen niederschlagen und damit möglicherweise zu einer Unterversorgung beitragen. Zwar ergreift die Politik bereits heute Maßnahmen, um den bestehenden Fachkräfteengpässen entgegenzuwirken. Allerdings lassen sich das konkrete Ausmaß der Herausforderung und der daraus erwachsende Handlungsbedarf bestenfalls näherungsweise bestimmen. Nicht zuletzt sind die Wirkungen von Verschiebungen in der Lohnstruktur zugunsten von Fachkräften des Gesundheits- und Sozialwesens nur schwer zu prognostizieren. Um jedoch zumindest die relevanten Größenordnungen der Nachfrage nach und des Angebots an Fachkräften im Gesundheits- und Sozialwesen sowie der potenziellen Wirkung möglicher Steuergrößen zu erkennen, verwenden Augurzky und Kolodziej (2018) im Auftrag des Sachverständigenrates ein stilisiertes Simulationsmodell. Dabei wird als Ausgangspunkt ein Szenario „Fortschreibung" ohne jegliches Gegensteuern betrachtet. Sodann werden die Größenordnungen der isolierten Beiträge einzelner Steuergrößen in mehreren Varianten eines Szenarios ‚Gegensteuern' ausgelotet: Jede Zeile der Tabelle steht für die Ergebnisse der isolierten Variation je einer Steuergröße. Die jeweilige Variation der Steuergrößen wird dabei zwar plausibilisiert; wie stark diese Steuergrößen in der Praxis tatsächlich durch wirtschaftspolitische Eingriffe in die gewünschte Richtung zu bewegen sind, müsste dann allerdings im Rahmen von Evaluationsstudien ermittelt werden" (Sachverständigenrat 2018, S. 422 f.).

> **Beispiel**
> Das Unternehmen Eisenberg GmbH ist ein erfolgreicher Produzent von Anlagen für große Chemiekonzerne. Die Anlage ist hauptsächlich eine Stahlkonstruktion, die mit den passenden Apparaturen zur Produktion chemischer Stoffe ausgerüstet wird. Der Forschungs- und Entwicklungs-Abteilung ist es gelungen, eine neuartige Anlage zu bauen. Die Eisenberg GmbH hat mit mehreren Unternehmen ein Angebot zur Lieferung der Anlage ausgehandelt. Zur Herstellung der Anlage benötigt das Unternehmen jedoch weitreichende Investitionen. Auf Basis der Angebote können die Anschaffungsauszahlung für die geplante Investition sowie der Kalkulationszinssatz festgelegt werden. Unklar ist jedoch, wie hoch die Produktionskosten sein werden, da die zugrunde liegenden Rohstoffkosten, beispielsweise der Stahlpreis, schlecht vorherzusagen sind. Des Weiteren kann noch keine Aussage über den Marktpreis sowie die Abnahmemenge getroffen werden. Die Prognose kann nun auf Basis der Szenarioanalyse gemacht werden. Dazu werden je drei Szenarien zusammengestellt: das Basisszenario, bestes Szenario und schlechtestes Szenario.
>
> Basisszenario: Das Basisszenario wäre die realistische Annahme, dass es keine negativen Entwicklungen gibt, und das neue Produkt aber auch keinen sensationellen Markterfolg erzielt, da Wettbewerber das Produkt sehr schnell imitieren werden. Die Nachfrageentwicklung gleicht der allgemeinen Marktentwicklung. Außerdem entwickelt sich der Stahlpreis genauso wie in den letzten fünf Jahren.
>
> Bestes Szenario: In diesem Szenario kann die Annahme getroffen werden, dass das Produkt konkurrenzlos auf eine größere Nachfrage als erwartet trifft. Die Nachfrage entwickelt sich sehr dynamisch, und zwar mit positiven Konsequenzen für das Unternehmen. Aufgrund von Überkapazitäten auf dem Stahlmarkt bricht der Stahlpreis ein.
>
> Schlechtestes Szenario: Das schlechteste Szenario könnte eine starke Konkurrenzsituation beinhalten, welche keinen großen Durchbruch für die Eisenberg GmbH

erlaubt. Die Nachfrage entwickelt sich unterdurchschnittlich. Zudem steigt der Stahlpreis aufgrund von gestiegenen Energiekosten stark an.

Das Unternehmen versucht nun, diese drei Szenarien zu quantifizieren:

Variable	Bestes Szenario	Basisszenario	Schlechtestes Szenario
Marktgröße	20.000	15.000	10.000
Marktanteil	30 %	20 %	10 %
Preis	2,0 Mio. €	1,8 Mio. €	1,6 Mio. €
Variable Kosten pro Anlage	0,6 Mio. €	0,8 Mio. €	1,1 Mio. €
Fixkosten pro Jahr	1.000 Mio. €	1.300 Mio. €	1.500 Mio. €
Investitionskosten	2.400 Mio. €	2.500 Mio. €	2.600 Mio. €

Ein Restverkaufserlös wird nicht erzielt. Der Kalkulationszinssatz beträgt 9 %, die Nutzungsdauer drei Jahre.

Für jedes Szenario kann man den Kapitalwert berechnen, um die Vorteilhaftigkeit der Investition in den verschiedenen Szenarien zu beurteilen.

Die Nachfrage nach dem Produkt (x_t) errechnet sich durch Marktgröße · Marktanteil, also zum Beispiel $20.000 \cdot 0,3 = 6.000$.

Der Einzahlungsüberschuss wird berechnet als Umsatz abzüglich variabler Kosten und Fixkosten, also beispielsweise: $6.000 \cdot 2,0 - 6.000 \cdot 0,6 - 1.000$. Die Einzahlungen sind für jedes Jahr gleich hoch, weshalb wir bei der Berechnung den Rentenbarwertfaktor verwenden können. Bei einem Kalkulationszinssatz von 9 % beträgt dieser 2,5313.

$$C_{0(positiv)} = -2.400 + (6.000 \cdot 2,0 - 6.000 \cdot 0,6 - 1.000) \cdot 2,5313 = 16.331,62 \text{ €}$$

$$C_{0(Basis)} = -2.500 + (3.000 \cdot 1,8 - 3.000 \cdot 0,8 - 1.300) \cdot 2,5313 = 1.803,21 \text{ €}$$

$$C_{0(negativ)} = -2.600 + (1.000 \cdot 1,6 - 1.000 \cdot 1,1 - 1.500) \cdot 2,5313 = -5.131.30 \text{ €}$$

Für die ersten zwei Szenarien ergeben sich positive Kapitalwerte. Damit ist das Investitionsprojekt im besten und im Basis-Szenario noch lohnenswert. Allerdings weist das Investitionsprojekt einen negativen Kapitalwert für das schlechteste Szenario auf, in diesem Fall wäre es unvorteilhaft. Die Investition ist also kein sicherer Gewinnkandidat, ein risikofreudiges Unternehmen würde sie dennoch durchführen.

Da die Szenarioanalyse nicht nur einzelne Inputgrößen isoliert betrachtet, sondern das Investitionsvorhaben als Ganzes, liefert diese ein umfassenderes Bild der Investition für das Unternehmen. Die Wirkungszusammenhänge zwischen den einzelnen Erfolgsfaktoren werden hierbei deutlich. Diese Betrachtung erleichtert die Planung der Investitionsprojekte sowie deren Risikomanagement.

Simulation

Mithilfe einer **Simulation** kann man ebenfalls ermitteln, ob eine Investition in einer Welt mit Unsicherheit vorteilhaft ist. Bei dieser Art der Investitionsrechnung wird versucht eine Wahrscheinlichkeitsverteilung der Outputgröße (zum Beispiel Kapitalwert) aus unsicheren Inputgrößen abzuleiten, für die wiederum Wahrscheinlichkeitsverteilungen unterstellt werden. Simulationen erfolgen in mehreren Schritten, die im Folgenden dargestellt werden.

▶ Als Teil der Risikoanalyse versucht die **Simulation** eine Wahrscheinlichkeitsverteilung der Outputgröße (zum Beispiel Kapitalwert) aus den unsicheren Inputgrößen abzuleiten.

Eine Simulation wird mithilfe von Computern durchgeführt. Sie besteht aus insgesamt sechs Schritten. Im ersten Schritt erfolgt die Auswahl der als unsicher geltenden Inputgrößen. Diese können die Absatzmenge, der Verkaufspreis und/oder der Kalkulationszinssatz sein. Im zweiten Schritt wird die Wahrscheinlichkeitsverteilung dieser Inputgrößen geschätzt. Bei der Inputgröße Verkaufspreis könnten beispielsweise erst die möglichen Preise ermittelt werden. Es können beispielsweise drei Preise möglich sein, wobei für jeden Preis eine Wahrscheinlichkeit bestimmt wird. Im dritten Schritt werden aus sicheren und unsicheren Inputgrößen die Eingabedaten generiert, die in die Outputgröße, beispielsweise Kapitalwert, eingehen. Ein Zufallsgenerator erzeugt Zufallszahlen für die unsicheren Inputgrößen, beispielsweise für den Preis. Mit den zufällig generierten Daten und den mit Sicherheit bekannten Inputgrößen kann im vierten Schritt eine Outputgröße berechnet werden. Dieser Schritt wird mehrmals wiederholt, um verschiedene Outputgrößen zu erhalten. Anschließend erfolgt im Schritt fünf die Berechnung der relativen Häufigkeiten der Outputgröße aus Schritt vier. Die relativen Häufigkeiten repräsentieren die Wahrscheinlichkeitsverteilung der Zielgröße. Die Schritte drei bis fünf werden solange wiederholt, bis die Wahrscheinlichkeitsverteilung für die Zielgröße relativ stabil ist. Das heißt, bis nur noch unwesentliche Änderungen der Wahrscheinlichkeitsverteilung der Outputgröße vorliegen.

Beispiel

Das Unternehmen Freitag GmbH möchte in eine neue Maschine investieren. Das Risiko der Investition möchte das Unternehmen anhand einer Simulation beurteilen. Es ist mit Sicherheit bekannt, dass die Nutzungsdauer drei Jahre beträgt, der Kalkulationszinssatz 5 % ist und kein Restverkaufserlös entsteht. Die Simulation erfolgt in den folgenden Schritten:

1. Wahl der unsicheren Inputgrößen

Die Outputgröße, welche das Unternehmen betrachten möchte, ist der Kapitalwert. Nun müssen die unsicheren Inputgrößen bestimmt werden, welche den Kapitalwert beeinflussen. Die Freitag GmbH möchte die Inputgrößen Anschaffungskosten (A_0)

und Einzahlungsüberschuss ($E_t - A_t$) untersuchen. Anhand der folgenden Formel ist es ersichtlich, dass die Anschaffungskosten und der Einzahlungsüberschuss den Kapitalwert in seiner Höhe beeinflussen.

$$C_0 = -A_0 + \sum_{t=1}^{n} \frac{E_t - A_t}{(1+i)^t} + \frac{RVE_n}{(1+i)^n}$$

2. Wahrscheinlichkeitsverteilung der Inputgrößen

Im zweiten Schritt werden nun die Wahrscheinlichkeiten der unsicheren Inputgrößen geschätzt. Das heißt, die Freitag GmbH muss abschätzen, wie wahrscheinlich es ist, dass die Anschaffungskosten oder der in den drei Perioden konstante Einzahlungsüberschuss zwischen zwei bestimmten Werten liegen. Das Unternehmen schätzt folgende Wahrscheinlichkeiten für die Inputgrößen Anschaffungskosten (A_0) und Einzahlungsüberschuss ($E_t - A_t$):

Intervall Anschaffungskosten A_0	Intervall konstanter Einzahlungsüberschuss
[5.000 €; 7.000 €]	[4.000 €; 8.000 €]

Das Unternehmen schätzt also, dass der Anschaffungspreis zwischen 5.000 und 7.000 € liegt und dass der Einzahlungsüberschuss zwischen 4.000 und 8.000 € rangiert. Innerhalb der Intervalle geht die Freitag GmbH davon aus, dass die Wahrscheinlichkeiten gleichmäßig verteilt sind. Dass eine Größe also den einen oder anderen Wert annimmt, ist von gleich hoher Wahrscheinlichkeit. Das bedeutet, es ist genauso wahrscheinlich, dass die Anschaffungskosten 5.000 € betragen oder dass diese bei 7.000 € liegen.

3. Bestimmung der unsicheren Inputgrößen

Mithilfe von mehreren Simulationsdurchläufen werden im vierten Schritt per Zufall Werte für die zwei Inputgrößen ausgewählt und in die Kapitalwertformel eingesetzt. Daraus errechnet sich ein bestimmter Kapitalwert. Die Werte der einzelnen Inputgrößen werden dabei nach der Wahrscheinlichkeitsverteilung, die vorher festgelegt wurde, bestimmt. Beispielsweise wählt der Zufallsgenerator für die erste Simulation Anschaffungskosten in Höhe von 6.000 € und einen Einzahlungsüberschuss von 7.000 € aus.

4. Berechnung der Outputgröße aus den unsicheren und sicheren Inputgrößen

Mit den vorhandenen Daten aus der ersten Simulation kann der Kapitalwert wie folgt berechnet werden:

$$C_0 = -6.000 + \frac{7.000}{1,05} + \frac{7.000}{1,05^2} + \frac{7.000}{1,05^3} = 13.062,74 \ €$$

4.1 Methoden des Investitionscontrollings unter Unsicherheit

5. Wahrscheinlichkeitsverteilung der Outputgröße

Wenn nun Schritte drei und vier hinreichend oft wiederholt wird (meist mehrere tausendmal), dann entsteht für den Kapitalwert eine Wahrscheinlichkeitsverteilung, mit der die Vorteilhaftigkeit der Investition gut beurteilt werden kann. Beispielsweise kann man dann die Wahrscheinlichkeit ausrechnen, mit der der Kapitalwert negativ wird.

Fragen zur Lernkontrolle

1. Gegeben sei die folgende Ergebnismatrix für ein Investitionsprojekt:

	U_1 $w_1=0,4$	U_2 $w_2=0,4$	U_3 $w_3=0,2$
Alternative 1	70 Mio. €	50 Mio. €	–30 Mio. €
Alternative 2	60 Mio. €	30 Mio. €	20 Mio. €

a. Berechnen Sie die Erwartungswerte beider Alternativen.
   - □ $\mu_1=38; \mu_2=35$
   - □ $\mu_1=40; \mu_2=38$
   - □ $\mu_1=42; \mu_2=40$
   - □ $\mu_1=44; \mu_2=45$

b. Wie hoch ist die Standardabweichung beider Alternativen?
   - □ $\sigma_1=33,87; \sigma_2=10,87$
   - □ $\sigma_1=35,78; \sigma_2=15,74$
   - □ $\sigma_1=37,09; \sigma_2=16,73$
   - □ $\sigma_1=40,67; \sigma_2=18,98$

c. Welche Alternative würde ein risikofreudiger Entscheider anhand der Werte der Standardabweichung wählen?
   - □ Alternative 1
   - □ Alternative 2

2. Geben Sie an, ob die folgende Aussage richtig oder falsch ist.
   „Von der Entscheidung unter Risiko wird dann gesprochen, wenn die Umweltzustände, die eintreten können, und ihre Eintrittswahrscheinlichkeiten bekannt sind."
   - □ Richtig
   - □ Falsch

3. Folgende Ergebnismatrix sei gegeben:

Ergebnismatrix	U_1 $w_1=0,5$	U_2 $w_2=0,4$	U_3 $w_3=0,1$
Alternative 1	10	60	20
Alternative 2	20	10	80
Alternative 3	50	40	60

a. Wie hoch sind die Bernoulli-Nutzenwerte dieser Alternativen? Unterstellen Sie dabei folgende Bernoulli-Nutzenfunktion: $u_{ij} = \sqrt{e_{ij}}$
   - ☐ $B_{A1}=3{,}87$; $B_{A2}=4{,}23$; $B_{A3}=5{,}12$
   - ☐ $B_{A1}=4{,}25$; $B_{A2}=4{,}30$; $B_{A3}=5{,}67$
   - ☐ $B_{A1}=5{,}13$; $B_{A2}=4{,}40$; $B_{A3}=6{,}84$
   - ☐ $B_{A1}=5{,}98$; $B_{A2}=4{,}90$; $B_{A3}=6{,}99$

b. Welche Alternative würde ein risikoaverser Entscheidungsträger wählen?
   - ☐ Alternative 1
   - ☐ Alternative 2
   - ☐ Alternative 3

4. Ein Investitionsprojekt hat folgende Daten:

Anschaffungsauszahlung A_0	9.500 €
Einzahlungsüberschuss $E_t - A_t$	2.000 €
Kalkulationszinssatz i	6 %
Nutzungsdauer n	3 Jahre
Restverkaufserlös RVE_n	8.000 €

Auf welchen Wert darf die Inputgröße „Einzahlungsüberschuss" sinken, ohne dass die Vorteilhaftigkeit eines Investitionsprojekts gefährdet wird?
- ☐ 987,87 €
- ☐ 1.009,45 €
- ☐ 1.022,56 €
- ☐ 1.042,34 €

5. Das Unternehmen Regenjacke AG hat im Rahmen einer Szenarioanalyse folgende Informationen vorliegen:

Variable	Bestes Szenario	Basisszenario	Schlechtestes Szenario
Marktgröße	15.000	10.000	5.000
Marktanteil	20 %	10 %	5 %

4.2 Projektlaufzeitentscheidungen

Variable	Bestes Szenario	Basisszenario	Schlechtestes Szenario
Preis	1,8 Mio. €	1,5 Mio. €	1 Mio. €
Variable Kosten pro Anlage	0,3 Mio. €	0,5 Mio. €	0,7 Mio. €
Fixkosten pro Jahr	800 Mio. €	950 Mio. €	1.100 Mio. €
Investitionskosten	2.000 Mio. €	2.100 Mio. €	2.200 Mio. €

Der Kalkulationszinssatz beträgt 8 %, die Nutzungsdauer drei Jahre.
Führen Sie mithilfe dieser Daten eine Szenarioanalyse durch. Wie hoch sind die jeweiligen Kapitalwerte für die drei Szenarien?

☐ $C_{0(positiv)} = 7.278{,}46$ €; $C_{0(Basis)} = -1.561{,}87$ €; $C_{0(negativ)} = -4.564{,}76$ €
☐ $C_{0(positiv)} = 7.355{,}95$ €; $C_{0(Basis)} = -1.741{,}45$ €; $C_{0(negativ)} = -4.591{,}25$ €
☐ $C_{0(positiv)} = 7.525{,}34$ €; $C_{0(Basis)} = -1.863{,}56$ €; $C_{0(negativ)} = -4.625{,}89$ €
☐ $C_{0(positiv)} = 7.535{,}27$ €; $C_{0(Basis)} = -1.971{,}15$ €; $C_{0(negativ)} = -4.841{,}53$ €

4.2　Projektlaufzeitentscheidungen

Bei den dynamischen Verfahren Kapitalwertmethode, Interne-Zinsfuß-Methode und Annuitätenmethode wird das Ergebnis wesentlich von der zu verwendenden Nutzungsdauer n beeinflusst. Die Nutzungsdauer kann grundsätzlich in drei Arten eingeteilt werden: technische, wirtschaftliche und steuerliche Nutzungsdauer. Die technische Nutzungsdauer beschreibt die technisch mögliche Nutzungsdauer einer Anlage oder Maschine. Ein Oldtimerauto kann gut und gerne eine Nutzungsdauer von einhundert Jahren erreichen. Bei so einem Liebhaberobjekt ist die Frage berechtigt, ob das noch wirtschaftlich ist. Zuverlässige Angaben über die technische Nutzungsdauer sind jedoch meist nur für kurzlebige Anlagen möglich. Bei der wirtschaftlichen Nutzungsdauer wird die Anlage solange genutzt, dass der Gesamtgewinn aus dem Investitionsprojekt maximal ist. Die wirtschaftliche Nutzungsdauer ist höchstens gleich der technischen Nutzungsdauer. Die steuerliche Nutzungsdauer ist durch steuerliche Vorschriften vorgegeben (AfA-Tabellen). Diese ist meist kürzer als die wirtschaftliche oder technische Nutzungsdauer. Die steuerliche Nutzungsdauer von Autos beträgt beispielsweise sechs Jahre, Gebäude werden fünfzig Jahre lang abgeschrieben.

Der Kapitalwert hängt von der vorgegebenen Nutzungsdauer ab. Bei einer kurzen Nutzungsdauer steigen die Einzahlungen normalerweise an, da das mit einer Maschine produzierte Gut erst einmal Marktanteile gewinnen muss, Auszahlungen für Reparaturen sind gering, der Restverkaufserlös ist hoch. Bei einer steigenden Nutzungsdauer ergeben sich Einzahlungsüberschüsse aus zusätzlichen Perioden, die Auszahlungen für Reparaturen steigen, der Restverkaufserlös sinkt. Bei einer sehr langen Nutzungsdauer kann es zu Auszahlungsüberschüssen kommen, da die Reparaturen größer als die Einnahmen sein können. Wie man sieht, ist eine zu kurze Nutzungsdauer nicht optimal, da anfangs die Einzahlungen gering sind. Eine zu lange Nutzungsdauer ist aber auch nicht gut, da mit steigender Lebensdauer einer Maschine die Reparaturkosten stark ansteigen. Optimal ist eine mittlere Nutzungsdauer. In diesem Unterkapitel lernen Sie, wie diese berechnet wird.

Die Kapitalwertmethode, die Berechnung der Annuität und des internen Zinssatzes gehen davon aus, dass die Nutzungsdauer des betrachteten Investitionsobjekts fest vorgegeben ist. Es ist jedoch bei Sachinvestitionen schwierig von einer fest vorgegebenen Nutzungsdauer auszugehen. Wird eine bestimmte Nutzungsdauer unterstellt, gibt man eine Rechnungsgröße vor, die erheblichen Einfluss auf die Vorteilhaftigkeit des Investitionsvorhabens haben kann. Bei einer **Projektlaufzeitentscheidung** wird hingegen die optimale Nutzungsdauer bestimmt. Dabei kann es sich um eine zeitlich begrenzte Sachinvestition handeln, das heißt, dass diese nur einmal erfolgt, oder die Sachinvestition wird mehrmals realisiert, also wiederholt. Bei sich wiederholenden Investitionen kann weiter zwischen sich einmalig wiederholenden, sich mehrmals wiederholenden und den sich unendlich oft wiederholenden Investitionen differenziert werden (vgl. Abb. 4.2).

▶ **Projektlaufzeitentscheidungen** bestimmen die optimale Nutzungsdauer von Sachinvestitionen, wenn diese zeitlich begrenzt sind, das heißt nur einmal erfolgen, und ebenso die optimale Nutzungsdauer von sich wiederholenden Sachinvestitionen.

4.2.1 Optimale Nutzungsdauer bei einmaliger Investition

Eine einmalige Investition bedeutet, dass das Investitionsprojekt nur einmal realisiert wird. Das heißt, hier wird die optimale Nutzungsdauer unter der Annahme untersucht, dass das Investitionsobjekt im Anschluss nicht ersetzt wird. Dies kann beispielsweise bei kundenspezifischen, individuellen Anlagen der Fall sein.

Die optimale Nutzungsdauer lässt sich anhand der Kapitalwertmethode berechnen. Dabei wird der Kapitalwert maximiert. Hierzu wird zu jeder Nutzungsdauermöglich-

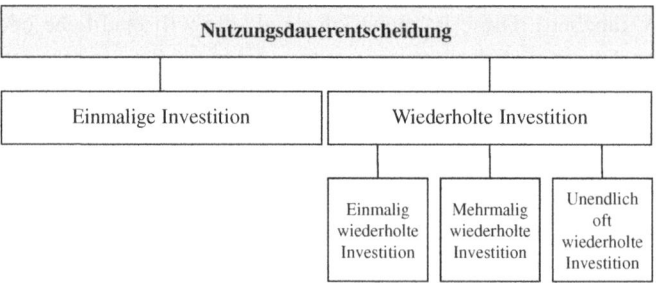

Abb. 4.2 Übersicht Nutzungsdauerentscheidung (Quelle: eigene Darstellung)

4.2 Projektlaufzeitentscheidungen

keit (t_1 bis t_n) der Kapitalwert berechnet. Die optimale Nutzungsdauer ist die Nutzungsdauer, mit der der Kapitalwert sein Maximum erreicht. Die Berechnung erfolgt auf der Annahme, dass die Nutzung des Wirtschaftsguts am Ende der jeweiligen Periode beendet wird und somit ein Restverkaufserlös vorhanden ist.

Dies wird in der Kapitalwertformel wie folgt berücksichtigt:

$$C_0 = \sum_{t=0}^{n} \frac{E_t - A_t}{(1+i)^t} + \frac{RVE_n}{(1+i)^n}$$

Das heißt, bei der Berechnung des Kapitalwerts pro Periode wird auch der Barwert des Restverkaufserlöses miteinbezogen.

> **Beispiel**
> Das Unternehmen Schneckenpost GmbH möchte die optimale Nutzungsdauer einer einmaligen Investition in eine neue Anlage bestimmen. Die Anschaffungsauszahlung der Maschine beträgt 10.000 €, der Kalkulationszinssatz 10 %. Die technische Nutzungsdauer beträgt drei Jahre. Der Investition werden folgende Zahlungsreihen zugeordnet.

	t_0	t_1	t_2	t_3
Auszahlungen (in €)	−10.000			
Einzahlungsüberschuss (in €)		3.000	2.600	2.300
Restverkaufserlös (in €)	10.000	8.500	7.250	6.000

Um die optimale Nutzungsdauer zu ermitteln, wird nun für jede Periode der Kapitalwert des Investitionsobjekts bestimmt und anschließend verglichen (außer dem Abzinsungsfaktor sind alle Werte in €):

Jahr	Einzahlungsüberschuss ($E_t - A_t$)	RVE_n	Abzinsungsfaktor $(1+i)^{-t}$	Barwert ($E_t - A_t$)	Barwert RVE_n	Kapitalwert C_0
0	−10.000	10.000	1,000	−10.000	10.000	0
1	3.000	8.500	0,9091	2.727	7.727	454,55
2	2.600	7.250	0,8264	2.149	5.992	867,77
3	2.300	6.000	0,7513	1.728	4.508	1.111,95

Alternativ kann der Kapitalwert auch mit der Formel berechnet werden:

$$C_0(t_0) = \frac{-10.000}{(1+0,1)^0} + \frac{10.000}{(1+0,1)^0} = 0 \text{ €}$$

$$C_0(t_1) = -10.000 + \frac{11.500}{(1+0,1)^1} = -10.000 + 10.454,55 = 454,55 \text{ €}$$

$$C_0(t_2) = -10.000 + \frac{3.000}{1,1^1} + \frac{9.850}{(1=0,1)^2} = 867,77 \:€$$

$$C_0(t_3) = -10.000 + \frac{3.000}{1,1^1} + \frac{2.600}{1,1^2} + \frac{8.300}{1,1^3} = 1.111,95 \:€$$

Die optimale Nutzungsdauer für die neue Anlage beträgt drei Jahre, da der Kapitalwert des Investitionsobjekts mit 1.111,95 € am höchsten ist, wenn die neue Anlage drei Jahre betrieben wird.

4.2.2 Optimale Nutzungsdauer bei einmalig wiederholter Investition

Bei einer einmaligen Investition wird davon ausgegangen, dass das Investitionsobjekt nach der Nutzung nicht mehr ersetzt wird. In der Praxis ist es jedoch häufig der Fall, dass Anlagen nach Ablauf ihrer Nutzungsdauer ausgetauscht werden. Wird eine Investition einmalig wiederholt, so entspricht die optimale Nutzungsdauer der Investition, dessen Gesamtkapitalwert der Investitionskette (Einzelinvestitionsobjekte) am höchsten ist. Von Investitionsketten spricht man bei identischen Wiederholungen einer Investition am Ende ihrer wirtschaftlichen Nutzungsdauer. Das Ende der Nutzungsdauer des Investitionsobjekts fällt dann mit dem Anfang der Nutzung des neuen Investitionsobjekts zusammen.

Bei einer einmalig wiederholten Investition spricht man von der Grundinvestition (Erstinvestitionsobjekt) und der Folgeinvestition (Nachfolgeinvestitionsobjekt). Die Investitionskette in dem Fall zweigliedrig. Hier ist nicht der einzelne höchste Kapitalwert je Investitionsobjekt entscheidend, sondern der maximale Kapitalwert der Investitionskette. Da die Folgeinvestition nicht von einem neuen Investitionsobjekt ersetzt ist, die Investitionskette also bei diesem Objekt endet, kann der maximale Kapitalwert dieses Investitionsobjekts und somit die optimale Nutzungsdauer mit der Kapitalwertmethode bestimmt werden. Da jedoch die Grundinvestition durch die Folgeinvestition ersetzt wird, muss bei der Berechnung eine weitere Komponente mitberücksichtigt werden. Der Kapitalwert des Gesamtprojekts (Grund- und Folgeinvestition) hängt von der Laufzeit der Grundinvestition und der Folgeinvestition ab. Tatsache ist, dass je länger die Nutzungsdauer der Grundinvestition ist, desto später beginnt die Nutzung der Folgeinvestition. Da die Grundinvestition durch die Folgeinvestition ersetzt wird, spricht man auch von dem optimalen Ersatzzeitpunkt.

Die optimale Nutzungsdauer wird nun ermittelt, indem für jede Nutzungsdaueralternative der Grundinvestition der Kapitalwert der Investitionskette berechnet wird. Der Kapitalwert der Investitionskette entspricht dabei dem Kapitalwert der Grundinvestition

4.2 Projektlaufzeitentscheidungen

und dem Kapitalwert der Folgeinvestition, welcher auf den Planungsbeginn abgezinst wird. Die optimale Nutzungsdauer bei einmalig wiederholter Investition hat den Effekt, dass sich die optimale Nutzungsdauer der Grundinvestition bei identischen Folgeinvestitionen verkürzt oder allenfalls gleichbleibt.

Die einzelnen Schritte der Berechnung werden nachfolgend erläutert:

Berechnung der optimalen Nutzungsdauer der Folgeinvestition
Im ersten Schritt werden die Kapitalwerte der Folgeinvestition für die Nutzungsdauer 1, 2, ..., n_2 Jahre berechnet. Die Formel kennen wir bereits:

$$C_{0n}^2 \sum_{t=0}^{n_2} \frac{E_t^2 - A_t^2}{(1+i)^t} + \frac{RVE_{n_2}^2}{(1+i)^{n_2}}$$

Aus den Ergebnissen wird die Nutzungsdauer n_2 ausgewählt, bei der der Kapitalwert der Folgeinvestition C_{02} maximal ist.

Bei der Berechnung entspricht n_1 der optimalen Nutzungsdauer der Grundinvestition und n_2 der optimalen Nutzungsdauer der Folgeinvestition. Aus der optimalen Nutzungsdauer n_2 für die Folgeinvestition ergibt sich der Kapitalwert C_{0max}^2 für Folgeinvestition. Der Kapitalwert C_{0max}^2 der Folgeinvestition geht als Einzahlungsüberschuss in die Kapitalwertberechnung der Grundinvestition ein. Der Kapitalwert fällt in der letzten Periode der Nutzungsdauer der Grundinvestition an, da das Folgeprojekt direkt im Anschluss an das Ende der Grundinvestition startet.

$$C_{0n}^g = C_0^1(n_1) + \frac{C_{0max}^2}{(1+i)^{n_1}}$$

Berechnung des optimalen Ersatzzeitpunkts der Grundinvestition
Im zweiten Schritt werden die Kapitalwerte der Gesamtinvestition für die Nutzungsdauer 1, 2, ..., n_1 Jahre berechnet. Dabei wird die optimale Nutzungsdauer der Folgeinvestition mitberücksichtigt. Hierauf folgt die Wahl der optimale Nutzungsdauer n_1 der Grundinvestition, sodass der Kapitalwert des Gesamtprojekts maximal ist.

$$C_{0n}^g = \sum_{t=0}^{n_1} \frac{E_t^1 - A_t^1}{(1+i)^t} + \frac{RVE_{n_1}^1}{(1+i)^{n_1}} + \frac{C_{0max}^2}{(1+i)^{n_1}}$$

Wobei gilt:

C_{0n}^g Kapitalwert des Gesamtptojekts

$\sum_{t=0}^{n_1} \frac{E_t^1 - A_t^1}{(1+i)^t} + \frac{RVE_{n_1}^1}{(1+i)^{n_1}}$ Kapitalwert Grundinvestition

$\frac{C_{0max}^2}{(1+i)^{n_1}}$ abgezinster Kapitalwert der Folgeinvestition

> **Beispiel**
> Die Schneckenpost GmbH möchte die neu angeschaffte Maschine zum optimalen Zeitpunkt durch eine neue ersetzen. Es wird angenommen, dass die Zahlungsströme beider Investitionen identisch sind und wie folgt aussehen:

	t_0	t_1	t_2	t_3
Auszahlungen (in €)	−10.000			
Einzahlungsüberschuss (in €)		3.000	2.600	2.300
Restverkaufserlös (in €)	10.000	8.500	7.250	6.000

Der optimale Ersatzzeitpunkt der Grundinvestition wird nun folgendermaßen ermittelt (außer dem Abzinsungsfaktor sind alle Werte in €):

Jahr	Einzahlungsüberschuss $(E_t - A_t)$	RVE_n	Abzinsungsfaktor $(1+i)^{-t}$	Barwert $(E_t - A_t)$	Barwert RVE_n	Kapitalwert C_0	C^2_{0max}	Barwert	C_{0g}
0	−10.000	10.000	1,0000	−10.000	10.000	0	1.112	1.112	1.111,95
1	3.000	8.500	0,9091	2.727	7.727	454,55	1.112	1.011	1.465,41
2	2.600	7.250	0,8264	2.149	5.992	867,77	1.112	919	1.786,73
3	2.300	6.000	0,7513	1.728	4.508	1.111,95	1.112	835	1.947,37

Da wir bereits wissen, dass die optimale Nutzungsdauer der Grundinvestition bei drei Jahren lag und die Folgeinvestition identisch ist, kann der maximale Kapitalwert der Folgeinvestition C^2_{0max} ebenfalls bei 455 festgelegt werden. Dieser wird mit dem Abzinsungsfaktor jeder Periode multipliziert, sodass der Barwert des Kapitalwerts der Folgeinvestition ermittelt wird. Der Kapitalwert des Gesamtprojekts ist dann die Summe aus dem ermittelten Kapitalwert der Grundinvestition und der Folgeinvestition, welche auf den Planungsbeginn abgezinst wurde. Auch dieses Beispiel zeigt, dass die optimale Nutzungsdauer der Grundinvestition bei drei Jahren liegt. Damit ergibt sich ein maximaler Kapitalwert der Gesamtinvestition von 1.947 €.

4.2.3 Optimale Nutzungsdauer bei mehrmaligen identischen Investitionen

Der Effekt der kürzeren optimalen Nutzungsdauer der Anfangsinvestition kann auch auf die Nutzungsdauer bei mehrmaligen identischen Investitionen übertragen werden. Ist die Investitionskette endlich, ist die optimale Nutzungsdauer desto länger, je später die Investition in der Investitionskette erfolgt. Also ist die Nutzungsdauer jeder Folgeinvestition länger als der vorangegangenen Investition und somit auch kürzer als der darauffolgenden identischen Investition. Oder umgekehrt formuliert: Die optimale Nutzungsdauer eines Investitionsobjekts ist umso kürzer, je mehr identische Folgeinvestitionen folgen.

4.2.4 Optimale Nutzungsdauer bei unendlich oft wiederholten Investitionen

Unendlich oft wiederholte Investitionen haben auch unendlich viele Folgeinvestitionen. Die Berechnung der optimalen Nutzungsdauer bei unendlich oft wiederholten Investitionen erfolgt durch die Annuitätenmethode. Eine Annuität ist ja eine konstante Zahlung, die in jedem Jahr der Projektlaufzeit erfolgen kann. Die optimale Nutzungsdauer jedes einzelnen Investitionsobjekts wird so bestimmt, dass diejenige Nutzungsdauer genommen wird, bei der die Annuität das Maximum erreicht. Das bedeutet, es wird die Nutzungsdauer mit der höchsten Entnahmemöglichkeit ermittelt. Dieses Projekt mit der optimalen Nutzungsdauer kann unendlich oft wiederholt werden, sodass die ermittelte maximale Annuität auch unendlich lang ausbezahlt werden kann.

Beispiel
Die Schneckenpost GmbH plant die oben beschriebene Anlage unendlich oft zu bauen. Hier nochmals die Ein- und Auszahlungsdaten:

	t_0	t_1	t_2	t_3
Auszahlungen (in €)	−10.000			
Einzahlungsüberschuss (in €)		3.000	2.600	2.300
Restverkaufserlös (in €)	10.000	8.500	7.250	6.000

Im vorherigen Beispiel haben wir bereits die einzelnen Kapitalwerte pro Periode ermittelt. Die Kapitalwerte betragen:

$$C_0(t_1) = -10.000 + \frac{11.500}{(1+0,1)^1} = -10.000 + 10.454,55 = 454,55 \text{ €}$$

$$C_0(t_2) = -10.000 + \frac{3.000}{1,1^1} + \frac{9.850}{(1+0,1)^2} = 867,77 \text{ €}$$

$$C_0(t_3) = -10.000 + \frac{3.000}{1,1^1} + \frac{2.600}{1,1^2} + \frac{8.300}{1,1^3} = 1.111,95 \text{ €}$$

Basierend auf diesen werden nun die Annuitäten für jede Nutzungsdauer berechnet. Wir erinnern uns, dass die Formel der Annuitätenberechnung die folgende war:

$$\text{Annuität} = C_0 \cdot \frac{i \cdot (1+i)^n}{(1+i)^n - 1}$$

Die Annuitäten der einzelnen Perioden sind demnach:

$$A_{t_1} = C_{0(t_1)} \cdot \frac{i \cdot (1+i)^n}{(1+i)^n - 1} = 454,55 \cdot \frac{0,1 \cdot (1+0,1)}{(1+0,1) - 1} = 500,00 \,\text{€}$$

$$A_{t_2} = C_{0(t_2)} \cdot \frac{i \cdot (1+i)^n}{(1+i)^n - 1} = 867,77 \cdot \frac{0,1 \cdot (1+0,1)^2}{(1+0,1)^2 - 1} = 500,00 \,\text{€}$$

$$A_{t_3} = C_{0(t_3)} \cdot \frac{i \cdot (1+i)^n}{(1+i)^n - 1} = 1.111,95 \cdot \frac{0,1 \cdot (1+0,1)^3}{(1+0,1)^3 - 1} = 447,13 \,\text{€}$$

Die höchste Annuität ist im ersten Jahr und im zweiten Jahr gleich hoch. Das heißt, die optimale Nutzungsdauer ist sowohl ein als auch zwei Jahre. Der Entscheider ist indifferent.

Fragen zur Lernkontrolle

1. Das Unternehmen Tunnel GmbH möchte die optimale Nutzungsdauer einer einmaligen Investition in eine neue Betonmischanlage bestimmen. Die Anschaffungsauszahlung der Anlage beträgt 15.000 €, der Kalkulationszinssatz 8 %. Die technische Nutzungsdauer beträgt drei Jahre. Der Investition werden folgende Zahlungsreihen zugeordnet.

	t_0	t_1	t_2	t_3
Auszahlungen (in €)	−15.000			
Einzahlungsüberschuss (in €)		2.000	2.000	3.000
Restverkaufserlös (in €)	15.000	12.000	10.000	8.000

Wie hoch ist die optimale Nutzungsdauer dieser Anlage?

☐ 0 Jahre
☐ 1 Jahr
☐ 2 Jahre
☐ 3 Jahre

2. Welche Aussagen über Projektlaufzeitentscheidungen treffen zu?
   ☐ Die Berechnung der optimalen Nutzungsdauer bei unendlich oft wiederholten Investitionen erfolgt durch die Annuitätenmethode.
   ☐ Die optimale Nutzungsdauer lässt sich anhand der Kapitalwertmethode berechnen. Es wird die Nutzungsdauer mit dem niedrigsten Kapitalwert gewählt.

4.2 Projektlaufzeitentscheidungen 111

□ Ist die Investitionskette endlich, ist die optimale Nutzungsdauer jeder Folgeinvestition länger als der vorangegangenen Investition und somit auch kürzer als der darauffolgenden identischen Investition.
□ Bei einmalig wiederholter Investition ist die optimale Nutzungsdauer der Grundinvestition länger als die optimale Nutzungsdauer der Folgeinvestition.

3. Gegeben seien folgende periodenabhängige Kapitalwerte einer unendlich oft wiederholten Investition mit einer technischen Nutzungsdauer von drei Jahren:

$C_{0(t1)} = 2.000$
$C_{0(t2)} = 5.000$
$C_{0(t3)} = 3.000$

Der Kalkulationszinssatz beträgt 8 %. Berechnen Sie die optimale Nutzungsdauer anhand der Annuitätenmethode.

□ 0 Jahre
□ 1 Jahr
□ 2 Jahre
□ 3 Jahre

4.3 Unternehmensbewertung

Wenn Unternehmensteile oder ganze Unternehmen verkauft werden, liegt ein besonderer Fall der Investition bzw. Desinvestition vor. Da der Unternehmenswert nicht einfach irgendwo abzulesen ist, muss das Unternehmen mit betriebswirtschaftlichen Methoden bewertet werden. Bei börsennotierten Unternehmen kann der Marktpreis durch die Multiplikation des Aktienkurses mit den ausstehenden Aktien ermittelt werden. Bei Unternehmen, welche nicht an der Börse vertreten sind, gestaltet sich die Ermittlung dagegen um einiges schwieriger. Die **Unternehmensbewertung** dient dazu, den ungefähren Wert eines Unternehmens zu bestimmen. Unternehmen werden nicht nur bei Käufen oder Verkäufen bewertet. Die Ermittlung des Werts eines Unternehmens ist auch bei Fusionen, Ausscheiden von Gesellschaftern, Verhandlungen mit Banken etc. üblich. Natürlich wird ein Verkäufer den höchstmöglichen Preis erzielen wollen, während der Käufer möglichst wenig zahlen möchte. Ein objektiver Wert eines Unternehmens existiert nicht. Die Unternehmensbewertung hilft, einen Kompromiss zwischen den Parteien zu finden und einen möglichst präzisen Wert zu liefern.

▶ Die **Unternehmensbewertung** dient dazu, den ungefähren Wert eines Unternehmens zu bestimmen.

4.3.1 Bewertungsanlässe

Für die Bewertung von Unternehmen gibt es diverse Anlässe. Diese können in zwei Hauptkategorien eingeteilt werden: transaktionsbezogene Anlässe und nicht-transaktionsbezogene Anlässe.

Transaktionsbezogene Anlässe umfassen eine Änderung der bestehenden Eigentumsverhältnisse. Dies geschieht beispielsweise beim Kauf oder Verkauf von Unternehmen oder Unternehmensteilen, Fusionen oder Enteignungen. Bei dieser Art der Unternehmensbewertung müssen zwei Situationen auseinandergehalten werden: dominierte Konfliktsituationen und nicht dominierte Konfliktsituationen.

Wird eine Transaktion von einer Partei dominiert (dominierte Konfliktsituation), dient die Unternehmensbewertung dazu, die dominierte Partei durch eine neutrale Bewertung des Werts des Unternehmens zu schützen. Subjektive Einschätzungen werden außer Acht gelassen. Der Bewerter des Unternehmens agiert als vermittelnde Person zwischen den Parteien und der von ihm ermittelte Unternehmenswert wird auch als Schiedswert bezeichnet.

Wird eine Transaktion jedoch von zwei gleichberechtigten Parteien durchgeführt, spricht man von einer nicht dominierten Konfliktsituation. Die Transaktion wird durch Verhandlungen begleitet. Dabei werden für den Käufer und den Verkäufer die Grenzwerte für den maximalen bzw. minimalen Kaufpreis ermittelt. Hier spielen auch subjektive Einschätzungen über das Unternehmen eine wichtige Rolle. Das Ergebnis der Unternehmensbewertung ist in einem solchen Fall eine Hilfestellung zur Ermittlung des Preises. Die ermittelten Werte werden auch als Argumentationswerte bezeichnet.

Bei nicht-transaktionsbezogenen Anlässen werden die Eigentumsverhältnisse nicht verändert. Dazu zählen:

- Kreditwürdigkeitsprüfungen
- Steuerbemessung
- Sanierung
- Konkurs

4.3.2 Bewertungsverfahren

Jede Unternehmensbewertung beginnt mit der Beschaffung von ausreichend Daten- und Informationsmaterial über das betreffende Unternehmen. Nach der Beurteilung und Analyse der Unterlagen können unterschiedliche Bewertungsmethoden zur Ermittlung des Unternehmenswerts herangezogen werden. Je nachdem welches Verfahren gewählt wird, werden unterschiedliche Ergebnisse ermittelt. Unternehmensbewertungsmethoden können in der Regel in Gesamtbewertungsverfahren, Einzelbewertungsverfahren und Mischverfahren eingeteilt werden.

4.3.2.1 Gesamtbewertungsverfahren
Gesamtbewertungsverfahren erfassen in ihrer Bewertung das Unternehmen als Gesamteinheit und zwar in Hinsicht auf ihre zukünftige Leistungserbringung. Verfahren, welche

4.3 Unternehmensbewertung

eine Gesamtbewertung vornehmen, sind die Ertragswertmethode, die Discounted-Cashflow-Methode und das Vergleichsverfahren.

Ertragswertmethode
Die **Ertragswertmethode** nutzt die Daten der Gewinn- und Verlustrechnung. Der entscheidende Punkt bei der Ertragswertmethode ist, wie hoch die zukünftigen Erträge eines Unternehmens sind, die durch das investierte Kapital in Höhe des Kaufpreises erwirtschaftet werden. Das heißt, der ermittelte Kaufpreis darf nicht höher ausfallen als der Barwert der zu erwartenden Gewinne. Basierend auf der Plan-Gewinn- und Verlustrechnung und der daraus resultierenden diskontierten Einzahlungsüberschüsse wird der Wert des Eigenkapitals zum Berechnungsstichtag ermittelt. Bei der Berechnung des Unternehmenswertes durch die Ertragswertmethode werden auch alternative Anlagen mit vergleichbarem Risiko in Betracht gezogen. Somit soll ein Wert ermittelt werden, der benötigt wird, damit der durch das Unternehmen erwirtschaftete Gewinn eine adäquate Verzinsung für den betrachteten Zeitraum darstellt.

Die Ertragswertmethode (in Form der Netto-Methode) geht von Auszahlungen an die Eigentümer aus. Daher ist die Ausschüttungspolitik von besonderer Bedeutung, wobei meist von einer Vollausschüttung ausgegangen wird. Der Ertragswert ist der Barwert der zukünftigen Zahlungsströme an die Eigentümer. Die Formel dafür lautet:

$$\text{Ertragswert} = \sum_{t=1}^{n} \frac{G_t}{(1+k)^t}$$

Wobei gilt:

G_t Gewinn in t
k   Kapitalkostensatz

Der Gewinn G_t wird berechnet als Jahresüberschuss, also als Gewinn nach Steuern (EAT, Earnings after Tax) der jeweiligen Periode t. Als Kapitalkostensatz dient der Eigenkapitalkostensatz, also die Mindestverzinsung, welche von den Eigentümern gefordert wird und somit vom Unternehmen erwirtschaftet werden muss.

Der Kapitalkostensatz besteht meist aus einem risikolosen Basiszinssatz und einem Risikoaufschlag. Er wird bei börsennotierten Unternehmen auf Basis des Capital Asset Pricing Models (CAPM) berechnet. Bei nicht-börsennotierten Unternehmen erhöht man den risikolosen Basiszinssatz um einen Risikoaufschlag von ein paar Prozentpunkten – oft wird hier ein branchenüblicher Risikoaufschlag verwendet.

Der zu erwartende Gewinn wird auf Basis der Vergangenheitswerte geschätzt. Zuerst werden die Betriebserträge der letzten Jahre ermittelt, welche um betriebsfremde, außergewöhnliche und einmalige Aufwendungen und Erträge korrigiert werden. Diese bereinigten Gewinne dienen als Basis für die Prognose der zukünftigen Gewinne. Im zweiten Schritt wird dieser ermittelte Gewinn mit dem Kapitalkostensatz diskontiert.

Häufig wird unterstellt, dass der zukünftige Gewinn konstant ist. Damit vereinfacht sich die obige Formel zu:

$$\text{Ertragswert} = \frac{G}{k}$$

In der Praxis besteht das Problem, dass der zukünftige Gewinn schlecht prognostiziert werden kann. Deswegen nimmt man häufig den Durchschnitt der bereinigten Gewinne aus der Vergangenheit und unterstellt, dass der künftig zu erwartende Gewinn diesem Durchschnittswert entspricht und dieser Gewinn um eine konstante Wachstumsrate g steigen wird.

Beispiel

Das Unternehmen Huck GmbH soll an einen Konkurrenten veräußert werden. Das Unternehmen hat viele Stammkunden und die Mehrzahl der Lieferantenverträge ist bereits geschlossen worden. Somit können die Erträge relativ sicher bestimmt werden. Zur Vorbereitung der Unternehmensbewertung wurden folgende Zahlen ermittelt.

	t_1	t_2	t_3
Jahresüberschuss (in €)	300.000	450.000	370.000
Außerordentliche Erträge (in €)		20.000	
Außerordentliche Aufwendungen (in €)			10.000
Korrigiertes Betriebsergebnis (in €)	300.000	430.000	380.000

Um den zukünftig zu erwartenden Gewinn zu ermitteln, wird nun ein Durchschnittswert aus dem korrigierten Betriebsergebnis gebildet.

$$\frac{300.000 + 430.000 + 380.000}{3} = 370.000 \, €$$

Nun muss der Kapitalkostensatz ermittelt werden. Der Zinssatz für langjährige Bundesanleihen liegt bei 1,8 %, Der branchenspezifische Risikozuschlag wird auf 7 % geschätzt. Somit beträgt der Kapitalkostensatz 8,8 %.

Mit den ermittelten Werten kann nun der Ertragswert bestimmt werden:

$$\text{Ertragswert} = \frac{G}{k} = \frac{370.000}{0,088} = 4.204.545,50 \, €$$

Der Ertragswert beläuft sich auf insgesamt 4.204.545,50 €.

4.3 Unternehmensbewertung

Discounted-Cashflow-Methode (DCF-Methode)

Die Berechnung des Unternehmenswertes nach der **Discounted-Cashflow-Methode** erfolgt ähnlich wie bei der der Ertragswertmethode. Auch in diesem Fall werden die Einzahlungsüberschüsse auf den Gegenwartswert abgezinst. Der Unterschied besteht jedoch darin, dass bei der DCF-Methode die künftigen Cashflows als Basis dienen. Der Cashflow kann auf unterschiedliche Weisen berechnet. Basis der Berechnung ist die Gewinn- und Verlustrechnung. Einfach ausgedrückt ist der Cashflow die Differenz zwischen den Einzahlungen und Auszahlungen bezogen auf eine bestimmte Periode. Alternativ kann man den Cashflow ausrechnen, indem man den operativen Gewinn nimmt und alle nichtauszahlungswirksamen Erträge abzieht (zum Beispiel Entnahme aus Rücklagen) und nichtauszahlungswirksame Aufwendungen hinzuzählt (zum Beispiel Abschreibungen).

Die künftigen Cashflows werden mit dem steueradjustierten gewichteten Kapitalkostensatz WACC abgezinst, den wir schon in Abschn. 3.2 kennengelernt haben. Dabei geht als Fremdkapitalzins der Nettozinssatz ein. Dabei wird der steuermindernde Effekt der Fremdkapitalzinsen berücksichtigt.

Um den Unternehmenswert mithilfe der DCF-Methode (auf Basis der Brutto-Methode) zu bestimmen, wird der Cashflow auf den Bewertungsstichtag diskontiert.

$$\text{Unternehmenswert} = \sum_{t=1}^{n} \frac{FCF_t}{(1+k)^t} - FK$$

Dabei gilt:

FCF_t Free Cashflow in t
k   Kapitalkostensatz
FK   Marktwert des Fremdkapitals

Wird wieder angenommen, dass der Cashflow in Zukunft konstant ist, ergibt sich folgende Formel:

$$\text{Unternehmenswert} = \frac{FCF}{k} - FK$$

Bei der hier vorgestellten Discounted-Cashflow-Methode werden zuerst die freien Cashflows (Free Cash Flow; vgl. Tab. 4.3) ermittelt. Der freie Cashflow wird berechnet, indem man zu dem Jahresüberschuss die Fremdkapitalzinsen, die Abschreibungen, die Rückstellungen und die Verringerung des Working Capital hinzuzählt und die getätigten Investitionen, die Erhöhung des Working Capital und die Unternehmensteuerersparnis wegen anteiliger Fremdkapitalfinanzierung subtrahiert.

Diese freien Cashflows werden anschließend diskontiert und aufsummiert. Somit erhält man den Wert des unverschuldeten Unternehmens. Dann wird von diesem Gesamtunternehmenswert das bewertete Fremdkapital abgezogen. Somit ergibt sich der

Tab. 4.3 Berechnung des freien Cashflows (Quelle: eigene Darstellung)

	Jahresüberschuss
+	Fremdkapitalzinsen
+	Abschreibungen
+	Rückstellungen
+	Verringerung Working Capital
–	Erhöhung Working Capital
–	Investitionen
–	Unternehmensteuerersparnis infolge der Abzugsfähigkeit der Fremdkapitalzinsen (Tax Shield)
	Free Cashflow

Eigenkapitalwert als der eigentlicher Wert des Unternehmens aus Sicht der Eigentümer. Dieser Eigenkapitalwert wäre zum Beispiel ein Käufer bereit zu zahlen.

> **Beispiel**
>
> Das Unternehmen Pizza GmbH erwartet in Zukunft konstante freie Cashflows in Höhe von 5.000. Der Kapitalkostensatz soll 10 %, der Marktwert des Fremdkapitals 10.000 € betragen. Wie viel ist das Unternehmen heute wert? Da die Cashflows konstant sind, kann die folgende Formel zur Berechnung des Unternehmenswerts herangezogen werden:
>
> $$\text{Unternehmenswert} = \frac{\text{FCF}}{k} - \text{FK} - 10.000 = 40.000\ €$$
>
> Der heutige Unternehmenswert der Pizza GmbH beträgt 40.000 €.

Vergleichsverfahren

Vergleichsverfahren umfassen unter anderem das Multiplikatorenverfahren oder der Ansatz vergleichbarer Unternehmen (Comparative Company Approach, CCA). Das Multiplikatorenverfahren orientiert sich an den sogenannten Multiplikatoren (Multiples) und versucht den Wert eines Unternehmens anhand bereits vorhandener Marktdaten vergleichbarer Unternehmens zu bestimmen. Der Unternehmenswert ist bei dieser Methode das Produkt aus einer Erfolgsgröße und einem branchenspezifischen Multiplikator. Als Erfolgsgröße kann der Umsatz, der operative Gewinn, der Jahresüberschuss, der Cashflow, aber auch das EBITDA verwendet werden. Diese Methode eignet sich überwiegend für kleinere und mittlere Unternehmen. Es ergibt sich also die folgende Formel, um den Unternehmenswert zu berechnen:

4.3 Unternehmensbewertung

Unternehmenswert $= EG \cdot M - FK$
Wobei gilt:

EG   Erfolgsgröße
M   Multiplikator
FK   Marktwert des Fremdkapitals

Beispiel

Das Versandhaus Onlinekauf GmbH hat im letzten Geschäftsjahr folgende Ergebniszahlen erzielt:

Umsatz: 50.000 €
EBITDA: 5.500 €
EBIT: 4.300 €
Jahresüberschuss: 2.100 €

Der Fremdkapitalbestand belief sich auf 3.900 €.
Die durchschnittlichen Multiplikatoren vergleichbarer Unternehmen sehen wie folgt aus:

Umsatz: 0,58
EBITDA: 4,53
EBIT: 9,94
Jahresüberschuss: 14,62

Mithilfe dieser Daten kann der Unternehmenswert nun berechnet werden, indem die Erfolgsgrößen mit dem jeweiligen Multiplikator multipliziert werden und das Fremdkapital vom Ergebnis abgezogen wird. Die Tabelle fasst die Berechnungen zusammen:

Erfolgsgröße	Wert der Erfolgsgröße (in €)	Multiplikator	Marktwert des Fremdkapitals (in €)	Unternehmenswert (in €)
Umsatz	50.000	0,58	3.900	25.100
EBITDA	5.500	4,53	3.900	21.015
EBIT	4.300	9,94	3.900	38.842
Jahresüberschuss	2.100	14,62	3.900	26.802

Laut Multiplikatormethode schwankt also der Unternehmenswert zwischen 21.015 € und 38.842 €. Diese beiden Werte können als Eckdaten für Verkaufsverhandlungen bzw. Kaufverhandlungen dienen.

Der Ansatz vergleichbarer Unternehmen (Comparative Company Approach) orientiert sich bei der Ermittlung des Unternehmenswerts an den konkreten und tatsächlich realisierten Transaktionspreisen vergleichbarer Unternehmen. Dieser Ansatz kann in drei Arten unterteilt werden. Beim Similar Public Company Approach werden die Preise aus börsennotierten Unternehmen abgeleitet. Wohingegen bei der Recent Acquisition Method der Vergleichspreis auf kürzlich abgeschlossenen Akquisitionen basiert. Schließlich werden auch Preise von erstmaligen Börsenplatzierungen zur Ermittlung des Unternehmenswerts herangezogen (Initial Public Offering Method).

4.3.2.2 Einzelbewertungsverfahren

Einzelbewertungsverfahren setzten den Fokus auf die Bewertung von einzelnen Unternehmenskomponenten, anstatt das Unternehmen als Ganzes zu betrachten. Das gängigste Verfahren dieser Art ist das Substanzwertverfahren.

Substanzwertverfahren

Das **Substanzwertverfahren** verfolgt den Denkansatz, dass der Unternehmenswert auf der Bewertung der Unternehmenssubstanz basiert. Die Unternehmenssubstanz setzt sich dabei aus den einzelnen Vermögensgegenständen zusammen. Im Gegensatz zum Gesamtbewertungsverfahren betrachtet das Substanzwertverfahren ein Unternehmen als die Summe seiner Einzelteile (Einzelbewertung). Als Basis für die Bewertung dient die Bilanz. Der Unternehmenswert ist das Vermögen der Bilanz, welches neu bewertet und um stille Reserven korrigiert wird. Zudem werden die zum Nennwert bewerteten Verbindlichkeiten des Unternehmens abgezogen. Die Substanzwertmethode berücksichtigt nicht die zukünftige wirtschaftliche Entwicklung des Unternehmens.

Substanzwert = Vermögenswert – Schulden

Die Werte für die Substanz des Unternehmens können nicht der Bilanz entnommen werden. Maßgeblich ist der aktuelle Marktwert der Vermögensgegenstände. Der Substanzwert ist theoretisch der Betrag, der aufgewendet werden müsste, wenn man das Unternehmen reproduzieren würde. Der Substanzwert wird deshalb auch als Reproduktionswert bezeichnet.

Beim Substanzwertverfahren wird entweder der Teilreproduktionswert oder aber der Vollreproduktionswert ermittelt. Wenn bei der Berechnung des Substanzwerts nur materielle Vermögensgegenstände berücksichtigt werden, so spricht man vom Teilreproduktionswert. Werden jedoch auch immaterielle Bilanzpositionen wie Goodwill oder Patente berücksichtigt, spricht man vom Vollreproduktionswert, wobei immaterielle Vermögensgegenstände schwer zu bewerten sind.

Tab. 4.4 veranschaulicht den Zusammenhang zwischen Teil- und Vollreproduktionswert.

Das Substanzwertverfahren unterteilt das materielle Vermögen des Unternehmens in betriebsnotwendiges und nicht-betriebsnotwendiges Vermögen. Das betriebsnotwendige Vermögen wird dabei mit dem Wiederbeschaffungswert bewertet, während das nicht-betriebsnotwendige Vermögen sich an erzielbaren Marktpreisen oder Liquidationswerten aus dem Verkauf dieses Vermögens orientiert.

4.3 Unternehmensbewertung

Tab. 4.4 Berechnung des Teil- und Vollreproduktionswerts (Quelle: eigene Darstellung)

	Wiederbeschaffungswerte des betriebsnotwendigen Vermögens
−	Schulden
+	Liquidationswert des nicht-betriebsnotwendigen Vermögens
	Teilreproduktionswert
+	Immaterielle Vermögensgegenstände und Firmenwert
	Vollreproduktionswert

Beispiel

Herr Schmidt möchte sein Unternehmen altersbedingt veräußern. Die vom Käufer zu übernehmenden Vermögensgegenstände und Schulden setzen sich wie folgt zusammen:

	Buchwerte (in €)	Betriebsnotwendige Wirtschaftsgüter (Wiederbeschaffungswert) (in €)
Anlagevermögen		
Grundstück	110.000	330.000
Gebäude	140.000	160.000
Maschinen/Anlagen	130.000	170.000
Fuhrpark	60.000	85.000
Betriebs- und Geschäftsausstattung	50.000	50.000
Immaterielle Wirtschaftsgüter	15.000	15.000
Sonstiges Vermögen		
Rohstoffe	25.000	22.000
Fertige Erzeugnisse	210.000	240.000
Forderungen	300.000	280.000
Vermögenswerte		*1.352.000*
Rückstellungen	65.000	65.000
Verbindlichkeiten aus Darlehen	400.000	400.000
Verbindlichkeiten aus Lieferung und Leistung	300.000	300.000
Sonst. Verbindlichkeiten	150.000	150.000
Rückstellungen und Verbindlichkeiten		*915.000*

Anhand dieser Daten kann nun der Vollreproduktionswert berechnet werden, indem der Vermögenswert um die Rückstellungen und Verbindlichkeiten reduziert wird:

Substanzwert = 1.352.000 − 915.000 = 437.000 €

Es ist zu beachten, dass in dieser Berechnung des Substanzwerts die immateriellen Wirtschaftsgüter in Höhe von 15.000 € mitberücksichtigt wurden. Zieht man diesen Wert jedoch ab, verringert sich der Vermögenswert auf 1.337.000 €. Der Substanzwert beträgt dann abzüglich der Rückstellungen und Verbindlichkeiten 422.000 € betragen. Hier spricht man vom Teilreproduktionswert.

4.3.2.3 Mischverfahren

Mischverfahren kombinieren das Gesamtbewertungsverfahren mit den Einzelbewertungsverfahren. Dazu zählen beispielsweise das Mittelwertverfahren und das Übergewinnverfahren.

Mittelwertverfahren

Das **Mittelwertverfahren** ist ein Mischverfahren und wird auch als Praktikerverfahren bezeichnet. Es wird der Mittelwert (arithmetisches Mittel) zwischen dem Ertragswert und dem Substanzwert berechnet. Als Substanzwert wird gewöhnlich der Teilreproduktionswert genommen. Hier wird zwischen zwei Fällen unterschieden. Ist der Ertragswert größer als der Substanzwert, dann kann der Mittelwert nach der folgenden Formel ermittelt werden:

$$\text{Mittelwert} = \frac{\text{Ertragswert} + \text{Substanzwert}}{2}$$

Der Fall, dass der Ertragswert den Substanzwert übersteigt, trifft vor allem auf innovative, ertragsstarke Unternehmen mit einer gesicherten Marktposition zu. Ist der Ertragswert dagegen kleiner als der Substanzwert, so wird als Unternehmenswert der Ertragswert genommen.

Übergewinnverfahren

Das **Übergewinnverfahren** geht davon aus, dass das eingesetzte Kapital auf lange Sicht gesehen eine Normalverzinsung erwirtschaften soll. Der Betrag, welcher nach Abzug der Normalverzinsungskosten bleibt, wird als Übergewinn bezeichnet. Für diesen Übergewinn ist der Investor bereit, einen Preis zu zahlen. Denn die Nominalverzinsung erhält er ja sowieso auf dem Kapitalmarkt. Der Übergewinn ist die Differenz zwischen tatsächlichem Gewinn und dem Zinsertrag, wenn das betriebsnotwendige Kapital am Kapitalmarkt investiert worden wäre. Das gebundene Kapital wird durch den Substanzwert, genauer gesagt den Teilreproduktionswert, gemessen. Als Gewinn wird der Jahresüberschuss eingesetzt. Insgesamt wird der Übergewinn ermittelt, indem vom zukünftigen Gewinn der Teilreproduktionswert mulitipliziert mit dem Eigenkapitalkostensatz k abgezogen wird. Der Unternehmenswert ist dann der Substanzwert zuzüglich dem aufsummierten und diskontierten Übergewinn. Falls der Übergewinn in Zukunft in konstanter Höhe anfällt, ergibt sich folgende Formel zur Berechnung des Unternehmenswerts:

4.3 Unternehmensbewertung

Unternehmenswert $= SW + \frac{G - SW \cdot k}{k}$

Wobei gilt:

SW Substanzwert (Teilreproduktionswert)
G   Gewinn
k   Kapitalkostensatz

Fragen zur Lernkontrolle

1. Das Unternehmen Flocke AG hat folgende Information bezüglich ihrer Vermögensgegenstände und Schulden vorliegen:

	Betriebsnotwendige Wirtschaftsgüter (Wiederbeschaffungswert) (in €)
Anlagevermögen	650.000
Immaterielle Wirtschaftsgüter	35.000
Sonstiges Vermögen	508.000
Rückstellungen und Verbindlichkeiten	800.000

   Berechnen Sie anhand dieser Daten den Vollreproduktions- und den Teilreproduktionswert des Unternehmens.
   Der Vollreproduktionswert beträgt:
   ☐ 296.000 €
   ☐ 323.000 €
   ☐ 326.000 €
   ☐ 393.000 €
   Der Teilreproduktionswert beträgt:
   ☐ 299.000 €
   ☐ 345.000 €
   ☐ 358.000 €
   ☐ 376.000 €

2. Differenzieren Sie die transaktionsbezogenen Anlässe und die nicht-transaktionsbezogenen Anlässe bei der Unternehmensbewertung.
   _____
   _____
   _____

3. Das Unternehmen Uhrenwerk GmbH erwartet in Zukunft konstante Cashflows in Höhe von 2.000 €. Der Kapitalzinssatz soll 8 % betragen. Der Marktwert des Fremdkapitals beträgt 5.000 €. Berechnen Sie den heutigen Wert des Unternehmens mithilfe der DCF-Methode.
   ☐ 19.000 €
   ☐ 20.000 €

☐ 22.000 €
☐ 24.000 €

4. Welche Aussagen über die Unternehmensbewertungsmethoden treffen zu?
   ☐ Das Mittelwertverfahren ist ein Mischverfahren und wird auch als Praktikerverfahren bezeichnet.
   ☐ Das Substanzwertverfahren betrachtet ein Unternehmen als eine Gesamtheit und nicht als die Summe seiner Einzelteile.
   ☐ Bei der Ertragswertmethode ist der entscheidende Punkt, wie hoch die zukünftigen Erträge eines Unternehmens sind, um das in den Kaufpreis investierte Kapital mittelfristig abzudecken.
   ☐ Der Comparative Company Approach (CCA) orientiert sich bei der Ermittlung vom Unternehmenswert an geschätzten Marktpreisen vergleichbarer Unternehmen.

5. Das Unternehmen ElektroTechnik GmbH ist in der Elektrobranche tätig. Der Umsatzmultiplikator vergleichbarer Unternehmen liegt bei 0,88. Der Umsatz der ElektroTechnik GmbH beträgt 42.000 €. Wie hoch ist der Unternehmenswert, wenn sich der Fremdkapitalbestand auf 3.000 € beläuft?
   ☐ 19.340 €
   ☐ 29.530 €
   ☐ 33.960 €
   ☐ 34.360 €

6. Das Unternehmen ZackZack AG soll aufgrund eines anstehenden Verkaufs bewertet werden. Der künftige durchschnittliche Gewinn wird auf je 5.000 € p. a. geschätzt. Der Kapitalkostensatz beträgt 5 %. Berechnen Sie den Unternehmenswert basierend auf der Ertragswertmethode.
   ☐ 9.000 €
   ☐ 9.500 €
   ☐ 10.000 €
   ☐ 10.500 €

4.4 Lernkontrolle

Zusammenfassung

Es existieren einige Methoden der Investitionsrechnung, welche die Unsicherheit mitberücksichtigen. Muss eine Entscheidung unter Risiko getroffen werden, so können die µ-Regel (Bayes-Prinzip), µ-σ-Regel (Erwartungswert-Varianz-Prinzip) oder das Bernoulli-Prinzip angewendet werden. Wird dagegen eine Entscheidung unter Unsicherheit getroffen, so dienen die folgenden Regeln als Hilfestellung: Minimax-Regel, Maximax-Regel, Pessimismus-Optimismus-Regel (Hurwicz-Regel), Regel des unzureichenden Gegengrundes (Laplace-Regel) und die Regel des kleinsten Bedauerns (Savage-Niehaus-Regel).

Es gibt eine Reihe weiterer Investitionsmethoden, welche den Unsicherheitsfaktor mit einschließen. Allen diesen Methoden gemeinsam ist die Tatsache, dass sie versuchen, die unsicheren Inputgrößen zu ermitteln, welche einen Einfluss auf das Ergebnis einer Investitionsrechnung haben. Darauf aufbauend werden die Outputgrößen bestimmt. Zu diesen Methoden zählen unter anderem die Sensitivitätsanalyse, die Break-Even-Analyse, die Szenarioanalyse sowie die Simulation.

Bei den dynamischen Verfahren Kapitalwertmethode, Interne-Zinsfuß-Methode und Annuitätenmethode wird das Ergebnis wesentlich von der zu verwendenden Nutzungsdauer beeinflusst. Die Projektlaufzeitentscheidungen konzentrieren sich auf die optimale Nutzungsdauer von Sachinvestitionen, wenn diese zeitlich begrenzt sind, das heißt nur einmal erfolgen, und ebenso auf die optimale Nutzungsdauer von sich wiederholenden Sachinvestitionen.

Wenn Unternehmensteile oder ganze Unternehmen verkauft werden, liegt ein besonderer Fall der Investition bzw. Desinvestition vor. Zu diesem Zweck muss das Unternehmen bewertet werden. Für die Unternehmensbewertung gibt es diverse Anlässe. Diese können in zwei Hauptkategorien eingeteilt werden: transaktionsbezogene Anlässe und nicht-transaktionsbezogene Anlässe. Zu den Unternehmensbewertungsmethoden zählen die Ertragswertmethode, Discounted-Cashflow-Methode, Multiplikatorenmethode, Substanzwertmethode oder die Übergewinnmethode.

Jede Entscheidung über eine Investition basiert auf Schätzwerten und Prognosen. Das genaue Investitionsergebnis kann nie mit hundertprozentiger Sicherheit bestimmt werden. Die in diesem Kap. 4 vorgestellten Methoden bieten jedoch eine sehr wichtige Hilfestellung bei der Beurteilung der Vorteilhaftigkeit von Investitionsvorhaben.

Übungsaufgaben

1. Zur Vorbereitung der Unternehmensbewertung im Rahmen einer Veräußerung des Unternehmens Gitarre KG wurden folgende Zahlen ermittelt.

	t_1	t_2	t_3
Betriebsergebnis nach Zinsen und Steuern (in €)	200.000	350.000	270.000
Außerordentliche Erträge (in €)		30.000	
Außerordentliche Aufwendungen (in €)			20.000
Korrigiertes Betriebsergebnis (in €)	200.000	320.000	290.000

Der Kapitalkostensatz beträgt 6 %.

a. Bestimmen Sie den Ertragswert des Unternehmens.
b. Das Unternehmen hat folgende Information bezüglich seiner Vermögensgegenstände und Schulden vorliegen.

	Betriebsnotwendige Wirtschaftsgüter (Wiederbeschaffungswert) (in €)
Anlagevermögen	350.000
Umlaufvermögen	400.000
Sonstiges Vermögen	15.000
Rückstellungen und Verbindlichkeiten	600.000

    Berechnen Sie anhand dieser Daten den Vollreproduktionswert des Unternehmens.
  c. Wie hoch ist der Unternehmenswert, wenn man die Mittelwertmethode anwendet?
2. Herr Schulz ist ein Controller des Elektrounternehmens TV-Elektronik GmbH. Er ist absolut risikoavers. Er hat folgende drei Alternativen für ein Investitionsprojekt vorliegen:

	U_1	U_2	U_3
Alternative 1	160	50	230
Alternative 2	80	130	170
Alternative 3	70	110	200

  a. Welche Alternative wählt Herr Schulz, wenn er nach der Minimax-Regel entscheidet?
  b. Welche Alternative wählt Herr Schulz, wenn er nach der Pessimismus-Optimismus-Regel (Hurwicz-Regel) entscheidet und sein Risikoparameterwert bei $\lambda = 0{,}3$ liegt?
  c. Wie fällt seine Entscheidung nach der Regel des kleinsten Bedauerns (Savage-Niehaus-Regel) aus?
3. Die Szenarioanalyse wird von vielen Unternehmen für die strategische Planung genutzt. Auch Shell erstellt seit Jahrzehnten Szenario-Studien zu wichtigen Fragen der Energieversorgung und Mobilität. Shell nutzt Szenario-Studien dazu, Geschäfts- und Investitionsentscheidungen auf Robustheit zu überprüfen. Die aktuelle Pkw-Studie von Shell untersucht mit Hilfe der Szenario-Technik die Nachhaltigkeit von Auto-Mobilität in Deutschland bis 2040 (Shell Deutschland Oil GmbH o. J.). Was sind die Vorteile, den Pkw-Markt mithilfe einer Szenario-Analyse zu untersuchen? Was sind die Nachteile?

Literatur

Augurzky, B., I. Kolodziej (2018): *Fachkräftebedarf im Gesundheitswesen 2030,* Expertise für den Sachverständigenrat zur Begutachtung der gesamtwirtschaftlichen Entwicklung, Arbeitspapier 06/2018, Wiesbaden.

Literatur

Bleis, Ch. (2011): *Grundlagen Investition und Finanzierung: Lehr- und Arbeitsbuch*, 3. Auflage, Oldenbourg Wissenschaftsverlag, München.

Drukarczyk, J./ Schüler, A. (2011): *Unternehmensbewertung*, 6. Auflage, Vahlen, München.

Hillier, D./Ross, S. A./Westerfield, R. W./Jaffe, J./Jordan, B. D., (2016): *Corporate Finance*, 3. Auflage (European Edition), McGraw-Hill, London.

Nöll, B., Wiedemann, A. (2011): *Investitionsrechnung unter Unsicherheit: Rendite-/Risikoanalyse von Investitionen im Kontext einer wertorientierten Unternehmensführung*, Vahlen, München.

Sachverständigenrat zur Begutachtung der gesamtwirtschaftlichen Entwicklung (2018): *Vor wichtigen wirtschaftspolitischen Weichenstellungen. Jahresgutachten 18/19*, URL: https://www.sachverstaendigenrat-wirtschaft.de/fileadmin/dateiablage/gutachten/jg201819/JG2018-19_gesamt.pdf (Stand: 23.07.2019).

Shell Deutschland Oil GmbH (o. J.): *Shell PKW Szenarien bis 2040*, URL: https://www.shell.de/promos/media/shell-passenger-car-scenarios-to-2040/_jcr_content.stream/1455700315660/c4968e7f206e1dfe72caf825eceb1fb472487d4e/shell-pkw-szenarien-bis-2040-vollversion.pdf (Stand: 06.08.2019).

Weiterführende Literatur zum Selbststudium

Götze, U. (2014): *Investitionsrechnung, Modelle und Analysen zur Beurteilung von Investitionsvorhaben*, 7. Auflage, Gabler Verlag, Berlin/Heidelberg, S. 73–136.

Kruschwitz, L. (2014): *Investitionsrechnung*, 14. Auflage, Oldenbourg Wissenschaftsverlag, München, S. 285–437.

Obermeier, T./Gasper, R. (2008): *Investitionsrechnung und Unternehmensbewertung*, Oldenbourg Wissenschaftsverlag, München, S. 149–187.

Finanzcontrolling 5

Lernziele

Nach der Bearbeitung dieses Kapitels werden Sie wissen, ...

... mit welchen Kennzahlen der Finanzanalyse und -steuerung die Liquidität und die Profitabilität des Unternehmens ermittelt werden können.

... welche Instrumente das wertorientierte Controlling umfasst.

... wie die Unternehmensstrategie mithilfe der Balanced Scorecard operationalisiert werden kann.

... wie mithilfe des Risikocontrollings Risiken im Unternehmen eingeschätzt und gesteuert werden können.

Aus der Praxis

„Das Risikomanagement der BASF hat zum Ziel, Chancen und Risiken frühestmöglich zu identifizieren, zu bewerten und durch geeignete Maßnahmen Chancen wahrzunehmen sowie geschäftliche Einbußen zu begrenzen. Damit soll eine Bestandsgefährdung von BASF verhindert und durch verbesserte unternehmerische Entscheidungen Wert geschaffen werden. Als Chancen definieren wir mögliche Erfolge, die über unsere definierten Ziele hinausgehen. Unter Risiko verstehen wir jedes Ereignis, welches das Erreichen unserer kurzfristigen operativen oder unserer langfristigen strategischen Ziele negativ beeinflussen kann.

Um identifizierte Chancen und Risiken wirksam messen und steuern zu können, quantifizieren wir diese, soweit sinnvoll, nach den Dimensionen Eintrittswahrscheinlichkeit und wirtschaftliche Auswirkung im Falle ihres Eintretens. Chancen und Risiken aggregieren wir, soweit möglich, mithilfe von statistischen Methoden zu Risikofaktoren. Auf diese Weise gelangen wir zu einer Gesamtschau von Chancen und Risiken auf Portfolioebene. Dies ermöglicht es uns, effektive Maßnahmen zur Risikosteuerung zu ergreifen.

Gesamtbewertung

Für das Jahr 2019 rechnen wir mit einer Fortsetzung des Wachstums der Weltwirtschaft etwas unter dem Niveau des Vorjahres. Wesentliche Chancen und Risiken für unser Ergebnis ergeben sich aus der Unsicherheit hinsichtlich des Marktwachstums und der Entwicklung wichtiger Abnehmerindustrien sowie aus Margenvolatilitäten. Vor allem aus einer weiteren Eskalation der Handelskonflikte zwischen den USA und ihren Handelspartnern sowie einer erheblichen Verlangsamung des Wirtschaftswachstums in China resultieren wesentliche Risiken. Eine solche Entwicklung würde die Nachfrage nach Vorleistungs- und Investitionsgütern negativ beeinflussen. Sowohl die rohstoffexportierenden Schwellenländer als auch die fortgeschrittenen Volkswirtschaften wären hiervon betroffen. Dies gilt insbesondere für Europa. Weitere Risiken für die Weltwirtschaft bestehen in einer Eskalation geopolitischer Konflikte.

Mögliche kurzfristige Ergebnisauswirkungen (EBIT) wichtiger Chancen- und Risikofaktoren nach getroffenen Maßnahmen [1]

Mögliche Abweichungen bezogen auf:	Ausblick − 2019 +
Umfeld und Branche	
Marktwachstum	■■■■■ | ■■■□□
Margen	□■■■■ | ■■■■□
Wettbewerb	□□■■■ | ■■□□□
Regulierung/Politik	□□□■■ | ■□□□□
Unternehmensspezifische Chancen und Risiken	
Einkauf/Lieferkette	□□□■■ | ■□□□□
Investitionen/Produktion	□□□■■ | ■□□□□
Personal	□□□□■ | ■□□□□
Akquisitionen/Devestitionen/Kooperationen	□□□■■ | ■■□□□
Informationstechnologie	□□□□■ | □□□□□
Recht	□□□■■ | ■□□□□
Finanzen	
Wechselkursvolatilität	□□■■■ | ■■■□□
Sonstige finanzwirtschaftliche Chancen und Risiken	□□□■■ | ■□□□□

□□□□■ < 100 Millionen €
□□□■■ ≥ 100 Millionen € < 500 Millionen €
□□■■■ ≥ 500 Millionen € < 1.000 Millionen €
□■■■■ ≥ 1.000 Millionen € < 1.500 Millionen €
■■■■■ ≥ 1.500 Millionen € ≤ 2.000 Millionen €

[1] Bezogen auf das 95-%-Konfidenzintervall je Risikofaktor auf Basis der Planwerte. Eine Addition ist nicht zulässig.

Unserer Einschätzung nach bestehen weiterhin keine wesentlichen Einzelrisiken, die den Fortbestand der BASF-Gruppe gefährden. Dasselbe gilt für die Gesamtbetrachtung aller Risiken, auch im Fall einer erneuten globalen Wirtschaftskrise.

Letztlich verbleiben jedoch bei allen unternehmerischen Aktivitäten Restrisiken, die auch durch ein umfassendes Risikomanagement nicht ausgeschlossen werden können." (BASF 2019, S. 123).

5.1 Finanzanalyse und -steuerung

Der Kernpunkt der Analyse-, Steuerungs- und Planungsprozesse im Controlling sind **Kennzahlen.** Kennzahlen sind Messgrößen, die Unternehmensvorgänge erfassen und quantifizieren. Sie dienen der Analyse und Darstellung der aktuellen und künftigen Unternehmenssituation. Sie ermöglichen die Analyse eines Unternehmens im Zeitablauf und im Vergleich zu Konkurrenzunternehmen.

▶ **Kennzahlen** sind Messgrößen, die Unternehmensvorgänge erfassen und quantifizieren.

Des Weiteren können mithilfe von Kennzahlen negative Entwicklungstendenzen des Unternehmens aufgedeckt und Gegenmaßnahmen eingeleitet werden. Kennzahlen unterstützen das Finanzcontrolling dabei, die Effizienz der eingesetzten Mittel, die Liquiditätssituation, das Unternehmenswachstum oder mögliche Risikopotenziale zu ermitteln und zu beurteilen. Im Rahmen der Finanzierung von Unternehmen liefern Kennzahlen wichtige Informationen über die Bonität eines Unternehmens. Schließlich ermöglichen Kennzahlen eine systematische Kontrolle der Unternehmensentwicklung, indem sie die Basis für taktische und strategische Unternehmensplanung bilden.

Kennzahlen können als absolute oder aber als relative Größen dargestellt werden. Absolute Kennzahlen sind einzelne Zahlen zu einem Stichtag, Summen oder Durchschnittswerte. Beispiele für absolute Zahlen sind Umsatz, Gewinn, Verlust, Forderungen, etc. Relative Kennzahlen sind Verhältniszahlen, bei welchen die absoluten Zahlen in ein Verhältnis zueinander gesetzt werden. So setzt sich beispielsweise die Umsatzrendite aus dem Verhältnis von Jahresüberschuss und dem Umsatzerlös zusammen.

Die Finanzanalyse und -steuerung erfolgt auf der Grundlage von Kennzahlen. Die Finanzanalyse dient der Beurteilung der Finanzlage eines Unternehmens. Die Beurteilung fokussiert sich dabei auf die Zahlungsfähigkeit des Unternehmens, das Liquiditätspotenzial der Vermögensgegenstände, ihre Kapitalbindung und das Überschuldungsrisiko. Nach dem Untersuchungsgegenstand können dabei folgende Analysen differenziert werden:

- Investitionsanalyse
- Finanzierungsanalyse
- Liquiditätsanalyse
- Kennzahlensysteme

Damit Sie die nachfolgend vorgestellten Kennzahlen verstehen und die Ermittlung besser nachvollziehen können, wollen wir als Grundlage die folgende Bilanz und GuV der Finanz AG nutzen.

Bilanz Finanz AG 31.12.2019	in €
Aktiva	
A. Anlagevermögen	
Immaterielle Vermögensgegenstände	2.500
Sachanlagen	242.500
Finanzanlagen	5.000
	250.000
B. Umlaufvermögen	
Vorräte	75.000
Forderungen davon Warenforderungen davon kurzfristige Forderungen	100.000 30.000 40.000
Wertpapiere	2.000
Kassenbestand, Guthaben bei Kreditinstituten	23.000
	200.000
	450.000
Passiva	
A. Eigenkapital	
Grundkapital	25.000
Rücklagen	70.000
Gewinn-/Verlustvortrag	2.000
Jahresüberschuss	3.000
	100.000
B. Fremdkapital	
Rückstellungen	50.000
Verbindlichkeiten davon kurzfristige Verbindlichkeiten	300.000 110.000
	350.000
	450.000

5.1 Finanzanalyse und -steuerung

GuV Finanz AG	
1. Januar 2019 bis 1. Dezember 2019	in €
Umsatzerlöse	1.500.000
± Bestandsveränderungen	+100.000
Sonstige betriebliche Erträge	20.000
Gesamtleistung	*1.620.000*
Materialaufwand	−900.000
Personalaufwand	−250.000
Abschreibungen	−100.000
Sonstige betriebliche Aufwendungen	−80.000
EBIT	*290.000*
Finanzergebnis	−10.000
EBT	*280.000*
Außerordentliches Ergebnis	0
Steuern	−84.000
Jahresüberschuss/-fehlbetrag	**196.000**

5.1.1 Investitionsanalyse

Die **Investitionsanalyse** analysiert die Vermögensseite (Aktivseite) der Bilanz, wobei die Analyse durch die Berechnung von Kennzahlen erfolgt. Die Höhe und zeitliche Entwicklung der Kennzahlen lassen Schlüsse auf Investitionsstruktur und Investitionspolitik zu. Die Investitionsanalyse wird in die Analyse der Vermögensstruktur, Analyse der Investitionspolitik und die umsatzbezogene Investitionsanalyse unterteilt.

Analyse der Vermögensstruktur
Je nachdem wie kurzfristig oder langfristig einzelne Vermögensgegenstände das Kapital des Unternehmens binden, wird das Liquiditätspotenzial eines Unternehmens und somit seine Flexibilität beeinflusst. Die Analyse der Vermögensstruktur liefert Informationen zu der Flexibilität und der Kapazitätsausnutzung eines Unternehmens. Kennzahlen zur Vermögensstruktur sind Anlageintensität und Umlaufintensität.

Anlageintensität
Die Anlageintensität zeigt, welchen Anteil das Anlagevermögen am Gesamtvermögen des Unternehmens hat. Die Zielgröße für die Anlageintensität ist branchenabhängig. Generell gilt jedoch, dass eine hohe Anlageintensität die Flexibilität des Unternehmens

einschränkt. Es könnte zu viel Kapital im Anlagevermögen langfristig gebunden sein. Das Unternehmen kann gegebenenfalls nicht schnell genug auf Marktveränderungen reagieren. Eine hohe Anlageintensität kann durch hohe Investitionen, aber auch durch eine unzureichende Kapazitätsausnutzung erklärt werden.

$$\text{Anlageintensität} = \frac{\text{Anlagevermögen}}{\text{Gesamtvermögen}} \cdot 100$$

Beispiel

Das Anlagevermögen der Finanz AG beträgt 250.000 €, während das Gesamtvermögen 450.000 € beträgt. Demnach liegt die Anlageintensität bei 55,56 %.

$$\text{Anlageintensität} = \frac{250.000}{450.000} \cdot 100 = 55{,}56\,\%$$

Eine Anlageintensität von 55,56 % bedeutet, dass folglich 55,56 % des Gesamtvermögens auf das langfristige Vermögen entfallen. Das heißt, ein Großteil des Kapitals wird in Anlagevermögen wie Gebäude oder Grundstücke investiert.

Umlaufintensität
Die Umlaufintensität zeigt das Verhältnis des Umlaufvermögens zum Gesamtvermögen. Diese Kennzahl trifft eine Aussage über die Kapitalbindung und Kostenflexibilität eines Unternehmens. Die Höhe der Umlaufintensität ist genauso wie die Anlageintensität branchenabhängig. So wird ein Handelsunternehmen mit vielen Vorräten eine höhere Umlaufintensität haben als ein Maschinenbauunternehmen. Hohe Umlaufintensität spricht für hohe Lagerbestände oder einen hohen Forderungsbestand.

$$\text{Umlaufintensität} = \frac{\text{Umlaufvermögen}}{\text{Gesamtvermögen}} \cdot 100$$

Beispiel

Das Umlaufvermögen der Finanz AG beläuft sich auf 200.000 €, das Gesamtvermögen ist wie schon erwähnt 450.000 €.

$$\text{Umlaufintensität} = \frac{200.000}{450.000} \cdot 100 = 44{,}45\,\%$$

Eine Umlaufintensität von 44,45 % bedeutet, dass bei der Finanz AG weniger als die Hälfte ihres Gesamtvermögens in kurzfristigen Vermögensgegenständen gebunden ist.

Analyse der Investitionspolitik
Die Analyse der Investitionspolitik lässt Rückschlüsse auf das Investitionsverhalten des Unternehmens zu. Die Investitionsneigung eines Unternehmens kann beispielsweise an der Investitionsquote abgelesen werden, das heißt wie intensiv das Unternehmen die

5.1 Finanzanalyse und -steuerung

Investitionstätigkeit betreibt. Neben der Investitionsquote ist die Investitionsdeckung eine weitere wichtige Kennzahl.

Investitionsquote Die Investitionsquote ist der prozentuale Anteil der Investition am Anlagevermögen. Eine hohe Investitionsquote deutet auf eine dynamische Unternehmensentwicklung hin. Das bedeutet nämlich, dass das Anlagevermögen zunimmt.

$$\text{Investitionsquote} = \frac{\text{Nettoinvestition bei Sachanlagen}}{\text{Anfangsbestand bei Sachanlagen}} \cdot 100$$

Beispiel
Für die Finanz AG nehmen wir an, dass die Nettoinvestition in Sachanlagen 70.000 € beträgt, während der Anfangsbestand bei Sachanlagen bei 200.000 € liegt. Die Investitionsquote ist demnach:

$$\text{Investitionsquote} = \frac{70.000}{200.000} \cdot 100 = 35\,\%$$

Die Finanz AG hat eine Investitionsquote von 35 %. Das lässt darauf schließen, dass das Unternehmen viel in seine Anlagen investiert und die Unternehmensentwicklung dynamisch ist.

Investitionsdeckung
Die Investitionsdeckung stellt die Zugänge an Sachanlagen in Relation zu den Abschreibungen auf diese Sachanlagen. Ist die Investitionsdeckung größer oder gleich 100 % bedeutet das, dass die Abschreibungen nicht vollständig durch Neuinvestitionen ersetzt wurden und der Bestand an Maschinen schrumpft.

$$\text{Investitionsdeckung} = \frac{\text{Abschreibungen auf Sachanlagen}}{\text{Zugänge an Sachanlagen}} \cdot 100$$

Beispiel
Die Zugänge an Sachanlagen für die Finanz AG betragen 110.000 € und die Abschreibungen auf Sachanlagen 40.000 €, somit ergibt sich eine Investitionsdeckung von:

$$\text{Investitionsdeckung} = \frac{40.000}{110.000} \cdot 100 = 36{,}4\,\%$$

Die Investitionsdeckung der Finanz AG beträgt 36,4 %. Das bedeutet, dass deutlich mehr investiert wurde als Abschreibungen zur Verfügung standen, das Unternehmen wächst.

Umsatzbezogene Investitionsanalyse

Die umsatzbezogene Investitionsanalyse untersucht die geschäftliche Entwicklung in Zusammenhang mit dem Umsatz und den Vermögensteilen des Unternehmens. Im Regelfall existiert eine positive Korrelation zwischen Umsatz und Sachanlagen, Vorräten oder Forderungen. In der umsatzbezogenen Investitionsanalyse werden die Kennzahlen der Anlagennutzung, Vorratshaltung oder der Laufzeit der Forderungen ermittelt.

Anlagennutzung

Die Anlagennutzung stellt den Umsatz in Relation zu den Sachanlagen des Unternehmens. Diese Kennzahl sollte im Zeitverlauf beobachtet werden. Ein Ansteigen der Kennzahl ist ein positives Zeichen. Das bedeutet nämlich, dass die Sachanlagen besser ausgenutzt werden.

$$\text{Anlagennutzung} = \frac{\text{Umsatz}}{\text{Sachanlagen}} \cdot 100$$

Beispiel

Die Finanz AG erzielte einen Umsatz von 1.500.000 €, wohingegen der Bestand der Sachanlagen 242.500 € beträgt.

$$\text{Anlagennutzung} = \frac{1.500.000}{242.500} \cdot 100 = 618{,}56\,\%$$

Der Anlagennutzungsprozentwert der Finanz AG beträgt 618,56 %. Steigt der Wert im Zeitverlauf an bedeutet das, dass die Sachanlagen besser ausgenutzt werden.

Vorratshaltung

Die Vorratshaltung zeigt die Beziehung zwischen den Vorräten und Umsätzen eines Unternehmens. Die Kennzahl sollte im Zeitverlauf beobachtet werden. Ein Sinken dieser Kennzahl ist ein positives Zeichen. Dies kann erreicht werden, indem bei gleichem Umsatz weniger Vorräte gelagert werden, ein steigender Umsatz kann dann mit der gleichen Vorratshaltung bewältigt werden. Allerdings gibt es eine untere Grenze. Optimal ist eine möglichst geringe Vorratshaltung, ohne in Lieferschwierigkeiten zu kommen.

$$\text{Vorratshaltung} = \frac{\text{Vorräte}}{\text{Umsatz}} \cdot 100$$

Beispiel

Der Bestand an Vorräten der Finanz AG summiert sich auf 70.000 €, der Umsatz ist wie schon bekannt 1.500.000 €.

$$\text{Vorratshaltung} = \frac{75.000}{1.500.000} \cdot 100 = 5\,\%$$

Die Vorratshaltung beträgt 5 %. Ziel sollte es sein, dass die Kennzahl im Zeitverlauf sinkt. Dies wäre ein Zeichen für eine effiziente Lagerhaltung.

Laufzeit der Forderungen

Die Laufzeit der Forderungen wird aus dem durchschnittlichen Warenforderungsbestand und dem Zeitraum ermittelt, der zwischen der Rechnungserstellung und dem Zahlungseingang liegt. Diese Kennzahl gibt an, wie lange es dauert, bis die Kunden ihre Rechnungen bezahlen. Eine lange Laufzeit lässt auf eine schlechte Zahlungsmoral der Kunden schließen. Im Zeitverlauf lässt sich beobachten, wie sich das Zahlungsverhalten der Kunden ändert. Durch die Verkürzung der Laufzeit erhält das Unternehmen zusätzliche finanzielle Mittel. Ein Sinken der Kennzahl ist ein gutes Zeichen. Ein Zielwert ist sehr branchenabhängig, eine Laufzeit unter 30 Tagen wird jedoch als positiv betrachtet.

$$\text{Laufzeit Forderungen} = \frac{\varnothing \text{Bestand Warenforderungen}}{\text{Umsatz}} \cdot 360$$

Beispiel

Da der Warenforderungsbestand der Finanz AG 30.000 € und der Umsatz 1.500.000 € beträgt, ergibt sich folgende Laufzeit der Forderungen:

$$\text{Laufzeit Forderungen} = \frac{30.000}{1.500.000} \cdot 360 = 7{,}2 \text{ Tage}$$

Die Laufzeit der Forderungen der Finanz AG beträgt gerade einmal 7,2 Tage, das bedeutet, die Kunden begleichen ihre Rechnungen sehr schnell, dem Unternehmen stehen schnell zusätzliche finanzielle Mittel zur Verfügung.

5.1.2 Finanzierungsanalyse

Die **Finanzierungsanalyse** analysiert die Kapitalseite (Passivseite) der Bilanz. Die Analyse erfolgt auch hier durch die Berechnung von Kennzahlen. Die Höhe und zeitliche Entwicklung der Kennzahlen lassen Schlüsse auf die Zusammensetzung des Kapitals nach Art, Sicherheit und Fristigkeit zu. Die Finanzierungsanalyse umfasst die Analyse der Finanzierungsstruktur und die Analyse der Finanzierungsdauer.

Analyse der Finanzierungsstruktur

Die wichtigsten Kennzahlen der Finanzierungsstruktur sind die Eigenkapitalquote, die Fremdkapitalquote und der Verschuldungsgrad.

Eigenkapitalquote

Die **Eigenkapitalquote** berechnet den prozentualen Anteil des Eigenkapitals am Gesamtkapital des Unternehmens. Eine hohe Eigenkapitalquote senkt das Insolvenzrisiko eines Unternehmens. Sie sollte größer als 30 % sein. In der Regel werden Unternehmen mit einer hohen Eigenkapitalquote bezüglich ihrer Bonität höher bewertet als Unternehmen mit einer niedrigen Eigenkapitalquote.

$$\text{Eigenkapitalquote} = \frac{\text{Eigenkapital}}{\text{Gesamtkapital}} \cdot 100$$

Beispiel

$$\text{Eigenkapitalquote} = \frac{100.000}{450.000} \cdot 100 = 22,2\,\%$$

Der Anteil des Eigenkapitals der Finanz AG am Gesamtkapital ist eher gering, der Prozentwert liegt unter 30 %. Das deutet auf eine geringe finanzielle Stabilität des Unternehmens und eine Abhängigkeit gegenüber Fremdkapitalgebern hin.

Fremdkapitalquote

Die **Fremdkapitalquote** berechnet das Verhältnis von Fremd- zum Gesamtkapital. Eine hohe Fremdkapitalquote, auch Anspannungskoeffizient genannt, weist auf eine hohe Abhängigkeit von Fremdkapitalgebern hin. Bei steigendem Fremdkapital kann auch die Neuaufnahme von Krediten schwieriger werden und das Risiko, dass Kredite gekündigt werden, steigt. Eine hohe Fremdkapitalquote erhöht das Insolvenzrisiko. Die Kennzahl sollte unter 70 % liegen.

$$\text{Fremdkapitalquote} = \frac{\text{Fremdkapital}}{\text{Gesamtkapital}} \cdot 100$$

Beispiel

$$\text{Fremdkapitalquote} = \frac{350.000}{450.000} \cdot 100 = 77,8\,\%$$

Da die Eigenkapitalquote der Finanz AG sehr niedrig ist, ist die Fremdkapitalquote im Umkehrschluss mit 77,8 % relativ hoch. Das Unternehmen scheint von Fremdkapitalgebern stark abhängig zu sein, was das Insolvenzrisiko des Unternehmens erhöht.

Verschuldungsgrad

Der Verschuldungsgrad berechnet sich aus der Relation von Fremdkapital zu Eigenkapital. Diese Kennzahl gibt damit Auskunft über die Finanzierungsstruktur. Im Regelfall sollte der Verschuldungsgrad nicht höher sein als 200 %. Das heißt, das Fremdkapital sollte maximal doppelt so hoch sein wie das Eigenkapital. Durch die Aufnahme von Krediten erhöht sich der Verschuldungsgrad und somit steigt auch das Risiko im Unternehmen.

$$\text{Verschuldungsgrad} = \frac{\text{Fremdkapital}}{\text{Eigenkapital}} \cdot 100$$

Beispiel

$$\text{Verschuldungsgrad} = \frac{350.000}{100.000} \cdot 100 = 350\,\%$$

Die Finanz AG hat einen Verschuldungsgrad von 350 %. Das unterstreicht die vorherige Erkenntnis, dass das Unternehmen von externen Gläubigern stark abhängig ist.

Liquiditätsanalyse

Die Gewährleistung der Liquidität gehört zu den wesentlichen Zielen eines Unternehmens. Durch die **Liquiditätsanalyse** kann sowohl die Vermögens- als auch die Kapitalseite der Bilanz analysiert werden. Die Liquiditätsanalyse ermittelt, inwieweit ein Unternehmen seinen Zahlungsverpflichtungen nachkommen kann. Die Analyse kann statisch oder dynamisch sein. Statische Liquiditätsanalysen sind bestandsorientiert und setzen bestimmte Positionen der Aktivseite der Bilanz (zum Beispiel Vorräte) in Verhältnis zu den kurzfristigen Verbindlichkeiten. Die dynamische Liquiditätsanalyse erfasst die vergangenheitsorientierten Zahlungsströme und schließt anhand dieser auf die Zahlungsströme in der Zukunft. Hierzu zählen die Cashflow-Analyse, Bewegungsbilanz und die Kapitalflussrechnung. Im Folgenden betrachten wir die Ermittlung der Liquidität 1., 2. und 3. Grades. Diese Beurteilung der kurzfristigen Liquidität gehört zur statischen Liquiditätsanalyse.

Liquidität 1. Grades

Die **Liquidität 1. Grades** befasst sich mit der Frage, zu welchem Prozentteil das Unternehmen kurzfristige Verbindlichkeiten mit Zahlungsmitteln begleichen kann, die sofort zur Verfügung stehen. Die Liquidität 1. Grades sollte mehr als 50 % betragen. Die Formel für die Berechnung dieser Kennzahl lautet:

$$\text{Liquidität 1. Grades} = \frac{\text{Zahlungsmittel}}{\text{kurzfristige Verbindlichkeiten}} \cdot 100$$

Beispiel

$$\text{Liquidität 1. Grades} = \frac{23.000}{110.000} \cdot 100 = 20{,}9\,\%$$

Die Liquidität 1. Grades der Finanz AG liegt unter 50 %, das heißt die liquiden Mittel des Unternehmens decken die kurzfristigen Schulden zu nur 20,9 % ab. Werte unter 20 % gelten als problematisch.

Liquidität 2. Grades
Für die kurzfristige bestandsorientierte Liquiditätsanalyse wird die **Liquidität 2. Grades** berechnet. Mit dieser Kennzahl wird die Frage beantwortet, zu welchem Prozentteil das Unternehmen kurzfristige Verbindlichkeiten durch flüssige Mittel und Kundenforderungen decken kann. Die Liquidität 2. Grades sollte größer als 100 % sein. Im Gegensatz zur Liquidität des 1. Grades werden bei der Berechnung dieser Kennzahl die Zahlungsmittel um kurzfristige Forderungen ergänzt.

$$\text{Liquidität 2. Grades} = \frac{\text{Zahlungsmittel} + \text{kurzfristige Forderungen}}{\text{kurzfristige Verbindlichkeiten}} \cdot 100$$

Beispiel

$$\text{Liquidität 2. Grades} = \frac{23.000 + 40.000}{110.000} \cdot 100 = 57,3\,\%$$

Die Finanz AG kann ihre kurzfristigen Verbindlichkeiten nur zu 57,3 % durch flüssige Mittel und Kundenforderungen decken. Auch die Liquidität 2. Grades ist in diesem Fall unzureichend. Es droht ein Liquiditätsengpass.

Liquidität 3. Grades
Die **Liquidität 3. Grades** beantwortet die Frage, zu welchem Prozentsatz das Unternehmen kurzfristige Verbindlichkeiten durch flüssige Mittel, Kundenforderungen und Vorräte decken kann. Die Liquidität 3. Grades sollte höher als 200 % sein. Bei der Berechnung werden die Zahlungsmittel um kurzfristige Forderungen und Vorräte ergänzt. Denn Vorräte können relativ kurzfristig in liquide Mittel umgewandelt werden.

$$\text{Liquidität 3. Grades} = \frac{\text{Zahlungsmittel} + \text{kurzfristige Forderungen} + \text{Vorräte}}{\text{kurzfristige Verbindlichkeiten}} \cdot 100$$

Beispiel

$$\text{Liquidität 3. Grades} = \frac{23.000 + 40.000 + 75.000}{110.000} \cdot 100 = 125,5\,\%$$

Da die Liquidität 3. Grades mindestens 200 % betragen sollte, ist der Prozentwert von 125,5 % nicht ausreichend. Auch hier kann von Liquiditätsproblemen der Finanz AG gesprochen werden.

5.1.3 Kennzahlensysteme

Ein **Kennzahlensystem** ist eine Zusammenstellung von quantitativen Variablen, die in einer sachlich sinnvollen Beziehung zueinanderstehen und über einen Sachverhalt vollständig informieren. Die Aufgaben eines Kennzahlensystems sind:

- Informationsverdichtung für unterschiedliche Unternehmensbereiche und die Abbildung der finanz- und güterwirtschaftlichen Vorgänge
- Entscheidungsgrundlage für betriebliche Entscheidungen

Ein Kennzahlensystem sollte alle Ziele des Unternehmens, deren Bestimmungsfaktoren und alle Bereiche des Unternehmens enthalten. Ein Kennzahlensystem hat im Vergleich zu einer einzelnen Kennzahl den großen Vorteil, dass nicht nur ein Schlaglicht auf einen Teilaspekt des Unternehmens geworfen wird, sondern ein Gesamtbild der wirtschaftlichen Leistungsfähigkeit des Unternehmens gezeichnet wird.

Du-Pont-Kennzahlensystem

Das **Du-Pont-Kennzahlensystem,** auch ROI-Kennzahlensystem, gehört zu den ältesten und gleichzeitig bekanntesten Kennzahlensystemen. Dieses Kennzahlensystem wurde im Jahr 1919 vom amerikanischen Chemiekonzern E. I. Du Pont de Nemours & Co. eingeführt und seitdem mehrfach verbessert. Abb. 5.1. zeigt den Aufbau eines Du-Pont-Kennzahlensystems.

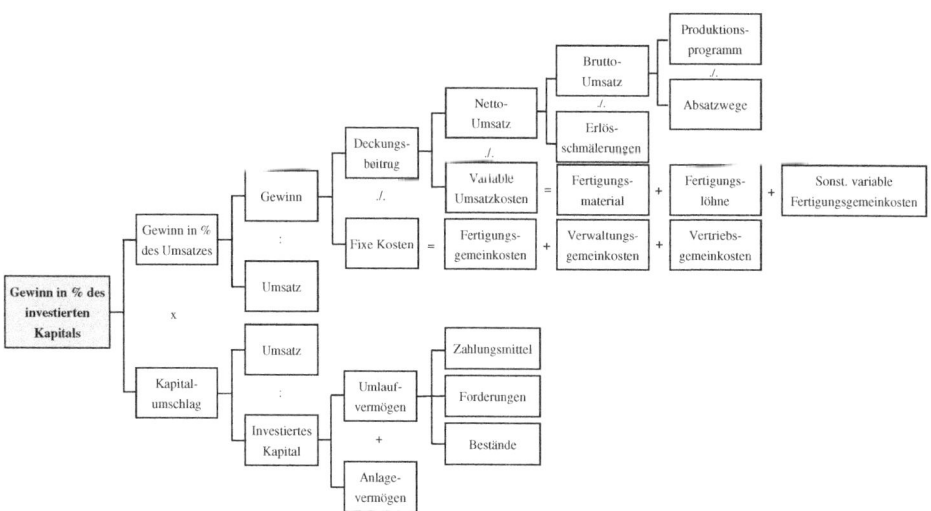

Abb. 5.1 Du-Pont-Kennzahlensystem (Quelle: eigene Darstellung)

Das Du-Pont-Kennzahlensystem ist eindimensional, das heißt ausschließlich monetär ausgerichtet und wird hauptsächlich als Planungs- und Steuerungsinstrument im Controlling eingesetzt. Durch die Aufgliederung der Kennzahlen können die Einflussgrößen auf das Unternehmensergebnis deutlich gemacht werden.

Als relative Größe bildet die Kennzahl der Rentabilität, der Return on Investment (ROI) oder auch Gewinn in % des investierten Kapitals, die übergeordnete Zielgröße der Kennzahlenpyramide. Dies basiert auf der Annahme, dass die Maximierung des Ergebnisses pro eingesetzter Kapitaleinheit das Hauptziel der Finanzmittelallokation ist und nicht die Gewinnmaximierung als absolute Größe. Der ROI ergibt sich aus dem Produkt der Kennzahlen Kapitalumschlag (=Gewinn/betriebsnotwendiges Kapital) und Umsatzrentabilität (=Gewinn/Umsatz). Die Einflussgrößen auf den Kapitalumschlag sind Vermögen und Kapital, während die Umsatzrentabilität die Aufwendungen und Erträge berücksichtigt. Der ROI kann dadurch erhöht werden, dass der Kapitalumschlag erhöht wird, also mit dem vorhandenen Kapital ein höherer Umsatz erzielt wird, oder aber der Gewinn je Umsatz erhöht wird. Als Gewinn wird meist der Jahresüberschuss verwendet. Die folgende Gleichung macht den Zusammenhang deutlich, die durch die Erweiterung des ROI mit den Umsatz erreicht wird:

$$\text{ROI} = \frac{\text{Gewinn}}{\text{betriebsnotwendiges Kapital}} = \frac{\text{Gewinn}}{\text{Umsatz}} \cdot \frac{\text{Umsatz}}{\text{betriebsnotwendiges Kapital}}$$

$$= \text{Umsatzrentabilität} \cdot \text{Kapitalumschlag}$$

Unternehmen, die mit dem Du-Pont-Kennzahlensystem arbeiten, achten bei der Unternehmenssteuerung nicht nur auf die Senkung von Kosten und die Erhöhung des Umsatzes, um die Rentabilität zu steigern. Ein hoher Kapitalumschlag ist ebenfalls wichtig. So wird beispielsweise Wert daraufgelegt, dass nicht für den Betrieb notwendiges Kapital verkauft wird und die Lagerhaltung so gering wie möglich ist.

Beispiel
Der Bekleidungshersteller Jacke AG hat folgende Plandaten für das kommende Geschäftsjahr:

Sachanlagen	1.260 €
Vorräte	600 €
Forderungen aus Lieferungen und Leistungen	360 €
Liquide Mittel	180 €
Umsatz	3.600 €
Fixe Kosten	1.920 €
Variable Kosten	1.440 €

Das Unternehmen möchte nun anhand dieser Daten den ROI für das kommende Geschäftsjahr ermitteln. Basierend auf den vorgegebenen Daten sieht die ROI-Pyramide der Jacke AG wie folgt aus:

5.1 Finanzanalyse und -steuerung

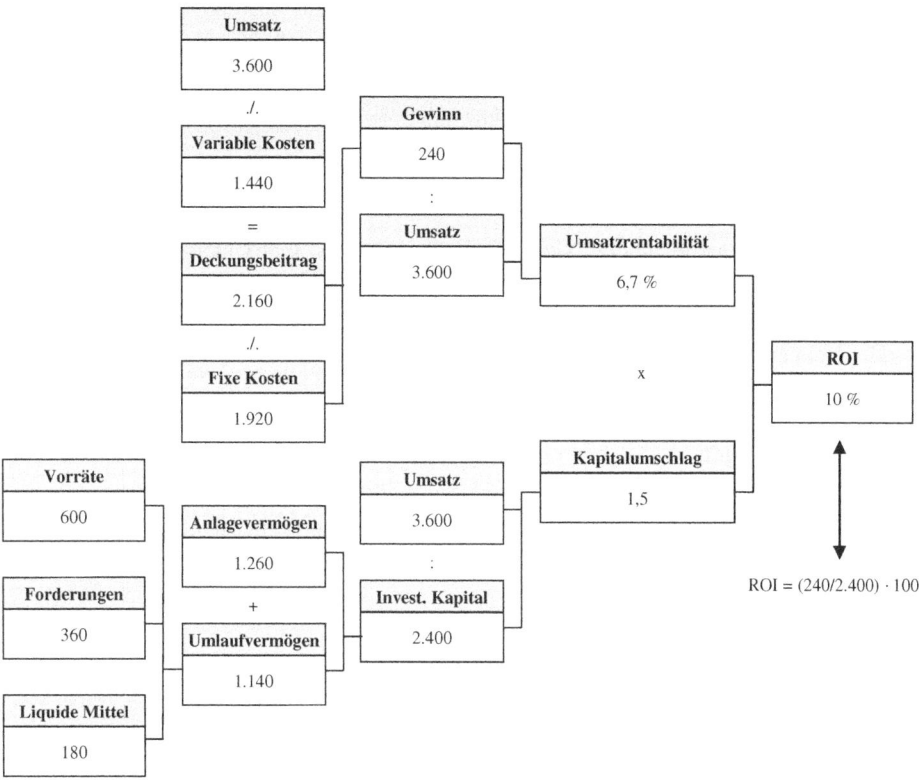

Wie bereits erwähnt, ergibt sich der ROI aus dem Produkt der Kennzahlen Kapitalumschlag und Umsatzrentabilität. Um den Kapitalumschlag zu berechnen, wird die Summe aus dem Umlaufvermögen (Vorräte + Forderungen + liquide Mittel) und dem Anlagevermögen gebildet. Daraus resultiert das investierte Kapital. Der Kapitalumschlag wird nun ermittelt, indem der Umsatz (3.600 €) durch das investierte Kapital (2.400 €) geteilt wird. Der Kapitalumschlag beträgt 1,5 (— 3.600 €/2.400 €). Die Umsatzrentabilität wird berechnet, indem der Gewinn durch den Umsatz geteilt wird (240 €/3.600 € · 100 = 6,7 %). Der Gewinn setzt sich wiederum zusammen aus Umsatz minus variable Kosten minus Fixkosten. Multipliziert man nun den Kapitalumschlag mit der Umsatzrentabilität, so erhält man einen ROI von 10 %.

Vorteile und Nachteile der Kennzahlensysteme
Vorteile der Kennzahlensysteme:

- Das System ist vollständig quantifizierbar.
- Alle Kennzahlen bauen aufeinander auf.
- Die Verknüpfungen zwischen Kennzahlen sind einfach und pragmatisch.
- Das System wird in der Praxis häufig angewendet.
- Das Rentabilitätsziel steht im Vordergrund.

- Das System ist auch in dezentralisierten Unternehmen anwendbar, beispielsweise kann der ROI auch für Unternehmenssparten ausgerechnet werden.
- Führung durch Zielvorgaben ist möglich.
- Der langfristige Vergleich von Abteilungszielen ist möglich.

Nachteile der Kennzahlensysteme:

- Das System ist unvollständig: Nicht alle Größen, die zu einer Unternehmenssteuerung notwendig sind, können mathematisch in einen Zusammenhang gebracht werden.
- Bei der Veränderung einer Relativkennzahl ist nicht sofort erkennbar, ob sich Zähler oder Nenner verändert.
- Das System ist gegenwarts- und nicht zukunftsbezogen.
- Zukunftsinvestitionen wie zum Beispiel Investitionen in Forschung und Entwicklung schmälern den ROI.
- Die Tendenz zur kurzfristigen Gewinnmaximierung wird gefördert.
- Nicht alle zur Steuerung wichtigen Kennzahlen werden berücksichtigt, es fehlen vor allem nichtmonetäre Kennzahlen.

Fragen zur Lernkontrolle
1. Welche der folgenden Kennzahlen sind Kennzahlen der Investitionsanalyse?
   - ☐ Lieferantenkreditdauer
   - ☐ Eigenkapitalquote
   - ☐ Anlagennutzung
   - ☐ Vorratshaltung
2. Bitte beurteilen Sie, welche Aussagen richtig sind.
   - ☐ Die Einflussgrößen auf die Umsatzrentabilität sind Vermögen und Kapital, während der Kapitalumschlag die Aufwendungen und Erträge berücksichtigt.
   - ☐ Der ROI kann dadurch erhöht werden, dass mit dem vorhandenen Kapital ein höherer Umsatz erzielt wird.
   - ☐ Das Du-Pont-Kennzahlensystem beachtet neben monetären auch nicht-monetäre Größen.
   - ☐ Als relative Größe bildet die Kennzahl der Rentabilität, der Return on Investment (ROI), die übergeordneten Zielgröße des Du-Pont-Kennzahlensystems.
3. Die Liquidität 2. Grades …
   - ☐ … ist Teil der kurzfristigen bestandsorientierten Liquiditätsanalyse.
   - ☐ … beantwortet die Frage, zu welchem Prozentsatz das Unternehmen kurzfristige Verbindlichkeiten durch flüssige Mittel, Kundenforderungen und Vorräte decken kann.
   - ☐ … sollte größer als 100 % sein.
   - ☐ … ist eine Kennzahl der dynamischen Liquiditätsanalyse.

5.1 Finanzanalyse und -steuerung

4. Die Bilanz der Friedrich & Brüder GmbH weist ein Eigenkapital von 6.000 € und Fremdkapital 13.000 € aus.
   a. Berechnen Sie den Verschuldungsgrad des Unternehmens.
      □ 210,4 %
      □ 216,7 %
      □ 218,6 %
      □ 346,0 %
5. Was trifft auf den Verschuldungsgrad zu?
   □ Der Verschuldungsgrad gibt Auskunft über die Finanzierungsstruktur eines Unternehmens.
   □ Der Verschuldungsgrad sollte kleiner als 200 % sein.
   □ Durch die Aufnahme von Krediten sinkt der Verschuldungsgrad.
   □ Ein hoher Verschuldungsgrad spricht für eine hohe Abhängigkeit von Fremdkapitalgebern.

5.2 Wertorientiertes Controlling

Wertorientierte Unternehmensführung verfolgt das Ziel, betriebliche Entscheidungen so zu treffen, dass das gebundene Eigenkapital im Betrieb eine höhere Verzinsung erwirtschaftet als in einer vergleichbaren Alternativanlage. Nur dann wird ein zusätzlicher Wert geschaffen. Diese als Shareholder-Value-Ansatz bekannte wertorientierte Unternehmensführung kann zu einem höheren Einkommensstrom, beispielsweise in Form von Dividenden, führen und andererseits in einer Wertsteigerung der Unternehmensteile resultieren. Da die Kapitalgeber eines Unternehmens auch immer ein gewisses Risiko eingehen, muss das Unternehmen für die Eigenkapitalgeber als Anlage besonders attraktiv erscheinen. Das Finanzcontrolling hat im Rahmen der wertorientierten Unternehmensführung zwei Aufgaben. Zunächst muss der Unternehmenswert bestimmt werden. Wie Unternehmensbewertungen durchgeführt werden, haben wir bereits in Kap. 4 gelernt. Die DCF-Methode hat sich hier besonders durchgesetzt. Die zweite Aufgabe des Finanzcontrollers besteht darin, den Wertbeitrag zu ermitteln, welcher in einer bestimmten Periode geschaffen wurde. Der Wertbeitrag kann mithilfe wertorientierter Kennzahlen ermittelt werden.

▶ **Wertorientierte Unternehmensführung** versucht für das gebundene Eigenkapital eine höhere Verzinsung zu erwirtschaften, als mit einer vergleichbaren Alternativanlage möglich wäre.

Abb. 5.2 stellt die wesentlichen Kennzahlen des wertorientierten Controllings, unterteilt in absolute und relative Kennzahlen, dar. Diese werden im Folgenden erläutert.

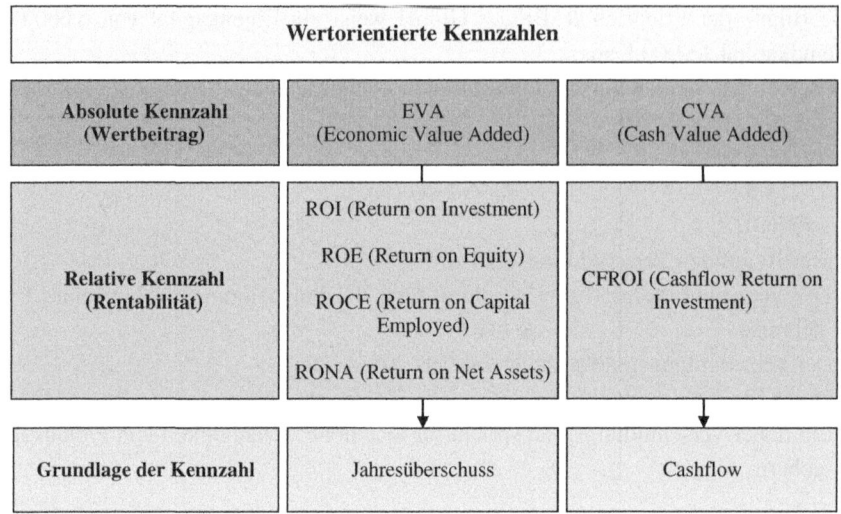

Abb. 5.2 Wertorientierte Kennzahlen (Quelle: eigene Darstellung)

5.2.1 Absolute Kennzahlen

Economic Value Added (EVA)
Das Konzept des **Economic Value Added,** kurz EVA, findet seine Anwendung im strategischen Controlling. Es wurde von der Beratungsgesellschaft Stern Stewart & Co. entwickelt. EVA wird auch als Geschäftswertbeitrag (GWB) bezeichnet. Es handelt sich dabei um eine Periodenerfolgsgröße zur Beurteilung des erwirtschafteten Erfolgs des gesamten Unternehmens, eines Geschäftsfeldes oder eines Projekts. EVA basiert auf dem Konzept des betrieblichen Übergewinns bzw. Residualgewinns. Es ist der Betriebsgewinn eines Jahres abzüglich der Gesamtkapitalkosten für das investierte Kapital. EVA knüpft an die Berichtsgrößen des externen Rechnungswesens an (Erträge und Aufwendungen), berücksichtigt aber keine Cashflows, weshalb die Kennzahl EVA auch als eine Shareholder-Value-orientierte Größe betrachtet wird. EVA ist eine absolute Größe, welche durch die Unternehmensgröße beeinflusst wird. Daher eignet sich diese Kennzahl nicht zum Betriebsvergleich.

▶ Der **Economic Value Added** ist eine Periodenerfolgsgröße zur Beurteilung des erwirtschafteten Erfolgs des gesamten Unternehmens, eines Geschäftsfeldes oder eines Projekts.

Der EVA kann sowohl vergangenheits- als auch zukunftsorientiert sein. Es ist möglich, Plan-EVAs aus Planbilanzen und Plan-GuVs zu ermitteln, was Soll-Ist-Vergleiche möglich macht. Die zeitliche Entwicklung der EVAs gibt Aufschluss über die Geschäftsentwicklung. Auch Projekte werden durch den EVA beeinflusst. Steigt der Economic Value Added durch das Projekt, wird es durchgeführt.

Der EVA wird wie folgt berechnet:
$$EVA = NOPAT - (NOA \cdot WACC)$$

5.2 Wertorientiertes Controlling

Dabei gilt:

NOPAT Net Operating Profit after Taxes
NOA   Net Operating Assets
WACC   Weighted Average Cost of Capital

Das NOPAT ist das Betriebsergebnis nach Steuern. Es wird aus der GuV abgeleitet. Die Net Operating Assets werden auf Basis der Bilanz ermittelt und ist das betriebsnotwendige Kapital. WACC ist der durchschnittliche Gesamtkapitalkostensatz, welcher auf der geplanten Kapitalstruktur basiert. Es ist der gewichtete Durchschnitt aus Fremdkapital- und Eigenkapitalkosten. Das Produkt aus NOA und WACC stellt die Kapitalkosten für Eigen- und Fremdkapital dar.

Allgemein gilt, ist der EVA-Wert positiv, so bedeutet das, dass Shareholder Value geschaffen wird. Das heißt, der Gewinn aus betrieblicher Tätigkeit ist höher als die Kapitalkosten. Das Unternehmen erwirtschaftet mehr als wenn das Kapital in einer vergleichbaren Alternativanlage investiert worden wäre. Der EVA-Wert ist negativ, wenn die Kapitalkosten nicht durch den Gewinn aus betrieblicher Tätigkeit gedeckt werden. Dabei spricht man auch von Wertvernichtung.

Neben dieser unternehmensinternen Kennzahl hat die Beratungsgesellschaft Stern Stewart & Co. auch eine unternehmensexterne Kennzahl eingeführt, den Market Value Added (MVA). Der MVA wird auch als Marktwertzuwachs (MWZ) bezeichnet und ist die Differenz zwischen dem Marktwert eines Unternehmens und den NOA, also dem investierten Kapital. Diese Kennzahl gibt an, welchen Marktwert ein Unternehmen im Vergleich zum Substanzwert des investierten Kapitals hat. Der MVA entspricht dem Barwert der künftigen EVA-Werte.

Cash Value Added (CVA)
Der **Cash Value Added** wurde von der Boston Consulting Group entwickelt. Wie der EVA ist der CVA eine absolute Residualgröße. Im Gegensatz zum Economic Value Added baut der CVA auf den Cashflow auf. Hierbei spielt der Cash Flow Return on Investment (CFROI), der im nächsten Abschnitt genauer behandelt wird, eine wesentliche Rolle. Übersteigt dieser die Kapitalkosten, so wird der Wert durch das Unternehmen geschaffen. Ist der CFROI niedriger als die Kapitalkosten, wird Wert vernichtet. Beim CVA handelt es sich wie beim EVA um eine einperiodige Größe. Durch die Barwerte aller ermittelten CVAs kann auch die Wertgenerierung über mehrere Perioden bestimmt werden.

Der Cash Value Added berechnet sich wie folgt:

$$CVA = (CFROI - WACC) \cdot NOA$$

Dabei gilt:

CFROI Cash Flow Return on Investment
NOA   Net Operating Assets
WACC   Weighted Average Cost of Capital

5.2.2 Relative Kennzahlen

Return on Investment (ROI)
Der **Return on Investment** wurde im Rahmen des Du-Pont-Kennzahlsystems schon erwähnt und misst die Gesamtkapitalrendite eines Unternehmens oder seiner Teilbereiche. Meist wird als betriebsnotwendiges Kapital das Gesamtkapital verwendet.

In der Literatur finden sich zwei Formeln, wobei die erste die gebräuchlichere ist.

$$\text{ROI} = \frac{\text{Jahresüberschuss}}{\text{betriebsnotwendiges Kapital}} \cdot 100$$

oder

$$\text{ROI} = \frac{\text{Jahresüberschuss} + \text{FK} - \text{Zinsen}}{\text{betriebsnotwendiges Kapital}} \cdot 100$$

Return on Equity (ROE)
Der **Return on Equity** misst die Eigenkapitalrendite eines Unternehmens. Die Kennzahl gibt die Verzinsung des eingesetzten Eigenkapitals wieder. Eine hohe Rendite spricht für ein erfolgreiches Unternehmen. Die Eigenkapitalrendite sollte grundsätzlich höher sein als diejenige langfristiger Anlagen, da der Eigentümer mit dem eingesetzten Kapital ein unternehmerisches Risiko eingeht. Als grobe Orientierungsgröße sollte die Eigenkapitalrendite über 15 % liegen.

$$\text{ROE} = \frac{\text{Jahresüberschuss}}{\text{Eigenkapital}} \cdot 100$$

Return on Capital Employed (ROCE)
Der **Return on Capital Employed** misst die vom Unternehmen erzielte Kapitalrendite. ROCE berücksichtigt das Ergebnis vor Zinsen und Steuern (EBIT=Earnings before Interests and Taxes) und das eingesetzte Kapital (CE=Capital Employed), welches im Unterschied zum Gesamtkapital um kurzfristige, unverzinsliche Verbindlichkeiten bereinigt ist. Alternativ wird das eingesetzte Kapital berechnet, indem zum Eigenkapital das zinstragende Fremdkapital addiert wird.

$$\text{ROCE} = \frac{\text{EBIT}}{\text{eingesetztes Kapital}} \cdot 100$$

Return on Net Assets (RONA)
Der **Return on Net Assets** ist ebenfalls eine Kennzahl für die Kapitalrendite. Sie berechnet sich aus dem Verhältnis des Ergebnisses vor Zinsen und Steuern (EBIT) und dem Nettovermögen. Dem Nettovermögen wird folglich das daraus erzielte Ergebnis gegenübergestellt. Das Nettovermögen fließt dabei als Durchschnittsgröße der Berichtsperiode in die Berechnung ein. Das Nettovermögen ist die Summe aus Anlagevermögen

5.2 Wertorientiertes Controlling

und Umlaufvermögen abzüglich des unverzinslichen Fremdkapitals. Alternativ kann das Nettovermögen aus Anlagevermögen plus Working Capital bestimmt werden, wobei das Working Capital das kurzfristige Vermögen minus der kurzfristigen Verbindlichkeiten darstellt.

$$\text{RONA} = \frac{\text{EBIT}}{\text{Nettovermögen}} \cdot 100$$

Cash Flow Return on Investment (CFROI)
Der **Cash Flow Return on Investment** ist eine cashflow-orientierte Rentabilitätskennziffer. Sie gibt an, wie groß der finanzielle Überschuss pro investierter Geldeinheit ist. Dabei wird unterstellt, dass aus dem Cashflow mindestens die Abschreibungen auf das eingesetzte Kapital erwirtschaftet werden muss.

$$\text{CFROI} = \frac{\text{Brutto-Cashflow} - \text{ökonomische Abschreibungen}}{\text{Bruttoinvestitionsbasis}} \cdot 100$$

Die ökonomischen Abschreibungen werden auf Basis der Wiederbeschaffungswerte ermittelt. Die Bruttoinvestitionsbasis ist die Summe des Anlagevermögens und des Netto-Umlaufvermögens. Das Anlagevermögen wird zu aktuellen Werten angesetzt. Um die Bruttoinvestitionsbasis zu berechnen, werden zuerst zum Buchwert des Anlagevermögens die kumulierten Abschreibungen hinzuaddiert. Danach werden die Inflationsrate und die durchschnittliche Laufzeit des Anlagevermögens berücksichtigt, um den aktuellen Wert des Anlagevermögens zu erhalten. Das Netto-Umlaufvermögen wird berechnet als das Umlaufvermögen abzüglich der nichtverzinslichen Verbindlichkeiten.

Beispiel

Das Unternehmen Linsenfrucht GmbH hat folgende Daten vorliegen:
Jahresüberschuss = 20.000
EBIT = 25.000 €
NOPAT = 15.000 €
NOA = 90.000 €
Bruttoinvestitionsbasis = 100.000 €
WACC = 10 %
Brutto-Cashflow = 14.000
Ökonomische Abschreibungen = 2.000

Das Unternehmen ist daran interessiert herauszufinden, ob es einen Wertzuwachs für seine Anteilseigner schafft und wie viel Rückfluss aus dem vom Unternehmen eingesetzten Kapital erzielt wird.

Zunächst wollen wir den EVA-Wert berechnen. Dazu setzen wir die Daten in die Gleichung für den EVA-Wert ein.

EVA = NOPAT − (NOA · WACC) = 15.000 − (90.000 · 0,1) = 6.000 €

Der positive EVA-Wert lässt darauf schließen, dass das Unternehmen Wert für seine Eigentümer schafft.

Im Vergleich dazu berechnen wir nun den CVA. Um diesen zu ermitteln, muss zuerst der CFROI aus den vorliegenden Unternehmensdaten berechnet werden.

$$\text{CFROI} = \frac{\text{Brutto-Cashflow} - \text{ökonomische Abschreibungen}}{\text{Bruttoinvestitionsbasis}} \cdot 100$$

$$= \frac{14.000 - 2.000}{100.000} \cdot 100 = 12,0\%$$

Da wir wissen, dass der WACC 10 % beträgt und der CFROI über diesem Wert liegt, können wir annehmen, dass der CVA positiv sein wird.

$$\text{CVA} = (\text{CFROI} - \text{WACC}) \cdot \text{NOA} = (0,12 - 0,1) \cdot 90.000 = 1.800\ \text{€}$$

Nun interessiert uns noch, welche Kapitalrendite die Linsenfrucht GmbH mit dem investierten Kapital erzielt. Dazu berechnen wir den ROI. Als betriebsnotwendiges Kapital nehmen wir den NOA:

$$\text{ROI} = \frac{\text{Jahresüberschuss}}{\text{betriebsnotwendiges Kapital}} \cdot 100 = \frac{20.000}{90.000} \cdot 100 = 22,2\ \%$$

Der ROI des Unternehmens liegt über 10 % und kann als sehr gut bezeichnet werden.

Fragen zur Lernkontrolle

1. Geben Sie an, ob die folgende Aussage richtig oder falsch ist.
   „Der Market Value Added ist die Differenz zwischen dem Marktwert eines Unternehmens und dem ROCE."
   ☐ Richtig
   ☐ Falsch
2. Welche Aussagen über den EVA treffen zu?
   ☐ Der EVA ist eine absolute Kennzahl.
   ☐ Der EVA ist immer vergangenheitsorientiert.
   ☐ Ist der EVA-Wert positiv, so bedeutet das, dass Shareholder Value geschaffen wird.
   ☐ Der EVA ist eine relative Kennzahl.
3. Was sagt der Cash Flow Return on Investment (CFROI) aus?
   _____
   _____
4. Die Trockenfutter GmbH hat im letzten Geschäftsjahr einen Jahresüberschuss von 25.000 € mit einem Eigenkapital in Höhe von 100.000 € erzielt.

Wie hoch ist die Eigenkapitalrendite (ROE) des Unternehmens?
☐ 10 %
☐ 15 %
☐ 25 %
☐ 30 %
5. Was sagt die Eigenkapitalrendite (ROE) aus?
☐ Der ROE berechnet das Verhältnis von Fremd- zum Gesamtkapital.
☐ Der ROE misst die Gesamtkapitalrendite eines Unternehmens.
☐ Der ROE gibt die Verzinsung des eingesetzten Fremdkapitals wieder.
☐ Der ROE gibt die Verzinsung des eingesetzten Eigenkapitals wieder.

5.3 Balanced Scorecard

Die **Balanced Scorecard** ist ein mehrdimensionales Konzept zur Messung der Aktivitäten eines Unternehmens im Hinblick auf seine Strategien. Es eignet sich besonders, um den Erfolg einer umgesetzten Strategie zu messen. Die Balance Scorecard wurde von Kaplan und Norton (1992) entwickelt und wird zu den Leistungsmessungssystemen (Performance-Measurement-Systems) gezählt. Den Führungskräften wird durch die Balanced Scorecard ein Überblick über die Effektivität und Leistung des Unternehmens ermöglicht. Dieser Überblick ist viel umfassender als die Finanzkennzahlenmodelle, da nicht nur quantitative Faktoren betrachtet werden. Vielmehr werden neben finanziellen auch nicht-finanzielle Leistungstreiber berücksichtigt, die sich alle gegenseitig beeinflussen. Die Balanced Scorecard wird für jedes Unternehmen individuell erstellt. Die Kennzahlen und Ziele werden aus der jeweiligen Vision und Unternehmensstrategie abgeleitet. Somit wird die Strategie mithilfe der Balance Scorecard in quantitative und qualitative Kennzahlen übersetzt und unterstützt damit auch die Mitarbeiter darin, die Strategie besser zu verstehen und zu erkennen, wie sie zur Erreichung der Ziele beitragen können.

▶ Die **Balanced Scorecard** ist ein mehrdimensionales Konzept zur Messung der Aktivitäten eines Unternehmens im Hinblick auf seine Strategien.

5.3.1 Perspektiven der Balanced Scorecard

Die Balanced Scorecard berücksichtigt insgesamt vier verschiedene Bereiche, welche als Perspektiven bezeichnet werden. Der Erfolg jeder Perspektive wird durch Kennzahlen gemessen. Die vier Perspektiven sind:

- Finanzwirtschaftliche Perspektive
- Kundenperspektive
- Interne Prozessperspektive
- Lern- und Entwicklungsperspektive

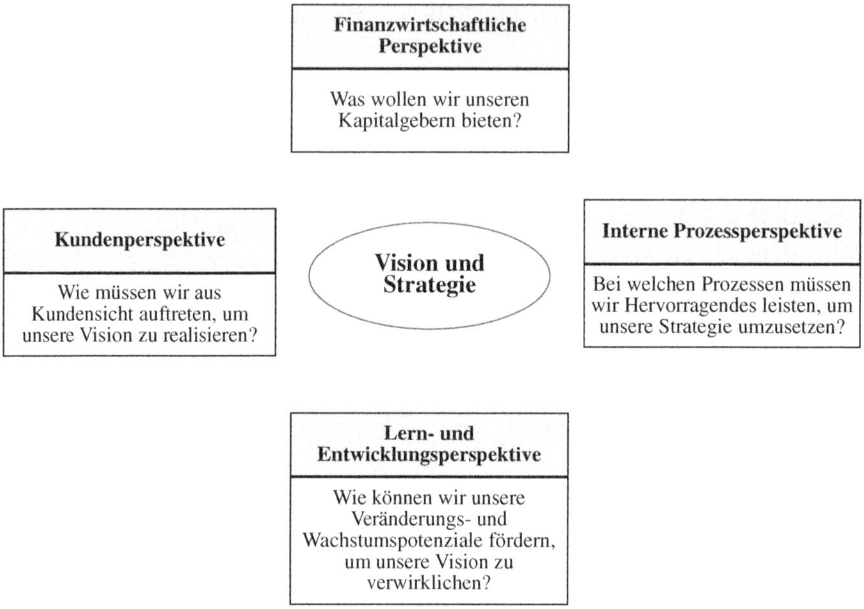

```
┌─────────────────────────┐
│ Finanzwirtschaftliche   │
│      Perspektive        │
├─────────────────────────┤
│  Was wollen wir unseren │
│   Kapitalgebern bieten? │
└─────────────────────────┘
```

```
┌──────────────────────┐      ╱‾‾‾‾‾‾‾‾╲       ┌──────────────────────────┐
│   Kundenperspektive  │     │ Vision und │      │ Interne Prozessperspektive│
├──────────────────────┤     │  Strategie │      ├──────────────────────────┤
│ Wie müssen wir aus   │      ╲_____╱       │ Bei welchen Prozessen müssen│
│ Kundensicht auftreten, um│                    │ wir Hervorragendes leisten, um│
│ unsere Vision zu realisieren?│                │ unsere Strategie umzusetzen?│
└──────────────────────┘                        └──────────────────────────┘
```

```
┌─────────────────────────┐
│       Lern- und         │
│  Entwicklungsperspektive│
├─────────────────────────┤
│   Wie können wir unsere │
│     Veränderungs- und   │
│ Wachstumspotenziale fördern,│
│    um unsere Vision zu  │
│       verwirklichen?    │
└─────────────────────────┘
```

Abb. 5.3 Perspektiven der Balanced Scorecard (Quelle: eigene Darstellung)

Jede dieser Perspektiven betrachtet das Unternehmen aus einem anderen Blickwinkel. Gleichzeitig ermöglichen diese Perspektiven eine ganzheitliche Betrachtung des Unternehmens. Abb. 5.3 stellt diese Perspektiven mit den dazu gehörigen Leitfragen dar.

Finanzwirtschaftliche Perspektive
Die finanzwirtschaftliche Perspektive geht der Frage nach, wie das Unternehmen aus Sicht der Kapitalgeber dastehen sollte. Diese Perspektive spiegelt das Unternehmen in finanzieller Sicht wider. Hier werden die finanziellen Ziele, basierend auf der Unternehmensstrategie, definiert, welche auch als Basis für die Ziele und Maßnahmen der restlichen drei Perspektiven dienen. Die Kennzahlen der finanzwirtschaftlichen Perspektive stellen auch die finanziellen Ergebniskennzahlen der anderen drei Perspektiven dar. Je nachdem in welchem Stadium der Entwicklung sich ein Unternehmen gerade befindet, sind jeweils unterschiedliche Kennzahlen von Bedeutung. Ein Unternehmen, das sich gerade gegründet hat und somit größere Investitionen getätigt hat, wird einen negativen Cashflow haben. Daher spielen Kennzahlen wie Umsatz- oder Ertragswachstum eine bedeutendere Rolle. Für reifere Unternehmen wird die Rendite des eingesetzten Kapitals wichtiger sein. Im Folgenden finden Sie Beispiele für häufig verwendete Kennzahlen.

Kennzahlen der finanzwirtschaftlichen Perspektive sind:

- Cashflow
- EVA
- Eigenkapitalrendite

- Umsatzrendite
- Return on Investment
- Umsatzwachstum
- Gewinnwachstum
- Eigenkapitalquote
- Investitionsquote

Kundenperspektive
Die Kundenperspektive basiert auf der Frage, wie das Unternehmen aus Kundensicht auftreten muss, um die finanziellen Ziele zu erreichen. Das heißt, welchen Nutzen das Unternehmen dem Kunden bieten und wie das Unternehmen vom Kunden wahrgenommen werden möchte. Hier steht der Kunde im Mittelpunkt, da dieser eine wesentliche Auswirkung auf den langfristigen finanziellen Erfolg eines Unternehmens hat. Die Ziele, welche in dieser Perspektive formuliert werden, beziehen sich auf den Marktauftritt und die Marktpositionierung des Unternehmens. In dieser Perspektive werden also Kunden und Märkte identifiziert, welche das Unternehmen bedienen möchte.

Das sind Kennzahlen der Kundenperspektive:

- Anzahl neuer Produkte
- Kundenzufriedenheit
- Anzahl von Neukunden
- Marktanteil
- Produktqualität
- durchschnittliche Auftragsgröße
- Akquisitionserfolgsquote
- Anzahl der Vertriebsmitarbeiter

Interne Prozessperspektive
Die interne Prozessperspektive baut auf der Frage auf, bei welchen Prozessen das Unternehmen hervorragend sein muss. Hier wird der Wandel des Unternehmens im Sinne einer kontinuierlichen Verbesserung und seine Innovationstätigkeit gemessen. Hier werden zum einen die Prozesse analysiert, welche wesentlich dafür sind, den Kunden zufrieden zu stellen. Zum anderen geht es um Prozesse, welche für den Anteilseigner kritisch sind. Der Fokus liegt hier jedoch nicht nur auf der bestehenden Prozessleistung, sondern auch auf der Innovation in Bezug auf Prozesse. Der Innovationsprozess betrachtet neue Lösungswege für die Befriedigung der aktuellen und potenziellen Kunden- und Marktbedürfnisse.

Kennzahlen der internen Prozessperspektive sind:

- Innovationshäufigkeit
- Produktentwicklungszeiten
- Lieferzuverlässigkeit
- Lieferantenanzahl

- Relation Bearbeitungs- zu Durchlaufzeit eines Kundenauftrags
- Lagerreichweite (in Tagen)

Lern- und Entwicklungsperspektive
Die Lern- und Entwicklungsperspektive beschäftigt sich mit der Frage, wie lernfähig das Unternehmen sein muss, um seine Ziele zu erreichen. Diese Perspektive gibt vor, welche Leistungen das Unternehmen erbringen muss, um die Erwartungen der Kunden erfüllen zu können. Dabei stehen vor allem das Humankapital sowie die fachliche und soziale Kompetenz als wesentliche Erfolgsfaktoren im Mittelpunkt.

Es gibt folgende Kennzahlen der Lern- und Entwicklungsperspektive:

- Produktivität
- Mitarbeiterzufriedenheit
- Mitarbeiterqualifikation
- Fluktuationsrate
- Entwicklungszeiten für neue Produkte
- Leistungsstärke des EDV-Systems
- Anzahl der verfügbaren Patente

5.3.2 Ursache-Wirkungskette der Balanced Scorecard

Ein wichtiges Merkmal der Balanced Scorecard ist die Berücksichtigung der Kausalität zwischen den einzelnen Perspektiven. Durch die sogenannte Ursache-Wirkungskette werden die Perspektiven untereinander verknüpft. So fließen alle Erkenntnisse der Lern- und Entwicklungsperspektive in die interne Prozessperspektive mit ein. Die Ergebnisse der internen Prozessperspektive wiederum beeinflussen die Kundenperspektive, sodass schließlich alle Erkenntnisse aus den drei Perspektiven in die finanzwirtschaftliche Perspektive mit eingehen.

Abb. 5.4 macht die Ursache-Wirkungskette an einem Beispiel deutlich.

Die fachliche und soziale Kompetenz der Mitarbeiter sind ausschlaggebende Faktoren für die umfassende Beratung und eine fehlerfreie Abwicklung der Geschäfte mit den Kunden. Denn nur, wenn das Personal geschult ist und die Produkte und Prozesse des Unternehmens genau kennt, kann es den Kunden zufriedenstellend bedienen. Das wiederum senkt die Fehlerquote, verbessert die Prozessqualität und führt somit zu niedrigeren Prozessdurchlaufzeiten. Die Kundentreue und Kundenzufriedenheit wird von der kompetenten Beratung und verbesserter Prozessqualität positiv beeinflusst. Im Endeffekt verbessern sich dadurch die Verkaufszahlen, was den Gewinn des Unternehmens steigert.

5.3.3 Ableitung der Strategie in Ziele und Maßnahmen

Wie bereits erwähnt wird die Balance Scorecard für jedes Unternehmen individuell erstellt. Ebenso unterscheiden sich die Herangehensweisen zur Übersetzung der

5.3 Balanced Scorecard

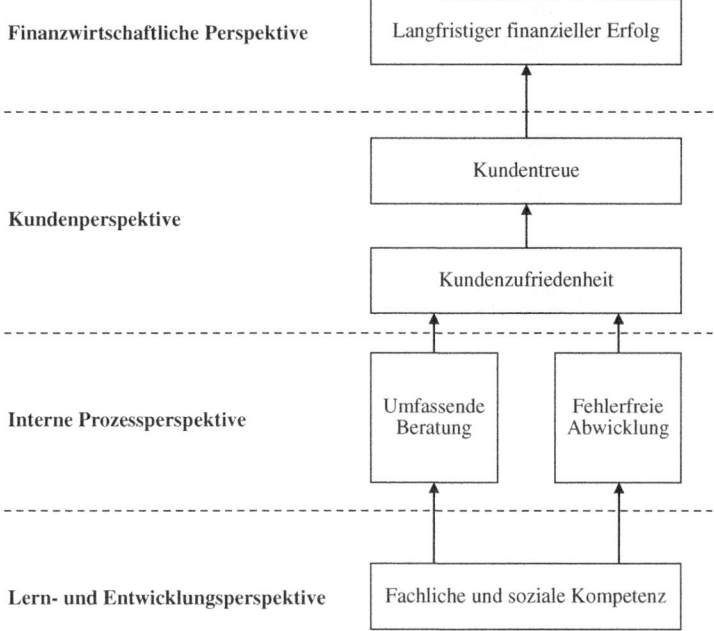

Abb. 5.4 Ursache-Wirkungskette der Balanced Scorecard (Quelle: eigene Darstellung)

Unternehmensstrategie in Ziele und Maßnahmen. Es lässt sich jedoch ein genereller Prozess beschreiben. Jeder Perspektive werden strategische Ziele, abgeleitet aus der Unternehmensstrategie, zugeordnet. Für jedes dieser Ziele wird eine konkrete und operationale Kennzahl mit einer Zielgröße zugrunde gelegt, welche mit Maßnahmen, die zur Erreichung des Ziels notwendig sind, vervollständigt wird.

> **Beispiel**
> Die Krosch GmbH ist ein Vertreiber von Schutzkontaktsteckern (Schuko-Steckern) und möchte mithilfe der Balanced Scorecard ihre Strategie operationalisieren. Die strategischen Ziele sind eine Erhöhung der Kundenzufriedenheit sowie Rentabilitätssteigerung. Die Strategie soll mit folgenden Kennzahlen und Maßnahmen umgesetzt werden:

Finanzwirtschaftliche Perspektive			
Strategisches Ziel	Kennzahl	Operatives Ziel	Maßnahmen
Rentabilitätssteigerung	ROI	10 Prozentpunkte höher als Vorjahr	• Reduktion des investierten Kapitals durch den Abbau der Lagerbestände

Finanzwirtschaftliche Perspektive			
Strategisches Ziel	Kennzahl	Operatives Ziel	Maßnahmen
Liquiditäts-sicherung	Liquidität 3. Grades	20 Prozentpunkte höher als im Vorjahr	• Einsatz von Factoring • Bonitätsprüfung beim Kunden • Verbessertes Mahnwesen

Kundenperspektive			
Strategisches Ziel	Kennzahl	Operatives Ziel	Maßnahmen
Schnellere Bearbeitung von Reklamationen	Durchschnittliche Bearbeitungszeit von Reklamationen	Weniger als drei Tage	• Schulung der Mitarbeiter im Kundenservice
Steigerung der Kundenzufriedenheit	Zufriedenheitsgrad der Kunden (Ermittlung durch regelmäßige Kundenumfragen)	Mindestens 90 % zufriedene Kunden	• Besserer Kundenservice • Höhere Produktqualität • Schnellere Auftragsbearbeitung • Regelmäßige Kundenbefragungen

Interne Prozessperspektive			
Strategisches Ziel	Kennzahl	Operatives Ziel	Maßnahmen
Stärkung der Vertriebsaktivitäten	Anzahl der Außendienstbesuche bei potenziellen Kunden	500 Besuche pro Jahr	• Entlastung der Außendienstmitarbeiter von Verwaltungsaufgaben • Verbesserte Werbemittel für Kundenbesuche • Marketing-Aktionen
Lieferzuverlässigkeit	Durchschnittliche Lieferzeit der Schutzkontaktstecker an den Kunden	Maximal drei Werktage	• Optimiertes Lieferprozessmanagement durch Einsatz spezieller Software

Lern- und Entwicklungsperspektive			
Strategisches Ziel	Kennzahl	Operatives Ziel	Maßnahmen
Konsequente Weiterbildung der Mitarbeiter	Anzahl der Weiterbildungstage je Mitarbeiter und Jahr	Zehn Tage pro Mitarbeiter und Jahr	• Internes Schulungsangebot • Kooperationen mit externen Weiterbildungsinstituten
Betriebliches Vorschlagswesens	Anzahl der eingereichten Verbesserungsvorschläge	Vorschläge von 15 % der Mitarbeiter pro Jahr	• Einführung des Vorschlagswesens • Erarbeitung eines Anreizsystems oder Vergütungssystems für angenommene Vorschläge

5.3.4 Vor- und Nachteile der Balance Scorecard

Ein wesentlicher Vorteil der Balanced Scorecard liegt darin begründet, dass sie komplexe Sachverhalte und Wirkungszusammenhänge simpel und kompakt darstellt und damit allen Interessengruppen eines Unternehmens einen aufschlussreichen Überblick über die Unternehmensaktivitäten bietet und das Verständnis über die Zusammenhänge der Geschäftsabläufe erleichtert. Zudem ist es mithilfe der Balanced Scorecard möglich, die Vision und die Strategie eines Unternehmens in Ziele, Maßnahmen und Kennzahlen aufzugliedern, zu operationalisieren und somit kontrollierbar und messbar zu machen.

In vielen Fällen sind Kennzahlen, die ein Unternehmen nutzt, „Spätindikatoren", die Entscheidungen erst mit langer zeitlicher Verzögerung abbilden. Die Balanced Scorecard lenkt das Augenmerk verstärkt auch auf „Frühindikatoren" wie zum Beispiel Anzahl der Kundenbesuche oder Ausschussquote. Durch die Kennziffern in der Balanced Scorecard wird es möglich, die Unternehmensentwicklung zu verfolgen. Das Management betrachtet nicht nur finanzielle Kennzahlen, sondern auch nicht-monetäre Kennzahlen. So erhält man ein umfassenderes Unternehmensbild. Falsche Entwicklungen sind dank der Frühindikatoren relativ schnell erkennbar.

Allerdings mangelt es der Balance Scorecard an inhaltlicher Präzision. Viele Kennzahlen sind qualitativ. Außerdem besteht die Gefahr, dass zu viele Kennzahlen als relevant identifiziert werden und somit die Balance Scorecard unübersichtlich gestaltet wird. Durch die Fixierung auf Kennzahlen kann es zudem zur bewussten Manipulation oder zu einer einseitigen Optimierung der Kennzahlen kommen, insbesondere, wenn die Vergütung der Mitarbeiter an die Erfüllung von Kennzahlen gebunden ist. Die Erstellung der Balanced Scorecard ist zudem sehr zeitintensiv. Vor allem die Beschaffung unternehmensexterner Daten kann sich als sehr aufwendig erweisen.

Fragen zur Lernkontrolle
1. Die Balanced Scorecard …
    - □ … ist ein eindimensionales Konzept zur Messung der Aktivitäten eines Unternehmens im Hinblick auf seine Strategien.
    - □ … berücksichtigt neben finanziellen auch nicht-finanzielle Leistungstreiber.
    - □ … operationalisiert die Strategie eines Unternehmens.
    - □ … stellt auch die Kausalität zwischen den einzelnen Perspektiven dar.
2. Welche sind die vier Perspektiven der Balanced Scorecard? Erläutern Sie diese kurz.
    _____
    _____
    _____
3. Welche Kennzahl kann bei der internen Prozessperspektive zum Einsatz kommen?
    - □ Mitarbeiterqualifikation
    - □ Umsatzrendite
    - □ Lieferzuverlässigkeit
    - □ Marktanteile

5.4 Risikocontrolling

Viele Entscheidungen, die das Management trifft, basieren auf Prognosen und Schätzungen über die zukünftige Entwicklung des Unternehmens und des Umfelds. Daraus resultiert, dass solche Entscheidungen mit Unsicherheit und Risiken behaftet sind. Das Risikomanagement ist ein wesentlicher Bestandteil jeder Unternehmensführung. Das **Risikomanagement** kann generell als die Identifikation, Analyse, Bewertung, Steuerung, Dokumentation und Kommunikation aller betriebswirtschaftlichen Risiken im gesamten Unternehmen betrachtet werden. Die Begriffe des Risikocontrollings und des Risikomanagements müssen voneinander abgegrenzt werden. Während das Risikocontrolling eher die organisatorische und überwachende Aufgabe hat, konzentriert sich das Risikomanagement auf die Messung und Steuerung von Unternehmensrisiken.

▶ Das **Risikomanagement** umfasst die Identifikation, Analyse, Bewertung, Steuerung, Dokumentation und Kommunikation aller betriebswirtschaftlichen Risiken im gesamten Unternehmen.

Das Risikomanagement wird aus unterschiedlichen Gründen betrieben. Zum einen verlangen rechtliche Rahmenbedingungen, dass bestimmte Unternehmensrisiken ausgewiesen werden. Dazu zählt beispielsweise das Gesetz zur Kontrolle und Transparent im Unternehmen (KonTraG). Das Risikomanagement wird auch aus volkswirtschaftlichen Gründen betrieben. Vor allem die Deregulierung der Finanzmärkte und der Einsatz innovativer Finanzmarktinstrumente wie beispielsweise Optionen sowie die Abschaffung fixer Wechselkurse verlangen, dass Risiken stärker überwacht werden. Auch der technologische Fortschritt hat dazu beigetragen, dass dem Risikomanagement eine größere Bedeutung beigemessen wird. Dazu zählt die zunehmende Globalisierung, welche mit einer immer schnelleren Informationsverbreitung und kürzeren Produktlebenszyklen einhergeht.

5.4.1 Risikoarten

Die Systematisierung der Risikoarten kann auf unterschiedliche Art und Weise erfolgen. Manche Branchen, wie beispielsweise Banken, sind spezifischen Risiken ausgesetzt (Kreditrisiko), während andere Risikoarten branchen- und unternehmensunabhängig sind. Im Folgenden wollen wir das Marktpreisrisiko, das Kreditrisiko sowie interne und externe Betriebsrisiken betrachten.

Das Marktpreisrisiko betrifft den potenziellen Verlust aufgrund von veränderten Marktpreisen oder den Preis beeinflussenden Parametern. Dazu zählen das Zinsänderungsrisiko,

5.4 Risikocontrolling

Aktienkursrisiko, Wechselkursrisiko oder das Warenpreisrisiko. Das Kreditrisiko umfasst das Ausfallrisiko, das heißt den Zahlungsausfall eines Schuldners, aber auch das Länderrisiko bei Auslandskrediten. Das Kreditrisiko bezieht sich auf Insolvenzausfälle bzw. Zahlungsschwierigkeiten, die während der Laufzeit eines Kredits auftreten können. Interne Betriebsrisiken umfassen Risiken, welche in den Unternehmensabläufen und -strukturen auftreten können, zum Beispiel Personalrisiken, IT-Risiken oder Prozess-Risiken. Externe Betriebsrisiken schließen externe Ereignisse mit ein, wie Rechtsrisiken, Naturkatastrophen oder Beschaffungsrisiken.

5.4.2 Prozess des Risikomanagements

Der Risikomanagementprozess darf nicht als ein selbstständiger Prozess betrachtet werden, sondern als ein integraler Teil des Geschäftsprozesses. Der Prozess sollte zwar eine systematische Vorgehensweise haben, jedoch auch flexibel genug sein, um auf Änderungen der Risikosituationen reagieren zu können. Die meisten Risikomanagementprozesse sind von Unternehmen zu Unternehmen unterschiedlich gestaltet. Jedoch lassen sich in der Regel zwei Kernelemente des Prozesses differenzieren, die Risikoeinschätzung (Risk Assessment) und Risikosteuerung (Risk Control). Abb. 5.5 zeigt einen beispielhaften Risikomanagementprozess. Während die Identifizierung und Bewertung von Risiken zur Risikoeinschätzung gehören, werden die Steuerung und Überwachung der Risiken zur Risikosteuerung dazugerechnet.

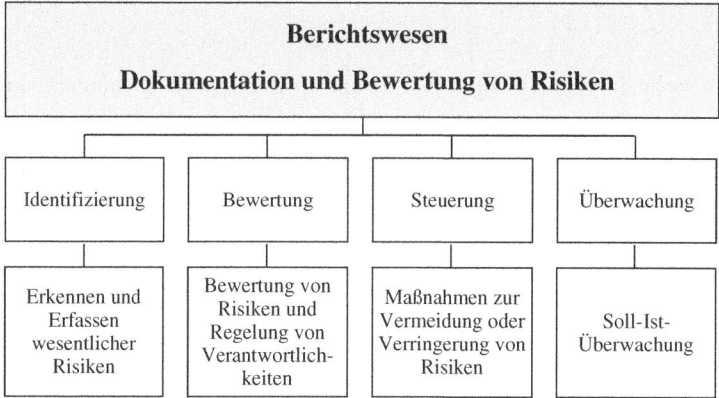

Abb. 5.5 Risikomanagementprozess (Quelle: eigene Darstellung)

Identifizierung von Risiken
Zur Identifizierung von Risiken gehört das Erkennen und strukturierte Erfassen der für das betreffende Unternehmen bestehenden und potenziellen Risiken. Die Struktur der Risikoidentifikation kann anhand von vier Risikofeldern aufgebaut werden, welche dann nach Risikoart und Einzelrisiken aufgegliedert werden. Diese vier Felder werden beispielsweise in Marktpreisrisiken, Kreditrisiken, betriebsinterne und betriebsexterne Risiken unterteilt.

Die Methoden, welche zur Identifikation von Risiken genutzt werden, können in Kollektionsmethoden und Suchmethoden differenziert werden. Die Kollektionsmethode wird vor allem bei bestehenden oder offensichtlichen Risiken angewendet. In dieser Methode werden die Risiken anhand von Befragungen, Checklisten, Mindmaps oder SWOT-Analysen identifiziert. Die Suchmethoden umschließen analytische und Kreativitätsmethoden. Diese Methoden eignen sich besonders für potenzielle, unbekannte Risiken. Dies wird auch als proaktives Risikomanagement bezeichnet. Analytische Methoden stammen ursprünglich aus dem Qualitätsmanagement. Dazu zählt beispielsweise die Failure Mode and Effects Analysis (FMEA), welche untersucht, wie ein System bei Ausfall einzelner Komponenten reagiert. Die Methode der Fault Tree Analysis (FTA) versucht dagegen das gesamte System mit einzubeziehen, indem ein mögliches negatives Ereignis angenommen wird und alle Kombinationen betrachtet werden, die zu diesem negativen Ergebnis führen können. Die bekannteste Kreativitätsmethode ist das Brainstorming. Hierbei werden in Gruppendiskussionen alle möglichen Risiken aufgezählt, wobei der Fokus auf der Anzahl der genannten Risiken und nicht auf deren qualitativen Beurteilung liegt. Bei der Delphi-Technik werden Experten ausgewählt und befragt. Die Ergebnisse über mögliche Risiken werden gesammelt und wieder den Experten vorgelegt, die diese Liste verändern bzw. ergänzen können. Am Schluss wird ein Dokument mit allen Risiken des Unternehmens erstellt.

> **Beispiel**
>
> Das Unternehmen CompTechnik AG ist ein Produzent von Computern. Im Rahmen des Risikomanagementprozesses hat das Unternehmen den Produktionsprozess untersucht und folgende Risiken identifiziert, die eintreten können:
>
> - Konstruktionsfehler
> - Qualitätsmängel
> - Arbeitsunfälle
> - Garantiefälle

Bewertung von Risiken
Die Bewertung von Risiken konzentriert sich auf die Quantifizierung einzelner Risiken. Das individuelle Risikoausmaß wird durch Eintrittswahrscheinlichkeiten und die potenzielle Schadenshöhe bestimmt. Die Risikobewertung erlaubt eine Einteilung der Risiken

5.4 Risikocontrolling

in solche, die für das Unternehmen schwerwiegende Konsequenzen haben können und solche, die vernachlässigt werden können. Ein Instrument, welches unter anderem eingesetzt wird, ist die Risiko-Landkarte (Risk Map) (siehe Abb. 5.6). Die Risiko-Landkarte bewertet die Risiken nach ihrer prozentualen Eintrittswahrscheinlichkeit, welche von sehr gering bis sehr hoch reicht, sowie nach dem finanziellen Schadensausmaß mit einer Einteilung von unbedeutend bis existenzgefährdend. Die Parameter Schadensausmaß und Eintrittswahrscheinlichkeit können entweder auf Schätzungen oder auf historischen Daten basieren. Aus Abb. 5.6 kann entnommen werden, dass das Risiko 1 die höchste Eintrittswahrscheinlichkeit hat, während das Risiko 3 den größten Schaden anrichtet. Je mehr das Risiko rechts oben liegt, desto existenzgefährdender ist es.

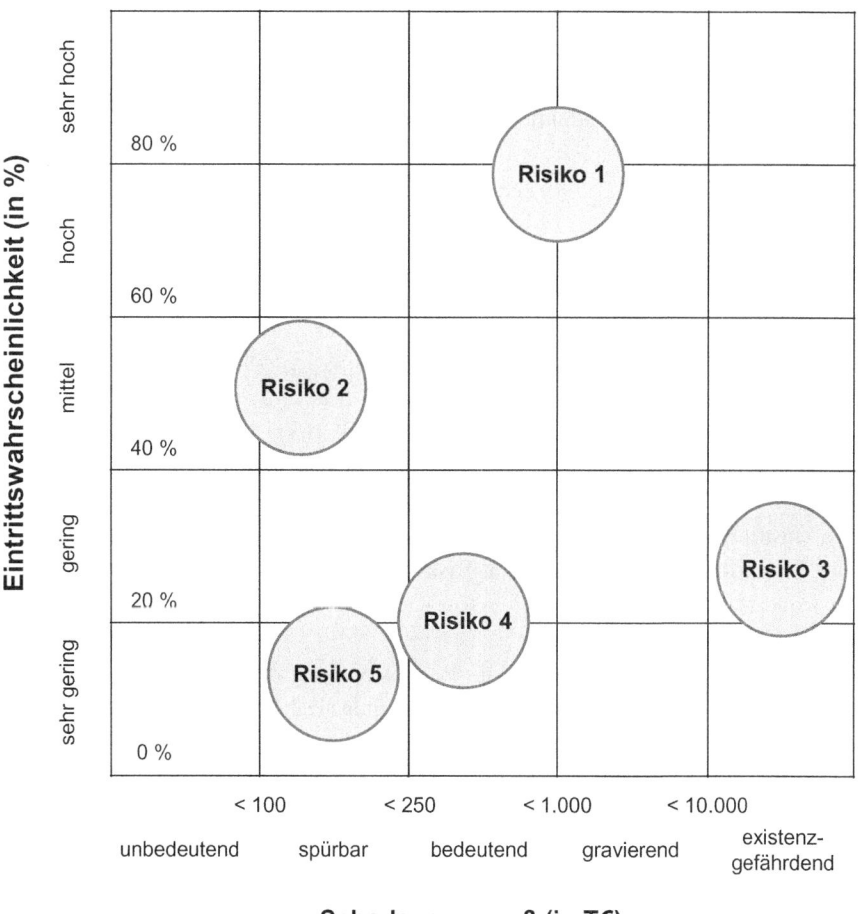

Abb. 5.6 Risikobeurteilung aufgrund der Risiko-Landkarte (Quelle: eigene Darstellung)

Eine wichtige Risikokennzahl in diesem Zusammenhang ist der erwartete Verlust, auch Expected Loss (EL) genannt. Dieser spiegelt den Erwartungswert des Verlusts wider. Die Kennzahl des erwarteten Verlusts ergibt sich aus dem Produkt der Summe aller möglichen Verluste und ihrer Wahrscheinlichkeiten:

$$EV = \sum_{i=1}^{n} x_i \cdot p_i$$

Dabei gilt:

EV   Erwarteter Verlust
x_i Schadenshöhe i
p_i Wahrscheinlichkeit der Schadenshöhe i

Beispiel

Das Unternehmen CompTechnik AG rechnet mit folgenden Verlusten, welche im Zusammenhang mit der Produktion entstehen können:

Schadensart	Schadenshöhe	Wahrscheinlichkeit
Konstruktionsfehler	10 Mio. €	10 %
Qualitätsmängel	5 Mio. €	20 %
Arbeitsunfälle	2 Mio. €	10 %
Garantiefälle	3 Mio. €	30 %

Erwarteter Verlust = $10 \cdot 0{,}1 + 5 \cdot 0{,}2 + 2 \cdot 0{,}1 + 3 \cdot 0{,}3 = 3{,}1$ Mio. €
Basierend auf diesen Daten kann ein Verlust von 3,1 Mio. € erwartet werden.

Weitere Instrumente der Risikobewertung sind Sensitivitätsanalysen, Simulationsmodelle, Szenarioanalysen oder Value-at-Risk-Analysen.

Steuerung von Risiken

Je nach Bewertung der Risiken dient die Risikosteuerung dazu, geeignete Maßnahmen zur Beeinflussung dieser Risikopositionen einzuleiten. Dabei kann zwischen der aktiven und der passiven Steuerung unterschieden werden.

Die aktive Risikosteuerung zielt auf die direkte Veränderung der vorhandenen Risikostrukturen. Sie umschließt eine Risikovermeidung, Risikoverminderung oder Risikobegrenzung. Das Vermeiden von Risiken geschieht über die teilweise oder komplette Vermeidung von risikobehafteten Geschäften oder Tätigkeiten, wodurch jedoch der Handlungsspielraum des Unternehmens eingeschränkt wird. Im Rahmen von Risikoverminderung wird versucht, Risiken zu umgehen, indem man ihre Eintrittswahrscheinlichkeit reduziert oder das Schadensausmaß verringert. Das kann beispielsweise durch das Einführen eines Qualitätsmanagements oder personelle Schulungen stattfinden. Die Risikobegrenzung umfasst eine Risikostreuung in Form von Diversifikation oder in Form von vordefinierten Verlustobergrenzen. Risikodiversifikation kann durch das Kombinieren von Projektalternativen, deren Risiken nicht miteinander oder noch besser negativ korrelieren, erfolgen.

Die passive Risikosteuerung dagegen lässt die Risikostrukturen unverändert, versucht jedoch, durch Risikoüberwälzung oder Risikoakzeptanz die Risiken selbst zu tragen oder aber Risikovorsorge zu betreiben. Die Risikoüberwälzung oder der Risikotransfer kann über abgeschlossene Versicherungen oder spezifische vertragliche Bedingungen (zum Beispiel Leasing, Factoring) durchgeführt werden. Um die Risiken selbst tragen zu können, werden meist finanzielle Vorkehrungen (Bildung von Reserven) getroffen. Die Akzeptanz und das Selbsttragen von Risiken bieten sich dann an, wenn die Konsequenzen der Risiken einen geringen Einfluss auf das Unternehmen haben oder aber die Maßnahmen zur Risikominimierung oder -beseitigung unverhältnismäßig hohe Kosten für das Unternehmen darstellen.

Beispiel

Das Unternehmen CompTechnik AG kann folgende Maßnahmen zur Risikominimierung des Schadens aus der Computer-Produktion ergreifen:

- Besseres Qualitätsmanagement bezüglich der Konstruktion und Produktion
- Verbesserung der Arbeitssicherheit
- Unfallversicherung bei Arbeitsunfällen
- Verkürzung der Garantiezeit
- Garantieversicherung

Überwachung von Risiken

Die Risikoüberwachung stellt den letzten Schritt des Risikomanagementprozesses dar. Sie hat die Aufgabe, die in der Risikosteuerung beschlossenen Maßnahmen hinsichtlich ihrer Effektivität und Auswirkung auf das Unternehmen zu überwachen und zu kontrollieren. Die Risikoüberwachung kontrolliert des Weiteren das Ziel-Risikoprofil des Unternehmens, indem sie mithilfe von Abweichungsanalysen die Differenz zwischen den Soll- und Ist-Werten erfasst und Soll-Ist-Abweichungen auf ihre Ursachen hin überprüft.

Alle vier Schritte von der Identifizierung bis hin zur Überprüfung von Risiken werden in einem Berichtswesen dokumentiert. Dieser wird oft Risikobericht genannt. Abb. 5.7 zeigt ein Musterformblatt zur Erfassung von Risiken, wie es im Unternehmen eingesetzt werden kann.

X-Gesellschaft	Risiko - Erfassung			Controlling
Beschreibung des Risikos				
Ursachen des Risikos				
Maßnahmen zur Vorbeugung				
Bewertung des Risikos	Entwicklung des Schadens			
	Eintrittswahr-scheinlichkeit	Einmalig im Jahr		Zeitraum
	Schadenshöhe und zeitlicher Anfall			
Überwachung des Risikos				
Unternehmensbereich				
Verantwortlicher				
Bemerkung				
Datum / Unterschrift				

Abb. 5.7 Formblatt zur Erfassung von Risiken (Quelle: Prätsch et al. 2012, S. 317)

Das Formblatt umfasst neben der Beschreibung des Risikos und seiner Ursachen auch die Eintrittswahrscheinlichkeit und die Bewertung des Risikos anhand der Eintrittswahrscheinlichkeit und der Schadenshöhe. Für jedes Risiko wird ein Formblatt ausgefüllt. Aufgabe des Risikocontrollings ist es, die Risiken zu aggregieren und das Gesamtrisiko für das Unternehmen zu erfassen. Ist dieses zu groß, werden im Rahmen der Risikosteuerung die oben beschriebenen Maßnahmen wie Risikovermeidung, -minderung oder -begrenzung durchgeführt.

5.4 Risikocontrolling

Beispiel

Das Unternehmen Bauschnell AG ist im Bau-Sektor aktiv. Das Risikomanagement bindet unterschiedliche Unternehmensbereiche ein und hat den folgenden formalen Ablauf:

1. Die Divisions-/Konzernabteilungen erfassen und erläutern ihre spezifischen Risiken. Alle Risiken, die durch Versicherungen abdeckbar sind, werden versichert. Für nicht versicherbare Risiken werden die Schadenshöhe und Eintrittswahrscheinlichkeit prognostiziert.
2. Die Konzernabteilung Controlling systematisiert die Risiken und stellt die aktuelle Risikosituation zusammen. Die Einzelrisiken der Divisionen und Konzernabteilungen werden klassifiziert und in folgende Kategorien aggregiert:
   - Projekt- und Vertragsrisiken
   - Beteiligungsrisiken
   - Marktrisiken
   - Finanzrisiken
   - Interne Risiken
   - Personalrisiken
3. Der Risikosteuerungskreis bewertet die Risiken der aktuellen Risikosituation. Der Risikosteuerungskreis tagt im Regelfall dreimal jährlich. Er schlägt Gegenmaßnahmen vor, wenn der erwartete Gesamtverlust im Vergleich zu Eigenkapital oder operativem Gewinn zu hoch ist.
4. Der Holding-Vorstand diskutiert und beurteilt die vorläufige Risikosituation. Der Vorstand berät und beschließt die Vorschläge des Risikosteuerungskreises.

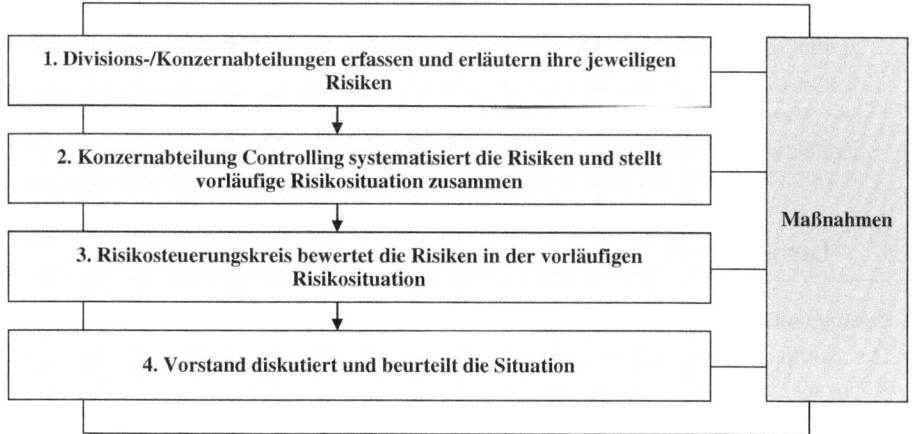

Fragen zur Lernkontrolle
1. Nennen Sie vier verschiedene Risikoarten und zählen Sie je ein Beispiel auf.

_____

_____

_____

2. Ein Unternehmen beabsichtigt den Bau einer Konzerthalle in Deutschland. Folgende Daten zu Risiken liegen vor:

Schadensart	Schadenshöhe	Wahrscheinlichkeit
Haftungsschäden Dritter	50 Mio. €	10 %
Planungsfehler	5 Mio. €	20 %
Überschwemmung	3 Mio. €	30 %
Leistungsausfall beim Subunternehmer	2 Mio. €	40 %
Kostensteigerung Baumaterial	10 Mio. €	20 %

Berechnen Sie den erwarteten Verlust.
- ☐ 6,8 Mio. €
- ☐ 7,8 Mio. €
- ☐ 9,7 Mio. €
- ☐ 12,9 Mio. €

3. Welche Aussagen über den Risikomanagementprozess treffen zu?
   - ☐ Die passive Risikosteuerung zielt auf die direkte Veränderung der vorhandenen Risikostrukturen.
   - ☐ Die Bewertung von Risiken konzentriert sich auf die Quantifizierung einzelner Risiken.
   - ☐ Es lassen sich in der Regel zwei Kernelemente des Risikomanagements differenzieren, die Risikoeinschätzung (Risk Assessment) und Risikosteuerung (Risk Control).
   - ☐ Die Methoden, welche zur Bewertung von Risiken genutzt werden, können in Kollektionsmethoden und Suchmethoden differenziert werden.

5.5 Lernkontrolle

Zusammenfassung

Der Kernpunkt der Analyse-, Steuerungs- und Planungsprozesse im Controlling sind Kennzahlen. Kennzahlen sind Messgrößen, die Unternehmensvorgänge erfassen und quantifizieren. Sie dienen der Analyse und Darstellung der aktuellen und künftigen Unternehmenssituation. Kennzahlen können als absolute oder aber als relative Größen dargestellt werden. Auch die Finanzanalyse und -steuerung erfolgt über Kennzahlen.

5.4 Risikocontrolling

Die Finanzanalyse dient der Beurteilung der Finanzlage eines Unternehmens und umfasst die Investitionsanalyse, Finanzierungsanalyse, Liquiditätsanalyse und Kennzahlensysteme. Ein Kennzahlensystem ist eine Zusammenstellung von quantitativen Variablen, die in einer sachlich sinnvollen Beziehung zueinanderstehen und über einen Sachverhalt vollständig informieren. Eines der bekanntesten Kennzahlensysteme ist das Du-Pont-Kennzahlensystem. Dieses wird hauptsächlich als Planungs- und Steuerungsinstrument im Controlling eingesetzt.

Wertorientierte Unternehmensführung verfolgt das Ziel, betriebliche Entscheidungen so zu treffen, dass das gebundene Eigenkapital im Betrieb eine höhere Verzinsung erwirtschaftet als in einer vergleichbaren Alternativanlage. Das Finanzcontrolling hat im Rahmen der wertorientierten Unternehmensführung die Aufgabe, den Wertbeitrag zu ermitteln, welcher in einer bestimmten Periode geschaffen wurde. Der Wertbeitrag kann mithilfe wertorientierter Kennzahlen ermittelt werden. Dazu zählen absolute Kennzahlen wie der Economic Value Added (EVA) und Cash Value Added (CVA) sowie relative Kennzahlen wie ROI und CFROI.

Die Balanced Scorecard als Controlling-Instrument ist ein mehrdimensionales Konzept zur Messung der Aktivitäten eines Unternehmens im Hinblick auf seine Strategien. Die Balanced Scorecard umfasst insgesamt vier verschiedene Perspektiven: finanzwirtschaftliche Perspektive, Kundenperspektive, interne Prozessperspektive sowie Lern- und Entwicklungsperspektive. Des Weiteren stellt die Balanced Scorecard eine Ursache-Wirkungskette zwischen diesen Perspektiven auf. Mithilfe der Balance Scorecard ist es möglich, die Vision und die Strategie eines Unternehmens in Ziele, Maßnahmen und Kennzahlen aufzugliedern, zu operationalisieren und somit kontrollierbar und messbar zu machen.

Das Risikomanagement ist ein wesentlicher Bestandteil jeder Unternehmensführung. Das Risikomanagement kann generell als die Identifikation, Analyse, Bewertung, Steuerung, Dokumentation und Kommunikation aller betriebswirtschaftlichen Risiken im gesamten Unternehmen betrachtet werden. Der Risikomanagementprozess ist durch zwei Kernelemente gekennzeichnet, nämlich Risikoeinschätzung und Risikosteuerung.

Alle in diesem Kapitel dargestellten Instrumente dienen dem Finanzcontrolling, das Finanzmanagement und letztendlich auch die Unternehmensleitung bei der Verfolgung der Unternehmensziele zu unterstützen.

Übungsaufgaben
1. Sie haben in diesem Kapitel viele Kennzahlen kennengelernt.
    a. Beschreiben Sie die Kennzahl Economic Value Added.
    b. Nehmen Sie den Geschäftsbericht 2018 der Porsche SE (im Internet zu finden) und berechnen Sie den EVA des Unternehmens, wenn:
    NOPAT = Betriebsergebnis − Ertragssteuern

NOA = Gesamtkapital − Verbindlichkeiten aus Lieferungen und Leistungen − Sonstige Verbindlichkeiten

Unterstellen Sie einen WACC von 8,0 %.
c. Interpretieren Sie das Ergebnis.
d. Berechnen Sie anhand des Porsche-Geschäftsberichts auch den ROE sowie die Eigenkapitalquote.
2. Suchen Sie sich im Internet den Geschäftsbericht der adidas AG heraus. Schauen Sie sich den Risikobericht des Unternehmens an. Erläutern Sie, in welche vier Kategorien Risiken bei der adidas AG eingeteilt werden, welche Unternehmensbereiche in das Risikomanagement eingebunden werden und wie die einzelnen Schritte des Risikomanagements durchgeführt werden. Suchen Sie anschließend die Übersicht der Unternehmensrisiken mit ihren Eintrittswahrscheinlichkeiten und möglichen Auswirkung heraus.
3. Die Balanced Scorecard ist ein mehrdimensionales Konzept zur Messung der Aktivitäten eines Unternehmens im Hinblick auf seine Strategien. Es eignet sich besonders, um den Erfolg einer umgesetzten Strategie zu messen. Diskutieren Sie die Vor- und Nachteile der Balanced Scorecard.

Literatur

BASF SE (2019): *BASF Bericht 2018, Ökonomische, ökologische und gesellschaftliche Leistung,* URL: https://bericht.basf.com/2018/de/ (Stand: 22.04.2019).
Burger, A./Buchhart, A. (2002): *Risiko-Controlling,* Oldenbourg Wissenschaftsverlag, München.
Kaplan, R. S./Norton, D. P. (1992): *The Balanced Scorecard – Measures that Drive Performance,* Harvard Business Review, Januar/Februar, S. 71–79.
Lachnit, L./Müller, S. (2012): *Unternehmenscontrolling: Managementunterstützung bei Erfolgs-, Finanz-, Risiko- und Erfolgspotenzialsteuerung,* 2. Auflage, Springer-Gabler, Wiesbaden.
Prätsch, J., Schikorra, U., Ludwig, E., (2012): *Finanzmanagement: Lehr- und Praxisbuch für Investition, Finanzierung und Finanzcontrolling,* 4. Auflage, Springer, Berlin.

Weiterführende Literatur zum Selbststudium

Jung, H. (2014): *Controlling,* 4. Auflage, Oldenbourg Wissenschaftsverlag, München, S. 176–180.
Matschke, M. J./Hering, T./Klingelhöfer, H. E. (2002): *Finanzanalyse und Finanzplanung,* Oldenbourg Wissenschaftsverlag, München, S. 128–143.
Mensch, G. (2008): *Finanz-Controlling: Finanzplanung und -kontrolle,* Oldenbourg Wissenschaftsverlag, München, S. 58–65; 175–196.

Formelsammlung 6

6.1 Kapital- und Finanzplanung

Lohneinsatz = Produktionsdauer + Lagerzeit für Fertigprodukte + Kundenziel

Werkstoffeinsatz = Rohstofflagerdauer + Produktionsdauer + Lagerzeit für Fertigprodukte + Kundenziel − Lieferantenziel

Gemeinkosteneinsatz = Rohstofflagerdauer + Produktionsdauer + Lagerzeit für Fertigprodukte + Kundenziel

Gesamtkapitalbedarf = Anlagekapitalbedarf + Umlaufkapitalbedarf

6.2 Investitionscontrolling unter Sicherheit

Endwert

$$E_n = E_0 \cdot (1 + i)^n$$

oder

$$A_n = A_0 \cdot (1 + i)^n$$

Barwert

$$E_0 = \frac{E_n}{(1 + i)^n}$$

oder

$$A_0 = \frac{A_n}{(1 + i)^n}$$

© Springer Fachmedien Wiesbaden GmbH, ein Teil von Springer Nature 2020
M. Uskova und T. Schuster, *Finanzplanung, Investitionscontrolling und Finanzcontrolling,* https://doi.org/10.1007/978-3-658-18601-2_6

Kapitalwertmethode

$$C_0 = \sum_{t=0}^{n} \frac{(E_t - A_t)}{(1+i)^t}$$

oder

$$C_0 = \sum_{t=0}^{n} (E_t - A_t) \cdot (1+i)^{-t}$$

oder

$$C_0 = -A_0 + EW$$

Ertragswert

$$EW = \sum_{t=1}^{n} \frac{(E_t - A_t)}{(1+i)^t}$$

oder

$$EW = \sum_{t=1}^{n} (E_t - A_t) \cdot (1+i)^{-t}$$

oder

$$EW = C_0 + A_0$$

Interner Zinssatz

$$r = \frac{C_{01} \cdot i_2 - C_{02} \cdot i_1}{C_{01} - C_{02}}$$

Rentenbarwertfaktor

$$RBWF = \frac{(1+i)^n - 1}{i \cdot (1+i)}$$

Annuitätenfaktor

$$AF = \frac{i \cdot (1+i)}{(1+i)^n - 1}$$

Annuität

$$\text{Annuität} = C_0 \cdot \frac{i \cdot (1+i)}{(1+i)^n - 1}$$

Dynamische Amortisationsrechnung

$$\sum_{t \geq 1}^{x} \frac{E_t - A_t}{(1+i)^t} \geq A_0$$

$$\sum_{t \geq 1}^{x} E_t - A_t \cdot (1+i)^{-t} \geq A_0$$

6.3 Weitere Methoden des Investitionscontrollings

Erwartungswert

$$\text{Erwartungswert } \mu_i = \sum_{j=1}^{m} w_j \cdot e_{ij}$$

Standardabweichung

$$\sigma_i = \sqrt{\sum_{j=1}^{m} w_j \cdot (e_{ij} - \mu_i)^2}$$

Präferenzwert

$$P(A_i) = \mu(A_i) + q \cdot \sigma(A_i)$$

Bernoulli-Nutzenfunktion

$$u_{ij} = \sqrt{e_{ij}}$$

Bernoulli-Nutzenwert

$$B = \sum_{j=1}^{m} w_j \cdot e_j$$

Hurwicz-Regel

$$H_i = (1 - \lambda) \cdot \min_i + \lambda \cdot \max_i$$

Kapitalwert bei Break-Even-Analyse

$$C_0 = -A_0 + \sum_{t=1}^{n} \frac{(p_t \cdot x_t - A_v \cdot x_t - A_f)}{(1+i)^t} + \frac{RVE_n}{(1+i)^n}$$

oder

$$C_0 = -A_0 + (p_t \cdot x_t - A_v \cdot x_t - A_f) \cdot \frac{(1+i)^n - 1}{i \cdot (1+i)^n} + \frac{RVE_n}{(1+i)^n}$$

Optimale Nutzungsdauer bei einmalig wiederholter Investition

$$C_{0n}^g = \sum_{t=0}^{n_1} \frac{E_t^1 - A_t^1}{(1+i)^t} + \frac{RVE_{n_1}^1}{(1+i)^{n_1}} + \frac{C_0^2 \max}{(1+i)^{n_1}}$$

Ertragswert
Allgemeine Formel

$$\text{Ertragswert} = \sum_{t=1}^{n} \frac{G_t}{(1+k)^t}$$

Bei konstanten Gewinnen

$$\text{Ertragswert} = \frac{G}{k}$$

Discounted-Cashflow-Methode
Allgemeine Formel

$$\text{Unternehmenswert} = \sum_{t=1}^{n} \frac{FCF_t}{(1+k)^t} - FK$$

Bei konstanten Cashflows

$$\text{Unternehmenswert} = \frac{FCF}{k} - FK$$

Multiplikatorenverfahren

$$\text{Unternehmenswert} = EG \cdot M - FK$$

Substanzwertverfahren

$$\text{Substanzwert} = \text{Vermögenswert} - \text{Schulden}$$

Mittelwertverfahren

$$\text{Mittelwert} = \frac{\text{Ertragswert} + \text{Substanzwert}}{2}$$

Übergewinnverfahren

$$\text{Unternehmenswert} = \text{SW} + \frac{G - \text{SW} \cdot k}{k}$$

6.4 Finanzcontrolling

Anlageintensität

$$\text{Anlageintensität} = \frac{\text{Anlagevermögen}}{\text{Gesamtvermögen}} \cdot 100$$

Umlaufintensität

$$\text{Umlaufintensität} = \frac{\text{Umlaufvermögen}}{\text{Gesamtvermögen}} \cdot 100$$

Investitionsquote

$$\text{Investitionsquote} = \frac{\text{Nettoinvestition bei Sachanlagen}}{\text{Anfangsbestand bei Sachanlagen}} \cdot 100$$

Investitionsdeckung

$$\text{Investitionsdeckung} = \frac{\text{Abschreibungen auf Sachanlagen}}{\text{Zugänge an Sachanlagen}} \cdot 100$$

Anlagennutzung

$$\text{Anlagennutzung} = \frac{\text{Umsatz}}{\text{Sachanlagen}} \cdot 100$$

Vorratshaltung

$$\text{Vorratshaltung} = \frac{\text{Vorräte}}{\text{Umsatz}} \cdot 100$$

Laufzeit der Forderungen

$$\text{Laufzeit Forderungen} = \frac{\text{Ø Bestand Warenforderungen}}{\text{Umsatz}} \cdot 360$$

Eigenkapitalquote

$$\text{Eigenkapitalquote} = \frac{\text{Eigenkapital}}{\text{Gesamtkapital}} \cdot 100$$

Fremdkapitalquote

$$\text{Fremdkapitalquote} = \frac{\text{Fremdkapital}}{\text{Gesamtkapital}} \cdot 100$$

Verschuldungsgrad

$$\text{Verschuldungsgrad} = \frac{\text{Fremdkapital}}{\text{Eigenkapital}} \cdot 100$$

Liquidität 1. Grades

$$\text{Liquidität 1. Grades} = \frac{\text{Zahlungsmittel}}{\text{kurzfristige Verbindlichkeiten}} \cdot 100$$

Liquidität 2. Grades

$$\text{Liquidität 2. Grades} = \frac{\text{Zahlungsmittel + kurzfristige Forderungen}}{\text{kurzfristige Verbindlichkeiten}} \cdot 100$$

Liquidität 3. Grades

$$\text{Liquidität 3. Grades} = \frac{\text{Zahlungsmittel + kurzfristige Forderungen + Vorräte}}{\text{kurzfristige Verbindlichkeiten}} \cdot 100$$

Return on Investment

$$\text{ROI} = \frac{\text{Gewinn}}{\text{betriebsnotwendiges Kapital}} = \frac{\text{Gewinn}}{\text{Umsatz}} \cdot \frac{\text{Umsatz}}{\text{betriebsnotwendiges Kapital}}$$
$$= \text{Umsatzrentabilität} \cdot \text{Kapitalumschlag}$$

oder

$$\text{ROI} = \frac{\text{Jahresüberschuss}}{\text{betriebsnotwendiges Kapital}} \cdot 100$$

oder

$$\text{ROI} = \frac{\text{Jahresüberschuss + FK − Zinsen}}{\text{betriebsnotwendiges Kapital}} \cdot 100$$

Economic Value Added

$$\text{EVA} = \text{NOPAT} - (\text{NOA} \cdot \text{WACC})$$

Cash Value Added

$$\text{CVA} = (\text{CFROI} - \text{WACC}) \cdot \text{NOA}$$

6.4 Finanzcontrolling

Eigenkapitalrendite

$$\text{ROE} = \frac{\text{Jahresüberschuss}}{\text{Eigenkapital}} \cdot 100$$

Return on Capital Employed

$$\text{ROCE} = \frac{\text{EBIT}}{\text{eingesetztes Kapital}} \cdot 100$$

Return on Net Assets

$$\text{RONA} = \frac{\text{EBIT}}{\text{Nettovermögen}} \cdot 100$$

Cash Flow Return on Investment

$$\text{CFROI} = \frac{\text{Brutto-Cashflow} - \text{ökonomische Abschreibungen}}{\text{Bruttoinvestitionsbasis}} \cdot 100$$

Erwarteter Verlust

$$\text{EV} = \sum_{i=1}^{n} x_i \cdot p_i$$

Stichwortverzeichnis

A

Amortisationsrechnung,
    dynamische, 69
Amortisationszeit, 69
Analyse der Vermögensstruktur, 131
Anlageintensität, 131
Anlagekapitalbedarf, 3
Anlagennutzung, 134
Annuitätenmethode, 66

B

Balanced Scorecard, 149
Barwert, 56
Bernoulli-Prinzip, 83
Beständedifferenzbilanz, 29
Bewegungsbilanz, 28
Break-Even-Analyse, 91
Budgetart, 17
Budgetierung
    progressive, 19
    retrograde, 19
Budgetierungsprozess, 18

C

Cash Flow Return on Investment (CFROI), 147

D

Discounted-Cashflow-Methode
    (DCF-Methode), 115
Dreifach-Rechnung, 89
Du-Pont-Kennzahlensystem, 139

E

Economic Value Added (EVA), 144
Eigenkapitalquote, 135
Einzelbewertungsverfahren, 118
Endwert, 55
Entscheidung unter Risiko, 81, 84
Ergebnismatrix, 78
Ertragswert, 60
Erwartungswert, 79

F

Finanzbudgetierung, 16
Finanzierungsanalyse, 135
Finanzplan, 10
Finanzplanung, 7
Fremdkapitalquote, 136

G

Gegenstromverfahren, 19
Gesamtbewertungsverfahren, 113
Gesamtkapitalbedarf, 6

I

Informationsfunktion, 39
Interne-Zinsfuß-Methode, 63
Investitionsanalyse, 131
    umsatzbezogene, 134
Investitionsdeckung, 133
Investitionsquote, 133
Investitionsrechenverfahren, dynamisches, 57
Investitionsrechnung, 44
    unter Sicherheit, 54

© Springer Fachmedien Wiesbaden GmbH, ein Teil von Springer Nature 2020
M. Uskova und T. Schuster, *Finanzplanung, Investitionscontrolling und
Finanzcontrolling*, https://doi.org/10.1007/978-3-658-18601-2

K
Kalkulationszinssatz, 54
Kapitalbedarf, 2
Kapitalbedarfsrechnung, 3
Kapitalflussrechnung, 21
Kapitalwert, 58
Kapitalwertmethode, 58
Kennzahl, 129
  absolute, 144
  relative, 146
  und Kennzahlensystem, 46
Kontrollfunktion, 37
Koordinationsfunktion, 41
Kosten- und Leistungsrechnung, 48

L
Laufzeit der Forderungen, 135
Liquidität
  1. Grades, 137
  2. Grades, 138
  3. Grades, 138
Liquiditätsanalyse, 137

M
Maximax-Regel, 85
Minimax-Regel, 85
Mischverfahren, 120
Mittelwertverfahren, 120
Modelle der Entscheidungstheorie, 45
µ-Regel (Bayes-Prinzip), 82
µ-σ-Regel (Erwartungswert-Varianz-Prinzip), 82

P
Pessimismus-Optimismus-Regel
  (Hurwicz-Regel), 86
Planungsfunktion, 37
Projektlaufzeitentscheidung, 103
Prozess des Risikomanagements, 157

R
Regel des
  kleinsten Bedauerns (Savage-Niehaus-Regel), 87
  unzureichenden Gegengrundes
    (Laplace-Regel), 86

Rentenbarwertfaktor, 67
Return on
  Capital Employed (ROCE), 146
  Equity (ROE), 146
  Investment (ROI), 146
  Net Assets (RONA), 146
Risikoart, 156
Risikocontrolling, 156
Risikomanagement, 156

S
Sensitivitätsanalyse, 88
Steuerungsfunktion, 41
Substanzwertverfahren, 118
Szenarioanalyse, 95

U
Übergewinnverfahren, 120
Umlaufintensität, 132
Umlaufkapitalbedarf, 4
Unternehmensbewertung, 111
Unternehmensführung, wertorientierte, 143

V
Vergleichsverfahren, 116
Verschuldungsgrad, 136
Vorratshaltung, 134
Vorteilhaftigkeitsentscheidung, 62

Z
Zielgrößen-Änderungsrechnung, 90
Zinssatz, interner, 63

The manufacturer's authorised representative in the EU is Springer Nature Customer Service Centre GmbH, Europaplatz 3, 69115 Heidelberg, Germany. If you have any concerns regarding our products, please contact ProductSafety@springernature.com

Printed and bound by CPI Group (UK) Ltd, Croydon, CR0 4YY

25/03/2026

02078218-0009